Das kleine Baden-Buch

Johannes Wilkes

Das kleine

BADEN BUCH

ars vivendi

1. Auflage April 2017
© 2017 by ars vivendi verlag
GmbH & Co. KG, Cadolzburg
Alle Rechte vorbehalten
www.arsvivendi.com

Lektorat: Eva Elisabeth Wagner
Umschlaggestaltung: ars vivendi verlag
Druck: Bookpress, Olsztyn
Printed in the EU

ISBN 978-3-86913-772-8

Inhalt

Eine kleine Geschichte Badens

Wir wollen es kurz machen. Versprochen. Obwohl das zugegeben nicht einfach ist. Eine so reiche und verzwickte Geschichte wie die badische bräuchte natürlich eine ganze Buchreihe. Man möge uns deshalb manche Verkürzung verzeihen.

Belegt ist, dass das älteste Fossil der Gattung Homo, das jemals in Deutschland gefunden wurde, aus Baden stammt, sichtbares Zeichen dafür, dass die Zivilisation in Baden früh eingesetzt hat. Wann aber beginnt badische Geschichte im engeren Sinne? Im Jahr 1112 taucht erstmals ein Markgraf von Baden auf. Das Datum ist leicht zu merken. Bei der ersten 1 an den ersten Markgrafen denken, bei der 112 an den Feuerwehrnotruf. Hermann II. zeigte sich traditionsbewusst, entschied sich für einen Ort, an dem schon die Römer in heißem Wasser geplanscht hatten, und baute seine Burg auf den Fundamenten eines keltischen Ringwalls. Römer und Kelten – damit wird klar, dass sich schon frühe Kulturvölker in Baden verliebt hatten. Hochkultur hatte in Baden immer schon Konjunktur. Das neue Schloss ist heute das Alte Schloss und kann als Ruine Hohenbaden besichtigt werden. Hermanns Vater, Hermann I., gilt als der inoffizielle Landesheilige Badens. Er war ein frommer Mann, der sich nach Cluny begab, die Ordensgelübde ablegte und als Laienbruder im Kloster starb.

Die Hermänner und ihre Nachfolger waren als Zähringer schon früh der Region verbunden. Mit Glück und Geschick vergrößerten sie ihr Herrschaftsgebiet kontinuierlich, 1535 machte man aus der einen Markgrafschaft sogar zwei: Baden-Baden und Baden-Durlach. Die Durlacher entschieden sich für die Lehre Luthers, die Baden-Badener blieben dem alten Glauben treu. Als man 1771 auf dem Erbschaftsweg wieder zusammenfand, hätte man sich eigentlich Baden-Karlsruhe nennen müssen, denn Markgraf Karl III. Wilhelm von Baden-Durlach hatte seine Residenz in die Nachbarschaft verlegt.

Fortan regierte ein protestantischer Fürst über ganz Baden, machte das aber so raffiniert, dass auch die meisten Katholiken damit leben konnten.

Als Napoleon sich anschickte, Europas Landkarte neu zu zeichnen, hielten es die Badener mit ihm und wurden 1803 durch ein Kurfürstentum belohnt, das 1806 gar zu einem Großfürstentum aufgewertet wurde. Zwar musste man den Franzosen die linksrheinischen Gebiete überlassen, dafür wurde man jedoch mehr als üppig entschädigt. Die rechtsrheinische Pfalz mit Heidelberg und Mannheim kam hinzu, die Herrschaft Lahr, das Hanauerland, Reichsstädte wie Offenburg und mit Harmersbach sogar ein freies Reichstal. Auch kirchliche Besitztümer, das Hochstift Konstanz und Teile der Hochstifte Basel, Straßburg und Speyer, Reichs- und Ritterstifte und Abteien vermehrten den Besitz; innerhalb von nur sieben Jahren wuchs Baden um das Vierfache. Mit dem Flickenteppich war jetzt Schluss. Ein zusammenhängendes Land war geschaffen, ein schlanker, stolzer Haken, der am Main ausgeworfen wird, um sich den Bodensee zu angeln. Als Napoleons Stern sank, wechselten die Badener 1813 rechtzeitig die Seiten und kamen deshalb beim Wiener Kongress gut davon.

1821 zog man auch die Bistumsgrenzen neu. Konstanz, Mainz, Straßburg, Worms, Speyer, Würzburg – so viele katholische Bischöfe! Dem Großherzog schwirrten die Ohren. Man besann sich der hübschen Freiburger Stadtpfarrkirche und erhob das Münster zum Dom des neuen Erzbistums, das ganz Baden umfasste. Auch für die Evangelische Landeskirche war das Jahr 1821 bedeutsam: Man vereinte die lutherische und die reformierte Kirche (mit der Kurpfalz waren viele reformierte Gemeinden hinzugekommen) und wählte als zentrales Gotteshaus die Stadtkirche von Karlsruhe.

Bis zur Reichsgründung 1871 blieb man ein weitgehend souveräner Staat, Badens große Zeit. Unter dem Einfluss der Ideen der Französischen Revolution waren viele Badener stets offen für liberale Ideen. 1818 gab man sich eine Verfassung, aus der absoluten

Monarchie wurde eine konstitutionelle. Nicht zufällig waren in Baden, dem »Zugpferd der Moderne«, auch die entschiedensten Gegner der Restauration zu finden, die Kämpfer für ein geeintes und republikanisches Deutschland. Auch wenn der Großfürst mithilfe der angeheirateten Preußen 1849 die badischen Aufstände blutig niederkämpfte, die freiheitlichen Gedanken waren nicht mehr zu besiegen.

Baden entwickelte sich zum deutschen »Musterländle«: Die erste technische Hochschule, die fortschrittliche Verfassung, das erste Landesparlament, die erste vollständige Gleichstellung der Juden, die Eigenständigkeit der Städte und Gemeinden durch eine mutige Gemeindeordnung. Musterhaft ging es auch in der Wirtschaft zu, die Industrialisierung Badens nahm von Mannheim und Karlsruhe ihren Ausgang. Überall wurde getüftelt und gegründet, Chemie und Metallindustrie veränderten das Gesicht der Städte. 1885 ließ Carl Benz seinen Motorwagen Nummer 1 anspringen und über die Mannheimer Ringstraße knattern, von Baden aus wurde die Welt automobilisiert und eingenebelt. Auch sportlich feierten die Badener Erfolge. 1907 gewann der Freiburger FC die Deutsche Fußballmeisterschaft, 1910 holte der Karlsruher FV den Titel.

Das Ende des Ersten Weltkriegs war auch das Ende des Großherzogtums. Die Novemberrevolution 1918 verlief in Baden unblutig, der Großherzog zog sich auf sein Altenteil nach Badenweiler zurück. Nun bestimmten die Badener, wer sie regierte. Baden war zur Republik geworden. Meist stellte die SPD oder das Zentrum den Staatspräsidenten, das Zentrum oft die Regierung. 1933 war schon wieder Schluss mit der Demokratie, die Nazis schalteten die Länder gleich, Baden verlor seine Selbstständigkeit. Nach der Schreckenszeit und dem fürchterlichen Krieg – in wenigen Minuten starben allein in Pforzheim während eines Luftangriffs im Februar 1945 über 17.000 Menschen – teilten Amerikaner und Franzosen Baden in zwei Besatzungszonen. Wie sollte es mit Baden weitergehen? Sollte es mit Württemberg und Hohenzollern zu einem Bundesland vereinigt werden? Am 9. Dezember 1951 stimmte das Volk des angehenden Südweststaates ab. Die Mehrheit der Badener war gegen eine Verschwäbelung, dennoch unterlagen die Verfechter eines Bundeslandes Baden, sie wurden von den östlichen Verehrern überstimmt. Am 9. März 1952 wurde die verfassunggebende Landesversammlung gewählt, das Land Baden-Württemberg war gegründet.

Noch einmal versuchten die badischen Separatisten, ihren Traum zu verwirklichen. Man zog bis zum Bundesverfassungsgericht, eine erneute Abstimmung wurde erfochten. Das Verfassungsgericht hatte jedoch keine Frist genannt, und so verschleppten die Anhänger der Einheit die Wahl, bis sie 1970 dann doch höchstrichterlich angeordnet wurde. Nachdem 81,9 Prozent für den Status quo gestimmt hatten, gingen die Landespolitiker eilig daran, Landkreise und Regierungsbezirke neu zu schneidern und die alten Landesgrenzen zu verwischen, damit zusammenwächst, was lange nicht zusammengehörte. 1998 wurde auch der Äther befriedet. Die beiden öffentlichen Rundfunkanstalten fusionierten, aus dem badischen *SWF* und dem schwäbischen *SDR* wurde der *SWR*.

Wenn heute jemand vom »Musterländle« spricht und damit zugleich die schwäbischen Landesteile meint, so sei es ihm verziehen. Dass Baden-Württemberg ein so erfolgreiches Bundesland geworden ist, liegt sicher auch daran, dass sich Badener und Schwaben gut ergänzen. Allen Frotzeleien zum Trotz, die Gemeinsamkeiten überwiegen. Schwäbische Spätzle schmecken auch in Baden, und den badischen Wein lässt auch der Schwabe nicht stehen. Alemannische Brüdervölker halt, die in schöner Eintracht von sich behaupten: »Wir können alles. Außer Hochdeutsch.«

Das badische Wappen

Schlicht und einfach ist es und ohne überflüssigen Firlefanz. Während andere Länder mit Löwen, Adlern oder Rossen prunken, mit Schwertern oder Lanzen drohen, beschränkt sich das badische Wappen bescheiden auf zwei leuchtende Farben: ein roter Balken, der schräg über einen leuchtend gelben Grund läuft. Man nimmt an, dass schon Hermann II., der erste Markgraf von Baden, den Balken verwendet hat, auch wenn die früheste gesicherte Darstellung auf ein Siegel Hermanns V. zurückgeht. Seit 1243 ist das Wappen mit Sicherheit in Gebrauch, vielleicht ursprünglich mit goldenem statt gelbem Grund.

Farbpsychologen sind begeistert von dieser Farbkombination. Gelb ist die Farbe der Sonne und des Lichtes, des Vergnügens und der Freude. Welche Farbe könnte besser zur Lebensfreude der Badener passen? Die Farbe Rot betont diese Freude noch, steht sie doch für Wärme und Leidenschaft. Die beiden Grundfarben versetzen den Betrachter in eine fröhliche, positive Stimmung, ein Gefühl von sommerlicher Heiterkeit. Nicht zufällig wehen dieselben Farben auch an Spaniens Stränden.

Heraldiker streiten bis heute über die Bedeutung von Badens Wappen. Manche meinen, der rote Schrägbalken stehe für das Geleitrecht der frühen badischen Markgrafen den Sankt-Gotthard-Pass betreffend. Das Recht, die Alpen zu überqueren und bequem nach Italien zu gelangen, könnte Hermann II. durchaus zugestanden haben, führte er doch den Titel eines Markgrafen von Verona. Die Gotthard-Version erscheint auch deshalb reizvoll, weil es der Badener Eisenbahningenieur Robert Gerwig gewesen ist, den die Eidgenossen in den 1870er-Jahren riefen, die anspruchsvolle Nordrampe der Gotthardbahn zu projektieren.

Allerlei Zierrat kam im Laufe der Geschichte zum gelb-roten Wappen hinzu. Manch badischer Fürst war nicht frei von Eitelkeit, behängte das Wappen mit verschiedenen Orden, setzte ihm eine Krone auf oder legte ihm den Hermelinmantel um und ließ es von zwei Greifvögeln halten. Mit der Novemberrevolution 1918 wurde Baden von der Monarchie befreit und das Wappen von allem monarchistischen Klimbim. Die Freie Volksrepublik Baden liebte das Gelb und das Rot so, wie es war, nur die Greifvögel vertrieb man nicht, tierlieb, wie die Badener nun mal sind.

Schwierige Zeiten brachen für das Wappen an, als nach dem Zweiten Weltkrieg das Land Baden-Württemberg gegründet wurde. Gegen die drei Löwen der Herzöge von Schwaben kam man nicht an. Die Stuttgarter schoben das badische Wappen zu anderen Regionalwappen auf einen stiefmütterlichen Platz im Großen Landeswappen Baden-Württembergs. Dort klemmt es nun kaum sichtbar am oberen Rand. Als stolze Fahne aber sieht man es noch über manchem badischen Garten wehen, strahlend in schönstem Gelb und Rot.

Anmerkung:
Aufmerksamen Beobachtern wird nicht entgehen, an wie vielen Orten das badische Wappen noch zu sehen ist. Natürlich als Stadtwappen Baden-Badens, aber auch als Bestandteil vieler badischer Landkreiswappen. Ja, selbst außerhalb der jetzigen Landesgrenzen kann man fündig werden, besonders im Pfälzerwald. Bis Napoleon die europäische Landkarte neu zeichnete, war das dortige Gräfensteiner Land Teil der Markgrafschaft Baden. Ob in Clausen, Merzalben, Münchweiler oder Rodalben. Sogar das unterfränkische Steinfeld, von 1806 bis 1819 badisch, trägt das Wappen bis zum heutigen Tage.

Das Badnerlied

Ob bei den Heimspielen des SC Freiburgs, des Karlsruher SC oder der TSG 1899 Hoffenheim, ob bei den Rhein-Neckar-(Pfoten-)Löwen, bei der Eröffnung von Bürgerfesten oder bei der Einweihung einer neuen Schule, stets singt man es gerne und mit Inbrunst: das Badnerlied.

Die inoffizielle Landeshymne Badens entstand vermutlich im Jahr 1865, die ältesten überlieferten Strophen deuten an, dass es sich ursprünglich um ein Lied militärischen Ursprungs gehandelt hat, um einen Marsch. Im Frühjahr 2012, bei den Vorbereitungen zur Jubiläumsausstellung »900 Jahre Baden«, entdeckte der Direktor des Wehrgeschichtlichen Museums Rastatt Dr. Alexander Jordan die Hymne in einem Liederheftchen. Das Heft war 1896 zum badischen Pioniertag in Heidelberg erschienen, sein Verfasser bleibt im Dunkeln. Möglicherweise hat man ein sächsisches Lied umgedichtet. Dass es zu einem echten Volkslied geworden ist, zeigt sich nicht zuletzt daran, wie viele neue Strophen im Laufe der Jahre hinzugekommen sind. Wir wollen uns zunächst jedoch auf den offiziellen Text beschränken.

> *Das schönste Land in Deutschlands Gau'n*
> *Das ist mein Badner Land.*
> *Es ist so herrlich anzuschaun*
> *Und ruht in Gottes Hand.*

Die drei ersten Liedzeilen bedürfen keiner weiteren Erläuterung. Jedenfalls nicht für jemanden, der das Glück hat, Baden bereits zu kennen. Die vierte Zeile allerdings ist es wert, näher betrachtet zu werden: »Und ruht in Gottes Hand.« Zweifellos spricht hieraus der tiefe Gottesglaube der Badener, den man auch heute noch, im säkularen Zeitalter, erkennen kann. Wer durch den Schwarzwald wandert, wird über die zahllosen Wegkreuze, Mariendarstellungen und Kapellen staunen. Es scheint, als habe sich jeder zweite Schwarzwaldhof seine eigene Hauskapelle gebaut. Aber auch andernorts finden sich lebhafte Glaubenszeugnisse. Wegen seiner vielen Bildstöcke ist der badische Odenwald unter dem Namen »Madonnenländchen« bekannt. Und besucht man an einem Samstagmittag zur Marktzeit die Orgelmusik im Freiburger Münster, wird man Mühe haben, einen freien Platz finden.

Die meisten Gebiete Badens sind katholisch geprägt, es gibt jedoch auch traditionell evangelische Landstriche, etwa im alten Herrschaftsgebiet der Markgrafen von Baden-Durlach, die stets die Lutherbibel auf dem Nachttisch liegen hatten. Heute sind die Grenzen zwischen den Konfessionen unschärfer, sie verwischen sich im Zeitalter des modernen Nomadentums immer weiter.

»Und ruht in Gottes Hand.« Die einzige leise Kritik, die wir an der ersten Strophe äußern müssen, bezieht sich auf das besungene Ruhen. Gelegentlich nämlich kann es passieren, dass Gottes Hand ein kleiner Tremor befällt oder dass ein unartiges Teufelchen daran rüttelt. Dann wackeln im Badner Land die Wände, dann kann es passieren, dass der ein oder andere am nächsten Morgen nicht mehr alle Tassen im Schrank hat, ja, dass gar ein Riss die frisch getünchte Wand entlangläuft. Der obere Rheingraben ist eines der aktivsten Erdbebengebiete Deutschlands, auch von den Vogesen und aus der Schweiz wird manches Beben importiert. (Praktischer Hinweis: Wenn bei Ihnen die Kaffeetassen wackeln, und es war nicht Ihr Partner, der auf den Tisch gehauen hat, melden Sie das Vorkommnis bitte dem Erdbebendienst Baden-Württemberg: led@lgrb.uni-freiburg.de)

Sollte ein Beben stärker ausfallen, nehmen Sie bitte mit Ihren Lieben unter dem Küchentisch Platz (so dieser nicht von IKEA stammt) und stimmen Sie zusammen das Badnerlied an. Besonders der Refrain vertreibt die Angst und bringt sogleich die gute Laune zurück:

D'rum grüß ich dich mein Badnerland,
Du edle Perl' im deutschen Land, deutschen Land.
Frisch auf, frisch auf, frisch auf, frisch auf,
Frisch auf, frisch auf mein Badnerland.

Schön, wie im Refrain zur zweiten grammatischen Person umge-
schwenkt wird. Plötzlich ist das Badner Land kein anonymer geo-
grafischer Begriff mehr, plötzlich wird nicht mehr über, sondern
zum Badner Land gesprochen, so bekommt es als Person angeredet
eine Seele. Sechsmal »frisch auf!«, das hebt die Herzen und die
Stimmung, auch wenn man schon manchen Schwaben hat spötteln
hören, ja, ja, das Badner Land gehöre dringend aufgefrischt, aber als
Schwabe könne man sich ja nicht um alles kümmern. Darauf kontern
die Badener mit der inoffiziellen Strophe:

Man merkt, dass wir kei' Schwabe sind,
Und wisst ihr auch warum?
Mir denke erst und schaffe dann,
Bei de Schwabe isch's andersrum.

Doch genug der badisch-schwäbischen Frotzeleien, wir kommen zur
zweiten offiziellen Strophe:

Zu Haslach gräbt man Silbererz,
Bei Freiburg wächst der Wein,
Im Schwarzwald schöne Mädchen,
Ein Badner möcht' ich sein.

»Zu Haslach gräbt man Silbererz« – lange her! In Haslach im
schönen Kinzigtal hat man tatsächlich einmal Silber gefunden. Im
11. Jahrhundert wurde Haslach, im schon zu Römerzeiten besiedel-
ten Schwarzwaldtal, von den Zähringern als Marktstadt gegründet.

Schon damals – und das wird der Grund für die Niederlassung gewesen sein – hatte man in den umgebenden Bergen Silbererze gefunden. Im Mittelalter muss in Haslach die Post abgegangen sein, ein Graben und Wühlen allerorten. Aus 400 Stollen und Schächten kratzte man das Edelmetall heraus, die Erhebung zur Stadt im Jahr 1278 war die logische Folge des Silberrauschs. Die Erinnerung an diese Zeit muss sich lange gehalten haben. Bereits im 16. Jahrhundert nämlich hatte man so ziemlich alles Silber geerntet, im Badnerlied aber hält man unverdrossen an der schürfenden Tradition fest. Wer will, kann noch in eine alte Silbergrube einfahren, die den schönen Namen »Segen Gottes« trägt, und sich auf drei Sohlen durch silberführende Schwer- und Flussspatgänge von der Schönheit der Kristalldrusen, Sinter und Stalaktiten und vom harten Leben der Bergleute ein Bild machen.

Schwieriger zu interpretieren ist die nächste Liedzeile: »Bei Freiburg wächst der Wein.« Ohne Zweifel, Freiburg und seine Umgebung sind mit herrlichen Weinbergen geschmückt, man denke nur an den Kaiserstuhl. Ohne Freiburg jedoch zu nahe treten zu wollen: Köstlicher Wein wächst in Baden auch in anderen Gegenden, ja es hat den Anschein, als sei das ganze Land Baden ein einziges großes Weinanbaugebiet. Von den Hochlagen des Schwarzwalds abgesehen, hat man es nirgends weit, um bei einem Spaziergang durch die Weinberge den Winzern bei der Lese zuzuschauen. Näheres zum badischen Wein später, dieses Kapitel soll nicht gesprengt werden, auch wenn Wein und Gesang natürlich eng zusammengehören. Und auch das Weib, womit wir schon bei der dritten Zeile wären. Deren Interpretation allerdings ist nicht einfach. Dass im Schwarzwald schöne Mädchen wachsen, kann der Autor aus eigener Anschauung voll und ganz bestätigen (auch wenn der Begriff »wachsen« auf die heftigste Kritik in emanzipierten Kreisen stoßen dürfte). Aber sind die Schwarzwälderinnen tatsächlich hübscher als zum Beispiel die Mädchen aus Heidelberg? Oder die aus dem Taubertal? Wer will das entscheiden?

Schönheit ist nur schwer messbar, auch wenn es nicht nur bei Fernsehshows und Miss-Wahlen, sondern bereits seit grimmschen Zeiten immer wieder versucht wird: »Doch Schneewittchen hinter den sieben Bergen, bei den sieben Zwergen ist noch vieltausendmal schöner als Ihr!« Vieltausendmal schöner, hmm, hmm, wohl eher eine literarische Metapher als eine exakte physikalische Maßeinheit. Und doch gibt es einen Anknüpfungspunkt, der, wenn nicht als Beweis, so doch als deutliches Indiz für die besonderen Reize der Schwarzwälder Mädchen angesehen werden könnte.

Ein besonderes Charakteristikum des Schwarzwalds sind seine vielen Mühlen. Bedingt durch den Wasserreichtum und die steilen Täler klapperten die Mühlräder nirgendwo schöner. Bekannt aber ist, dass die Müllertöchter besondere Reize besitzen. Kein anderer Berufszweig bringt solch schöne Mädchen hervor, warum auch immer. Es mag daran liegen, dass Müller zu den wohlhabenden Berufen zählten und sich bei der Wahl ihrer Ehefrau von ihrem Herzen leiten lassen konnten. Schöne Mütter aber haben schöne Töchter, das muss an Mendel und seinen Regeln liegen.

Erzählungen und Romane jedenfalls sind voll von schönen Müllerinnen. Und erst die Lieder! Die von Schubert vertonte *schöne Müllerin* trägt ihre Schönheit bereits im Namen, auch von Goethe gibt es ein Lied, das Lied eines Mühlbaches, das die Schönheit der Müllertochter besingt – unzählige andere Beispiele könnten hier angeführt werden. Von der schönen Tochter eines Schmiedes oder eines Wagenknechtes weiß hingegen kaum jemand zu berichten. Die schöne Müllerin wird auch im Schwarzwald besungen, in dem Lied *Es steht eine Mühle im Schwarzwäldertal*. Das Lied verdankt seine Entstehung wiederum einer schönen Müllertochter: »Und wo ich geh' und steh', im Tal und auf der Höh', da liegt mir das Mädel im Sinn, das Mädel vom Schwarzwäldertal.«

Belassen wir es dabei. Vielleicht, ja ganz bestimmt, stand für den Verfasser des Badnerliedes die schöne Schwarzwälderin Pars pro Toto für alle badischen Mädchen. Wenden wir uns der dritten Strophe zu:

Zu Karlsruh' ist die Residenz,
In Mannheim die Fabrik.
In Rastatt ist die Festung
Und das ist Badens Glück.

Residenzen gab es in Baden manche, abhängig von den Zeitläuften. Auch in Rastatt und in Baden-Baden wurde lange Jahre residiert, zur Zeit der Entstehung des Badnerliedes und schon eine Weile zuvor aber war Karlsruhe dran. Das Karlsruher Schloss ist einer der eindrucksvollsten Bauten Deutschlands. Seine erste Version entstand ab 1715 als Residenz des Markgrafen Karl III. Wilhelm von Baden-Durlach. Der Fürst sei von seinem Schloss in Durlach zu einem Jagdausflug aufgebrochen und in einem nahen Walde eingeschlafen, so berichtet die Legende, bei Karls Ruhe sei ihm dann im Traum sein neues Schloss erschienen. Ursprünglich recht hölzern, wurde das Schloss bald ein weiteres Mal aufgebaut, nun prachtvoll aus Steinen; mit Balthasar Neumann gelang es noch dazu, einen echten Stararchitekten zu verpflichten. Zusammen mit der großzügigen, zunächst barocken Gartenanlage gelang ein echtes Gesamtkunstwerk. Den Mittelpunkt des sternförmigen Plans, der die angrenzend entstehende Stadt mit einbezog, bildet das Schloss, denn so war das Selbstverständnis eines absolutistischen Fürsten: Er war die Sonne, die mit ihren Strahlen das Land beglückt. Als mit dem Ende des Ersten Weltkriegs die großherzogliche Sonne unterging, zogen die Bürger und mit ihnen das Badische Landesmuseum in die leerstehende Immobilie ein. 1944 brannte das Schloss nach Bombenangriffen aus. Beim Wiederaufbau beschränkte man sich darauf, die Fassaden zu rekonstruieren, die Innenräume wurden modern gestaltet. Lohnend ist es, auf den Schlossturm zu steigen, den wahrscheinlich ältesten Teil des Schlosses. Aus 42 Metern Höhe präsentiert sich die strahlende Stadtgeografie aufs Schönste, aus der Ferne grüßen der Schwarzwald und die Pfälzer Berge. Auch kann man zum nahen Durlach hinüberblicken und darüber philosophieren, wie es möglich war, dass eine ehemalige Residenz von ihrem Vorort eingemeindet werden konnte.

Die zweite Zeile dieser Strophe lautet: »In Mannheim die Fabrik«. Glück auf Fabrik zu reimen, das gelingt normalerweise nur den Schwaben. Friedrich Engelhorn aber war ein echter Badener. 1821 in Mannheim geboren, war er zunächst als Goldschmied und Juwelier erfolgreich, bevor er 1848 in seiner Heimatstadt ein Werk zur Herstellung von Leuchtgas gründete. Dabei fiel als Abfallprodukt hässlicher Steinkohlenteer an. In dieser pechschwarzen klebrigen Substanz aber stecken wahre Wunderdinge, fanden zeitgenössische Chemiker heraus, die herrlichsten Farbstoffe nämlich. Deren Destillation war die Basis für die Badische Anilin- und Soda-Fabrik, die Friedrich Engelhorn 1865 gründete. Die BASF sorgte und sorgt weiterhin für Reichtum und Beschäftigung in der Region, Grund genug, die »Fabrik« im Badnerlied zu besingen.

»In Rastatt ist die Festung«, heißt es weiter. Nicht irgendeine Festung ist gemeint, sondern eine der damals modernsten Festungsanlagen überhaupt, ja, sogar eine Bundesfestung. Weil die Franzosen begehrlich über den Rhein blickten, sei es wegen des Weines oder wegen der schönen Schwarzwälderinnen, hatte sich der Deutsche Bund entschieden, so zerstritten er oft war, am Rhein ein Bollwerk gegen mögliche Angriffe zu bauen. Nach längerer Planung wurde 1842 mit dem Bau der Festung Rastatt begonnen. Die Rheinkrise hatte die durch die Siege gegen Napoleon vereinte Allianz zur Eile gedrängt. Am Eichelberg nahe Oberweier brach man den Buntsandstein und transportierte ihn auf einer 14 Kilometer langen Pferdebahn nach Rastatt. Ungeheure Mengen wurden benötigt, die Festung sollte im Kriegsfall 30.000 Mann Besatzung aufnehmen, Österreicher, Preußen und Badener.

Dramatische Szenen sollten sich schon bald auf der Festung abspielen. Es war das Jahr 1849. Nicht gegen die Franzosen aber mussten die mutigen Badener Soldaten kämpfen, sondern gegen die Preußen. Was war passiert? Das badische Militär hatte sich während der badischen Revolution nicht gegen die eigene Bürgerwehr gestellt, sondern mutig und stolz die demokratisch gewählte Regierung unterstützt. Eine Revolution in Deutschland? Demokratie in Baden? Das ging gar nicht, fanden die Preußen und schickten ihre Soldaten los. Die Übermacht war erdrückend, der Badener Aufstand wurde unter Führung Preußens niedergeschlagen, Major Gustav Tiedemann, der Gouverneur der Festung, hingerichtet. Das war das erste und letzte Mal, dass die Festung eingenommen wurde. Dennoch ist heute nicht mehr viel von ihr übrig. Nach dem deutsch-französischen Krieg 1870/71 lag die französische Grenze plötzlich so weit im Westen, dass die Deutschen die Feste nicht mehr zu brauchen glaubten und große Teile zum Abbruch an die Stadt verkauften. Durch den verlorenen Ersten Weltkrieg wanderte die französische Grenze dann wieder zurück an den Rhein. Den Franzosen waren die verbliebenen Festungsreste nun zu nah, sie mussten ebenfalls geschleift werden. Mal zu fern, mal zu nah, man muss genau überlegen, wohin man sich eine Festung baut.

Genug des Militärs, die nächste Strophe ist eindeutig zivilerer Natur:

Alt-Heidelberg, du feine,
Du Stadt an Ehren reich,
Am Neckar und am Rheine,
Kein' and're kommt dir gleich.

Von dieser Strophe wissen wir sogar den Verfasser. Es ist Victor von Scheffel, der einzige Dichter, der Anteil an zwei Landeshymnen hat. Neben der Heidelberg-Strophe im Badnerlied hat er außerdem das Lied der Franken erschaffen: »Wohlauf, die Luft geht frisch und rein«. Joseph Victor von Scheffel war ein echter Badener, er wurde 1826 in Karlsruhe geboren und starb 1886 in seiner Geburtsstadt. *Der Trompeter von Säckingen* hat ihn berühmt gemacht – und sein *Trompeter* die Stadt Säckingen. Dafür zeigen sich die Säckinger dankbar. Sie haben nicht nur Scheffel und seinem Trompeter Denkmäler errichtet, sie fördern bis heute das Trompetenspiel auf mannigfaltige Weise.

Im *Trompeter* wird die Geschichte zweier Liebender erzählt, die wegen Standesschranken lange nicht zusammenkommen konnten. Werner, ein Bürgersohn, konnte seine blaublütige Margareta erst heiraten, nachdem ihn ein verständnisvoller Papst geadelt hatte. Verblüffende Parallelen ergeben sich zu Victor von Scheffels eigenem Leben. Auch Scheffel war ein Bürgersohn, der eine Adelige heiraten wollte, auch er wurde später selbst geadelt. Hier aber enden die Parallelen auch schon. Und die Ehe sollte leider ebenfalls ein rasches Ende finden. Der gemeinsame Sohn war noch nicht geboren, da trennten sich die beiden Eheleute schon wieder, die Mutter zog ihr Kind in München auf. Als sein Sohn fünf Jahre alt war, fuhr Scheffel heimlich nach München und entführte ihn von einem Spielplatz, um ihn künftig selbst zu erziehen. Das Trompeterlied, das in Säckingen noch regelmäßig erklingt, endet auf die Zeilen:

Behüt dich Gott, es wär zu schön gewesen,
Behüt dich Gott, es hat nicht sollen sein.

»Es hat nicht sollen sein!« Diese Worte Scheffels wurden sprichwörtlich und gingen als beliebtes Zitat in die deutsche Sprache ein. Die nächste Strophe des Badnerlieds lautet:

Der Bauer und der Edelmann,
Das stolze Militär
Die schau'n einander freundlich an,
Und das ist Badens Ehr.

Die beschworene Harmonie zwischen Adel, Bauern und Militär ist wohl den erwähnten Ereignissen von 1849 zu verdanken. Man rechnete es den Soldaten und den Edelmännern hoch an (die Offiziersriege befand sich ja fest in adeliger Hand), nicht auf das revoltierende Volk geschossen zu haben. Zu Recht. Hätten sich auch in anderen deutschen Länder die Soldaten geweigert, das Volk niederzuschießen, das für seine Rechte und für ein vereintes, republikanisches Deutschland auf die Straße ging, Republik und Demokratie hätten in Deutschland früher Einzug gehalten und manch spätere Katastrophe hätte vielleicht vermieden werden können. So ist das Badnerlied nicht nur eine freundliche Landeshymne, sondern zugleich ein eminent politisches Lied, ein Lied mit großer Geschichte.

Wer war der erste Badener?

Eine schwierige Frage. Ein schönes Land wie Baden hatte natürlich immer schon Verehrer. Bereits im Mittelpleistozän, also vor Hunderttausenden von Jahren. Das ist bewiesen, seitdem der Arbeiter Daniel Hartmann am 21. Oktober des Jahres 1907 beim Graben in der Sandgrube von Mauer bei Heidelberg auf seiner Schaufel einen Knochen entdeckte, der ihm merkwürdig vorkam. Dieser Knochen elektrisierte die Wissenschaft. Es war ein menschlicher Unterkiefer, so viel war klar, und doch unterschied er sich deutlich von den Beißwerkzeugen des modernen Menschen. Der Wissenschaftler Otto Schoetensack, dem es zu verdanken ist, dass der »Sanddaniel« beim Schippen so sorgfältig vorging – hatte man in der Sandgrube doch früher schon Fossilien gefunden –, nahm Vergleiche mit anderen alten Knochen vor. Das Ergebnis war verblüffend. Der Homo heidelbergensis, der Heidelberger Mensch, musste unglaublich alt sein, älter selbst noch als der Neandertaler. Ja, Schoetensack konnte beweisen, dass der Heidelberger ein Vorfahr des Neandertalers sein und sich aus dem Homo erectus entwickelt haben musste. Heute kann man sein Alter noch exakter bestimmen: 600.000 Jahre schlummerte der Heidelberger in seiner Sandgrube. 40.000 Jahre hin oder her.

Bis in die 1980er-Jahre hinein blieb der Unterkiefer der einzige Fund der Heidelberger Menschen, dann aber entdeckte man Verwandtschaft. In Spanien, Ungarn, Griechenland, Frankreich, ja, selbst in England und Marokko: überall Heidelberger! (Ein frühes Zeichen der Weltläufigkeit des Badeners.) Aufgrund der Skelettfunde kann man sich ein ziemlich genaues Bild vom Heidelberger machen. Der früheste bekannte Badener war nach heutigem Maßstab vergleichsweise klein, schätzungsweise 1,64 Meter, hatte über den Augen einen breiten Wulst, der sein Gesicht etwas finster wirken ließ, der Nasenrücken war sehr breit, sodass die Augen recht weit auseinanderlagen. Nase und Unterkiefer wölbten sich vorwitzig, wodurch sich ein keckes

Schnäuzchen gebildet haben dürfte. Man hüte sich jedoch davor, den Urbadener deshalb als hässlich zu bezeichnen. Es wäre unfair, ihn nach unseren Schönheitskriterien zu beurteilen, ja, wir sind überzeugt, für die damalige Zeit wird er ein überaus hübscher Kerl gewesen sein. Und hochintelligent, ein echter Badener eben. Die Werkzeuge, die er sich gebaut hat, zeugen von hoher Kunstfertigkeit. Bis zu zweieinhalb Meter lange Speere aus Fichtenholz hat man gefunden, Holzschäfte für Steinklingen, gepflasterte Plätze in seinen Siedlungen. Das vielleicht anrührendste Lebenszeugnis des Heidelbergers aber ist ein Zick-Zack-Muster, das er in einen Tierknochen geritzt hat. Damit steht fest: Schon der Erste aller Badener hatte einen Sinn für Schönheit und Kunst. Dass ihn manche Wissenschaftler nicht nur als Vorfahren des Neandertalers ansehen, sondern ihm zugleich eine wichtige Rolle im Stammbaum des modernen Menschen, des Homo sapiens, zuweisen, verwundert uns nicht. Vielleicht war er genauso helle wie der Sandarbeiter Daniel Hartmann aus Leimen, der ihn ans Tageslicht beförderte. Über Hartmann, der das gesegnete Alter von 97 Jahren erreichte, schrieb die *Rhein-Neckar-Zeitung*: »Er hat doch durch Zufall, Glück und helle Pfiffigkeit im entscheidenden Augenblick der Wissenschaft einen größeren Dienst erwiesen, als vielleicht ein gutes Dutzend normaler Ehrendoktoren zusammen.« Der Sanddaniel und der Heidelberger – Badener im besten Sinne.

Anmerkung:
Aus Leimen stammt auch Boris »Bumm-Bumm« Becker, der mit seinen Monsteraufschlägen und der Becker-Rolle, einem im Hechtsprung geschlagenen Volley, die Gegner zur Verzweiflung brachte und 1985 als jüngster Spieler aller Zeiten den Wimbledon-Pokal in den Himmel stemmte. Dass mit der gebürtigen Mannheimerin Steffi Graf auch die erfolgreichste deutsche Tennisspielerin aus Baden stammt, kann kein Zufall sein.

Wo beginnt, wo endet Baden?

Manchmal ist es ganz einfach. Etwa, wenn man am Rhein angelt. Jedes Fischlein, das zwischen Weil am Rhein und Mannheim auf der rechten Rheinseite anbeißt, landet in einer badischen Pfanne. Die Landesgrenze verläuft größtenteils mitten durch den Fluss. Schwieriger ist es in anderen Gegenden, etwa am Neckar oder im Odenwald, im Schwarzwald östlich der Wasserscheide oder in der Gegend um den Bodensee. Dort hilft einem auch der Dialekt nicht weiter, da kann es sein, dass fränkisch oder pfälzisch geschwätzt wird, ja vielleicht sogar schwäbisch und man dennoch badischen Boden unter den Füßen hat. Wie aber kann man auf einfache Weise herausfinden, ob man sich in Baden befindet?

Hier hilft ein einfacher Trick. Gehen Sie zur evangelischen Dorfkirche, nehmen Sie sich ein Gesangbuch aus dem Kasten und setzen Sie sich in eine der hinteren Bänke. Keine Angst, wir wollen Sie nicht bekehren oder gar zum einsamen Sänger machen. Das Einzige, was Sie tun müssen, ist nachzuschlagen, ob es sich bei dem Gesangbuch um die Ausgabe der badischen Landeskirche handelt. Dann können Sie ein Dankgebet sprechen, dann sind Sie in Baden.

Wieso das so ist? Nun, als das Großherzogtum Baden entstanden ist, wurde auch eine einheitliche evangelische Landeskirche geschaffen. Das Großherzogtum ist längst passé, die evangelische Landeskirche in Baden aber hat unverändert Bestand. Sie malt die alten Grenzen des Großherzogtums auf das Schönste nach, eine imaginäre Landkarte Badens. Falls die evangelische Dorfkirche geschlossen haben sollte, was leider vorkommen kann, können Sie es auch mit der katholischen Dorfkirche probieren. Besitzt das *Gotteslob* einen Regionalteil der Erzdiözese Freiburg, stimmen Sie ein Halleluja an, auch dann können Sie stark davon ausgehen, badische Luft zu atmen.

Eine Einschränkung allerdings gibt es, egal ob Sie sich in einer evangelischen oder katholischen Kirche befinden, darauf müssen wir

Sie fairerweise aufmerksam machen. Schwäbeln die anderen Kirchen-besucher auffallend stark, könnten Sie im ehemals preußischen Regierungsbezirk Sigmaringen gelandet sein, in dem die beiden Fürstentümer Hohenzollern-Hechingen und Hohenzollern-Sigma-ringen aufgegangen sind – ein Gebiet, das seit fast 200 Jahren auf barmherzige Weise von der badischen Kirche mitversorgt wird. In diesem Fall senden Sie ein stilles Stoßgebet zum Himmel und verlas-sen die Kirche möglichst unauffällig.

Hinweis: Vorsicht! Es gibt noch eine weitere Einschränkung. Haben Sie ein badisches Gesangbuch aus dem Kasten der evangelischen Kir-che gezogen, jedoch zugleich bemerkt, dass die Autos, die an der Kirche parken, alle französische Kennzeichen tragen, könnte es sein, dass Sie unbemerkt den Rhein überquert haben und im Elsass oder in Lothringen gelandet sind. Die dortigen evangelischen Gemeinden nutzen vielerorts ebenfalls das badische Gesangbuch.

Wie schwätzt man in Baden? – Eine kleine Dialektik

Um es gleich zu sagen: Badisch gibt es nicht. Jedenfalls nicht als Dialekt. So vielseitig Baden ist, so vielseitig sind seine Sprachen und sind es immer gewesen. Selbst keltisch und lateinisch hat man in den badischen Gefilden gesprochen. Als Urdialekt, als Sprache, die man in den alten badischen Kerngebieten spricht, kann man dennoch mit einem gewissen Recht das Alemannische bezeichnen, wobei es wiederum *das* Alemannische nicht gibt, sondern einen bunten Strauß alemannischer Mundarten, zu denen Hochalemannisch, Oberrheinalemannisch, Bodenseealemannisch und – ja doch – auch Schwäbisch gehören, Letzteres freilich nur äußerst peripher. In Nordbaden, in der Gegend um Mannheim und Heidelberg herum, hat sich das Kurpfälzische erhalten, noch weiter nördlich, an Main und Tauber, fränkeln die Menschen.

Ein paar Beispiele sollen die Unterschiede deutlich machen. Sagt ein Kurpfälzer Wirt »de Woi is all«, ist die größtmögliche Katastrophe eingetreten, es gibt keinen Wein mehr. Will der Dorschdl das nicht akzeptieren und fängt an zu broddle, weil er bereits zu viel Babblwasser getrunken hat (»der hot awwa Brieh«), gibt es Zores. Dann sollte man den Freund behutsam beim Arm nehmen und zu ihm sagen: »Nu misse' ma awa peese«. Sonst könnte einen der Wirt, der Zonniggl, einen Laggl nennen, den er Mores lehren will, heidernei! »Ha, du bisch doch net ganz sauwer im Kopp, du Simbel«, hört man ihn noch hinterherschimpfen. An der frischen Luft wird sich der Freund schnell wieder beruhigen, zumal unter dem heilsamen Einfluss des Nikotins, denn draußen darf er »ä Kipp nach der onnere blotzen«.

Wirtshausgespräche im fränkisch geprägten Norden laufen anders ab. Auf die Frage, ob's geschmeckt hat, antwortet der badische Franke »Basst scho!« und verleiht damit das höchste aller möglichen Komplimente.

Befindet man sich im alemannischen Sprachraum, sollte man gängige Redewendungen verstehen. »Du duesch de andere d Säck flicke un a dinne naged d Mäus«, bekommt man zu hören, wenn man versucht, die Beziehung von Freunden zu retten, und nicht bemerkt, dass man sich besser um den eigenen Partner kümmern sollte. Sagt jemand zu Ihnen »Jetz hesch di Brägel!«, werden Sie sich vergeblich nach den schmackhaften badischen Kartoffelpuffern umsehen. Die Brägel müssen für so manche Redewendung herhalten. »Jetz hesch di Brägel« bedeutet, jetzt haben Sie den Salat. Also nicht den Salat zu den Brägel, sondern eine Sache verbockt. Hoffentlich nicht Ihre Partnerschaft. Denn dann kann Ihnen der folgende Satz um die Ohren fliegen: »Nimm din Brägel und hau ab!«, wobei sich Ihr Partner, gebildet wie er ist, der rhetorischen Figur der Tautologie bedient, denn »seine Brägel nehmen und abhauen«, meint ein und dasselbe. Wenn Sie daraufhin »Brägele lachen müssen«, heißt das nicht, dass Sie den Streit nicht ernst nehmen, im Gegenteil, er ist Ihnen sogar ziemlich auf den Magen geschlagen. Wenn hingegen die Sonne wieder über Ihnen beiden »brägelt«, haben sich die dunklen Wolken verzogen, denn sie oder er lacht bereits wieder und zwar ziemlich kräftig.

Falls Sie unsicher sind, ob Sie sich bereits im hochalemannischen Sprachraum befinden, sollten Sie das traditionelle Schibboleth kennen, das richtige Testwort, das jeden Nicht-Hochalemannen verrät. Es lautet »Chuchichäschtli«, worunter nichts anderes als ein kleiner Küchenschrank zu verstehen ist. »Chuchichäschtli« kann nur ein Hochalemanne richtig aussprechen. Südlich von Freiburg wird das »K« zum »Ch«, aus dem Kind wird das Chind und aus dem Küchenkästchen das Chuchichäschtli, wobei Sie das »Ch« als stimmlosen, uvularen Frikativ aussprechen müssen. Alles klar?

Problemlos kann sich jeder Alemanne im benachbarten Ausland verständigen. Das Schweizerdeutsch ist nur eine Variante des Alemannischen, speziell des Hochalemannischen und sogar des Höchstalemannischen, und auch die Elsässer kann man in der Regel gut verstehen.

Sogar in Rumänien gibt es ein Dorf, wo man nach Herzenslust alemannisch schwätze kann: in Saderlach, das im 18. Jahrhundert von südbadischen Auswanderern besiedelt worden ist. Wen es noch weiter in die Ferne zieht, der besuche Allen County in Indiana, USA. Auf wunderbarstem Niederalemannisch kann man sich mit den so liebevoll und bewusst rückständigen Amischen über die ursprünglichen Formen der Landwirtschaft unterhalten, die diese täuferisch-protestantische Glaubensgemeinschaft bis heute noch betreibt.

Freunden des Kaiserstuhler Dialekts kommen die Tränen, wenn sie nach Venezuela reisen und dort die Gemeinde Colonia Tovar besuchen. 1843 sind 358 Bürger aus den Gemeinden des Kaiserstuhls, aus Endingen, Forchheim, Whyl und Oberbergen ausgewandert und haben sich eine neue Heimat gebaut, mit badischen Fachwerkhäusern und schmucken Gärten. Sogar das erste Bier Venezuelas haben die Badener gebraut. Unbedingt probieren. Am besten zur Fasnet, denn dann geht dort die Post ab ...

Tipp: Wer sich intensiver mit den badischen Dialekten beschäftigen will, der beschaffe sich das Badische Wörterbuch. Die germanischen Linguisten der Universität Freiburg hocken bereits über dem fünften Band, und dabei wird es nicht bleiben. Auch die Mitgliedschaft bei der »Muettersproch-Gesellschaft« kann wärmstens empfohlen werden. Auf der hübschen Website kann man sich zum Beispiel anhören, wie unterschiedlich etwa der Satz »Ich gehe Äpfel pflücken« in Offenburg, Badenweiler oder am Bodensee ausgesprochen wird. Alle Freunde des alemannischen Dialekts sind zudem aufgefordert, die Alemannische Wikipedia zu bereichern: »D Wikipedia isch e Enzyklopedii mid Byydreeg, wù jeede Internet-Nutzer dèèrf ändere ...«

Baden – ein Psychotest

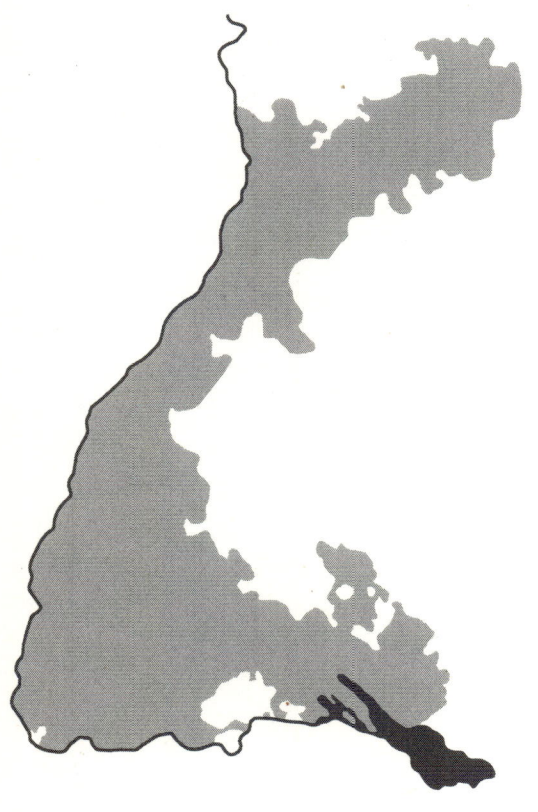

Die badische Landkarte ist höchst originell und eigenwillig. Wir haben die Karte ausgeschnitten, schwarz eingefärbt und ohne jeden weiteren Kommentar zufällig ausgewählten Badenern gezeigt, verbunden mit der Aufforderung, uns zu schildern, was sie da sehen. Das Ergebnis scheint uns mehr über die Persönlichkeit des Befragten auszusagen als über das Land Baden. Wir forschten weiter und entwickelten daraus diesen Psychotest. Schauen Sie sich den Klecks gut an, und wir sagen Ihnen, was für ein Baden-Typ Sie sind.

Der Buchstabe L

Gratulation! Sie gehören zu der nicht ganz kleinen Gruppe von Badenern, die zu den Genussmenschen zu zählen sind. Der Buchstabe L steht für das Leben, die Lust und die Liebe. Lustig, lebendig und lebensfroh ist der L-Typ überall zu finden, wo man die Geselligkeit pflegt, wo man zu Wein und Gesang zusammenkommt. Oder zu Bier und Gesang. Das L aber hat noch eine tiefere Bedeutung. Der L-Typ ist auch insofern ein typischer Badener, als ihm ein großes Herz zu eigen ist und er kein Problem damit hat, andere Meinungen gelten zu lassen.

Die Liberalität der Badener hat lange Tradition. Die badische Verfassung von 1818 war die liberalste in ganz Deutschland. Und schon vor dem Großfürstentum herrschte in vielen Gegenden des heutigen Badenlandes ein freier Geist. Zum Beispiel im Breisgau. Das lokale Herrschergeschlecht der Zähringer gewährte den Bürgern der Breisgauer Städte bereits im 13. Jahrhundert die größtmöglichen Freiheiten. Als deren Nachfolger, die Grafen von Freiburg, die Zügel anzogen, kauften sich die Freiburger mit Silber frei und unterstellten sich den Habsburgern. So gehörten die Breisgauer über Jahrhunderte zu Vorderösterreich und erfreuten sich weitgehend autonomer Rechte. Selbst viele Bauern des Schwarzwalds waren als »Freie Bauern« nur dem Kaiser rechenschaftspflichtig – und Wien war weit weg. Gerne wären die Breisgauer auch nach der Niederlage Napoleons Vorderösterreicher geblieben. Sie schickten eine Abordnung zum Wiener Kongress und baten die Habsburger, sie nicht im Stich zu lassen. Wenn schon ein Herrscher, dann einen von der lässigen Sorte. Der Badener kann mit aufgepfropften Autoritäten nichts anfangen, er liebt das selbstbestimmte Leben, will sein eigener Herr sein, in manchem schlummert sogar ein heimlicher Anarchist.

Locker, lässig, liberal! Das ist die Grundeinstellung des L-Typs. Leben und leben lassen, ist seine Devise. Der L-Typ liebt den L-Typ, allerdings kann diese Kombination auch in einem Lotterleben münden. Vor dem Bumerang-Typ sei gewarnt, außer, man hört nicht mehr gut. Interessante, nie langweilige Partnerschaften entwickeln sich mit dem Embryo-Typ.

Der Stiefel

Stiefelfreunde lieben die Bewegung und die Natur. Sie wandern gerne über die Schwarzwaldhöhen, gehen lieber zu Fuß, als im Auto zu sitzen. Ihnen wird auch im östlichen Odenwald nicht kalt, und marschieren sie durch die Wälder um Heidelberg, stimmen sie sogleich freudig ein Lied an: »Ein Jäger aus Kurpfalz, der reitet durch den grünen Wald.« Viele Stiefelfreunde sind nicht nur Bewegungsweltmeister, in ihnen steckt auch ein heimlicher Romantiker, eine Seele, von der Sehnsucht bewegt: »Kennst du das Land, wo die Zitronen blühn?« Ein Stiefel ist ja auch Italien, mit dem einzigen Unterschied, dass der badische Stiefel nicht nach links, sondern nach rechts marschiert, was natürlich nicht politisch verstanden werden darf. Die Ähnlichkeit mit Italien ist sicher keine zufällige. Baden ist das Italien Deutschlands, schon die alten Römer haben so empfunden. Sonne und Wein, was will man mehr? Und wenn ein Stiefelfreund mal übermütig wird und jemandem keck in den Hintern tritt, wen trifft er dann? Zur Beantwortung dieser Frage müsste man die Karte nach Osten erweitern ...

Gleich und Gleich gesellt sich gern, oder: Ein Stiefel kommt selten allein. Auch mit dem L-Typ kommt der Stiefel in der Regel gut aus, auch oder vielleicht weil man erst am Feierabend zusammenkommt. Lebhafte Diskussionen sind mit dem Kaktus garantiert.

Der Kaktus

Ja, auch diesen Badentyp gibt es! Hier offenbart sich eine besondere Charaktereigenschaft, die Neigung manches Badeners, Gegebenes nicht unbedingt zu akzeptieren, gerne zu widersprechen und gegen den Stachel zu löcken. Nicht aus Freude am Protest, das nicht, ein Querulant ist der Kaktus-Typ nicht, wohl aber ein Mensch mit Überzeugungen. Erneut ist daran zu erinnern, wie viele überzeugte Demokraten aus Baden stammen. Der Kaktus-Typ liebt die Gerechtigkeit und hasst das Unrecht. Nicht zufällig befindet sich die höchste richterliche Instanz, das Bundesverfassungsgericht, in der Badenmetropole Karlsruhe. Überhaupt Karlsruhe. Die Kakteenfreunde Karlsruhes sind einer der aktivsten Ortsverbände der Deutschen Kakteen-Gesellschaft. Und erst 2015 wurde »Der zornige Kaktus« der Menschenrechtsorganisation »Terre des Femmes« an eine Firma aus dem Landkreis Karlsruhe verliehen. »Zornige Kakteen«, auch solche Badener gibt es, und es muss sie geben, will man sich nicht mit jedem Unfug abfinden. Legendär sind die Bürgerproteste gegen das geplante Atomkraftwerk in Wyhl am Kaiserstuhl, eine der wenigen deutschen Kernkraftwerke, deren Bau durch engagierte »Kakteen-Bürger« verhindert werden konnte. Zuvor schon hatte man auf der anderen Seite des Rheins den Bau eines Blei-Chemie-Werks torpediert. Kein Zufall auch, dass der erste grüne Bürgermeister einer deutschen Großstadt in Baden gewählt worden ist, Dieter Salomon 2002 in Freiburg. Kakteengewächse sind eben in der Regel grün.

Der Kaktus hat eine starke Sehnsucht nach dem Embryo, kommt aber auch mit vielen L-Typen gut klar.

Ja, wäre man ein Fischlein, würde einen dieser Haken reizen. Baden, einfach zum Anbeißen! Hier aber zeigt sich zugleich die Gefahr. Beißt man an, kommt man so schnell nicht wieder weg. Der Haken-Typ ist von dieser Sorte. Er sehnt sich nach Freiheit und Unabhängigkeit, ist aber gefangen durch die Reize und die Schönheit des Badenlandes, sodass er nicht von ihm wegkommt. Der Haken-Typ versucht oft, dieses Dilemma zu rationalisieren und damit aufzulösen. Er sagt sich: Was soll ich denn woanders? Hier in Baden habe ich doch alles, was ich brauche. Im Sommer kann's nirgendwo sonniger sein, und will ich im Winter in den Schnee, brauche ich nur hinauf auf die Schwarzwald-höhen. Was soll ich in der Welt, wo doch die Welt zu mir kommt? Wer bricht sich bei uns im Winter beim Skifahren die Beine? Die Holländer und Belgier. Wer macht billig Urlaub im Südschwarzwald und kauft die Aldis leer? Die Schweizer. Wer kommt zum Wandern über die Grenze? Die Franzosen. Wer durchstöbert die Kuckucksuhrengeschäfte? Die Amerikaner und Japaner. Wer lässt die Heidelberger Fußgängerzone überquellen? Alle miteinander plus die Chinesen. In Schönwald trafen wir vor Jahren eine spanische Familie mit drei kleinen Jungen. Sie waren mit dem Auto von Barcelona in den Schwarzwald gefahren. Den ganzen Tag verbrachten Eduardo, Ignacio und Pedro damit, sich die grünen Schwarzwaldwiesen hinunterrollen zu lassen. Himmlisches Vergnügen!

Das also ist der Haken. Baden verwöhnt. Man muss nirgendwo hin, alles schenkt der liebe Gott den Badenern im Überfluss. Dem Haken-Typ empfehlen wir: Nicht mit dem Schicksal hadern, sondern es einfach akzeptieren. Der Haken ist ein verträglicher Mensch und in der Regel recht anpassungsfähig. Ob Kaktus, L-Typ oder Embryo, es gibt keine prinzipiellen Risiken und Nebenwirkungen, erst recht nicht mit dem Stiefel, der ihm wesensverwandt ist. Nur vor dem Bumerang muss sich der Haken hüten. Eine solche Partnerschaft hat die kürzeste Halbwertszeit.

Der Bumerang

Eine eher seltene Nennung, und doch kommt sie immer wieder vor. Die Bumerang-Typen sind interessante Individualisten, aber nicht immer einfach im Umgang. Sie neigen zur Kritik, gerne nörgeln sie, haben an allem etwas auszusetzen, sogar an ihrer badischen Heimat. Sagt man ihnen, wie schön in Baden doch die Sonne scheine, dass der Frühling in Deutschland nirgends schneller Einzug halte, knallt einem gleich der Bumerang um die Ohren. Schon, schon, erwidert der Bumerang-Typ, dafür aber sei die Hitze im Sommer un-er-träg-lich. Erinnert man daraufhin an die erfrischenden Winde aus dem Schwarzwald, den Höllentäler in Freiburg etwa, klagt der Bumerang-Typ darüber, welch schreckliche Migräne dieser Mini-Föhn verursache. Ist der Bumerang-Typ Heidelberger und man lobt die Schönheit seiner Stadt, legt er einem nahe, sofort damit aufzuhören, man bekomme jetzt schon keinen Platz mehr in der Gastronomie und die Preise seien schwindelerregend, zugleich aber beschwert er sich darüber, dass im Schwarzwald das Restaurantsterben grassiere, weil dort keiner mehr Urlaub mache. Lobt man den Badener Bürgersinn, meckert der Bumerang-Typ, dass man deswegen die Rheintrasse nicht fertigbekomme; bewundert man die Kuckucksuhren, kriegt man zu hören, die meisten seien nur noch chinesische Fabrikate. Auch beim unverfänglichen Thema Fußball kommt sogleich der Bumerang zurückgeflogen. Äußert man sich anerkennend über die Nachwuchsarbeit der Freiburger, lautet die Antwort, dass man die Spieler doch eh alle wieder verkaufen müsse. Karlsruhe? Seit Winni Schäfers Zeiten nichts mehr zustande gebracht. Hoffenheim? Künstlich aufgeblähter Milliardärsverein. Man sieht, der Bumerang-Typ ist mit nichts zufrieden. Zum Glück ist er in Baden sehr selten.

Dem Bumerang möchte man wünschen, dass er alle Partnerschaftswünsche zurückstellt. Gelegentlich tut er sich mit einem anderen Bumerang zusammen, worunter dann die ganze Nachbarschaft zu leiden hat.

Der Embryo

Der Embryo-Typ ist ein waschechter Badener. Er sieht in allen Dingen die Möglichkeiten, das Potenzial. Er tüftelt gerne herum, ob an einer neuen Solarzelle oder dem Wiederanbau einer alten Weinsorte. Viele Künstler finden sich darunter, Menschen, die gerne etwas Neues wagen und ungern auf ausgetretenen Pfaden wandern. Viele engagieren sich, ob bei der Biotop-Pflege im Schwarzwald oder bei der Vogelzählung am Kaiserstuhl. Der Embryo-Typ ist für alles offen, ohne jedoch seine Ziele zu verleugnen. Oft läuft er mit einer grünen Gießkanne durch sein Gärtchen und wässert seine Pflänzchen. Mit dem Bumerang-Typ steht er auf Kriegsfuß, selbst wenn er dessen Analysen oft zustimmen muss. Der Embryo-Typ meckert nicht, er sieht die Chancen und setzt sich für sie ein. So kommt er mit dem Kaktus-Typ wesentlich besser klar, am liebsten aber ist ihm interessanterweise ein gemütlicher Abend mit dem L-Typ.

Haben Sie sich wiedererkannt? Oft gibt es Mischformen zwischen den verschiedenen Typen. Eine schöne Definition des badischen Charakters gibt die Meistergeigerin Anne-Sophie Mutter. Die Alemannen seien sehr gradlinig und offen, manchmal schmerzhaft offen, aber auch sehr zuverlässig, warmherzig und bodenständig. Anne-Sophie Mutter muss es wissen, denn sie ist in Rheinfelden geboren und in Wehr aufgewachsen und fühlt sich, obwohl sie seit Langem in München lebt, weiter als Alemannin. Oder als Alefrau?

Der Schwarzwälder Schinken

In der offiziellen Version des Badnerliedes wird er nicht erwähnt, in diesem Buch aber darf er nicht fehlen: der Schwarzwälder Schinken, Badens wohl bekanntester Exportartikel. Nicht nur, dass er uns aus jeder deutschen Wursttheke verführerisch zuzwinkert, auch im Ausland findet er immer mehr Liebhaber. Was braucht es zur Herstellung eines typischen Schwarzwälder Schinkens? In erster Linie Schweine natürlich, viele saftige Schweine. Weil der Schinken so beliebt ist, dass für ihn jährlich an die 4,5 Millionen der rosaroten Vierbeiner ihr Leben lassen müssen, reichen die Schwarzwälder Schweine nicht aus. So ist man auf Fremdschweine angewiesen. Man sollte darüber nicht den Kopf schütteln. Stellen Sie sich vor, die vielen Millionen Schweine müssten alle im Schwarzwald aufwachsen. Wo wäre bei dieser Schweinerei noch Platz für Touristen? So gehen also Schweine aus ganz Deutschland, ja aus ganz Europa, auf Reisen, um sich im Schwarzwald veredeln zu lassen. Schweine aller Länder, vereinigt euch! Im Schwarzwald! Sogar manch Schwabenschwein hängt dann im alemannischen Rauchfang, was wieder einmal beweist, wie tolerant der Badener ist. Auch am Schwein mit Migrationshintergrund kann er sich erfreuen.

Wer nun vorsichtig nachfragt, ob es nicht einfacher wäre, die Schweine doch gleich an ihrem Heimatort in Schwarzwälder Schinken zu verwandeln, der kennt das Geheimnis dieser Köstlichkeit nicht. Nur Schinken, der im Schwarzwald hergestellt und verpackt worden ist, darf den Namen Schwarzwälder Schinken tragen. Das ist gesetzlich geschützt. Und auch richtig so. Denn nur die Schwarzwälder verstehen die Tradition des besonderen Herstellungsverfahrens. Zunächst werden die Schweinekeulen trocken gepökelt und dabei liebevoll mit Gewürzmischungen eingerieben, deren genaue Zusammensetzung von Metzgervater zu Metzgersohn weitergegeben wird. Knoblauch findet sich darin, Koriander, Pfeffer und Wacholder.

Beim Pökeln verbinden sich Gewürze und austretender Fleischsaft zu einer speziellen Salzlake, in der die Keulen dann ihr Bad nehmen. Zeit braucht es nun, viel Zeit. Fünfzig Tage muss der Schinken reifen, bei kühlen fünf Grad Celsius. In der Ruhe liegt die Kraft. Dann erst zieht man das gepökelte Fleisch aus den Behältern, lässt es gut abtropfen und lagert es einige Tage trocken. Nun kommt der Pfiff: In speziell gemauerten Räucherkammern nebelt man den Schinken ein, der Rauch darf jedoch nicht wärmer als dreißig Grad werden. Um den richtigen Rauch zu erzeugen, verbrennt man ausschließlich einheimische Nadelhölzer. Wie viele Schwarzwaldtannen und -fichten dafür jährlich ihr Leben lassen müssen, ist nicht bekannt. Die Bäume jedenfalls haben sich einen Orden verdient, denn sie sind es, die dem Schwarzwälder Schinken sein spezielles Aroma verleihen. Rauchig muss er sein und zart. Für sein Aroma ist auch die abschließende Trockenlagerung an der Schwarzwälder Höhenluft verantwortlich, mehrere Wochen Geduld muss man mit ihm haben, dann erst darf man die typisch schwarzbraune Schwarte anschneiden. Was für ein Aroma entfaltet sich da! Und lauter Mineralien und Vitamine quellen hervor: B1, B2, B6 und B12. Lassen Sie es sich schmecken!

Wen noch immer Bedenken wegen der armen Schweinchen quälen: Den Schwarzwälder Schinken gibt es auch als Bio-Variante. Die lustigen Bio-Tierchen haben jede Menge Auslauf gehabt, nur gutes Futter und viel frische Luft genossen. Das schmeckt man. Die Stiftung Warentest hat herausgefunden, dass der Schwarzwälder Bio-Schinken unter allen Konkurrenten am besten mundet, und ihm eine Spitzennote verliehen. Das Speckrändle übrigens nie wegwerfen! Es gehört einfach zum Schinken dazu.

Tipp: Wem diese Infos noch nicht genügen, der besuche das sehenswerte Schwarzwälder Schinkenmuseum. Auf dem Feldberg steht es und ist in den Sommermonaten täglich geöffnet (9–17 Uhr). Wer seine eigenen Schinken bewegt und den Feldbergturm besteigt, darf sogar umsonst hinein. Das Museum wird vom Schutzverband Schwarzwälder Schinkenhersteller betrieben. Ein schwieriger Zungenbrecher geht so: »Schwarzwälder Schinkenschützer schminken schwitzende Schwarzwaldschweinchen.«

Badisches Weltkulturerbe

Weltweit gibt es lediglich etwa 800 Baudenkmäler, welche die Ehrenauszeichnung Weltkulturerbe durch die UNESCO verliehen bekommen haben. Immerhin drei dieser Stätten kann man in Baden besichtigen.

Prähistorische Pfahlbauten am Bodensee

Wie schützte man sich in grauer Vorzeit vor wilden Tieren? Man konnte in Höhlen ziehen, doch in Höhlen ist es kalt und dunkel. Eine schönere Variante hat der Steinzeit-Badener entwickelt. Er rammte angespitzte Baumstämme in niedrige Uferbereiche des Bodensees und errichtete darauf seine Häuser. So entstand Klein-Venedig im Bodensee, und nicht nur das: Eine ganze Kette von Siedlungen zierte bald die Ufer: Öhningen, Gaienhofen, Allensbach, Konstanz, Bodman, Sipplingen, Uhldingen ... überall fand man Reste der tragenden Pfähle, die vor 6.000 bis 2.000 Jahren hübsche Wasserdörfer trugen. Heute würden Immobilienmakler von einer 1-a-Lage sprechen: rundum reiche Fischgründe und ein Panorama ohnegleichen. Wer sich einen Eindruck über das Leben der badischen Seebewohner machen will, der besuche das Pfahlbaumuseum Unteruhldingen. Dort hat man mehrere Häuser aus der Steinzeit und der Bronzezeit rekonstruiert. 13 mutige Mitbürger sind 2006 für zwei Monate in Mode mit Steinzeitlabel geschlüpft und haben sich der Wissenschaft zur Verfügung gestellt; man wollte herausfinden, wie es sich auf einer solchen Pfahlbauinsel leben und überleben lässt. Die Pfahlbauten haben ihre Stärke bewiesen: Die Bewohner fielen nicht dem Säbelzahntiger zum Opfer.

Der Limes

Es ist schon erwähnt worden, wie überaus wohl sich die Römer in Baden gefühlt haben. Um das hübsche »Ländle« vor Germaneneinfällen zu sichern, bauten sie einen Grenzwall, den Limes. Vielleicht hatte der Limes auch weniger militärische als vielmehr wirtschaftliche Funktionen, konnte man doch den Handel und die Warenströme mittels einer durchgängigen Befestigung besser kontrollieren. Man darf sich den Limes nicht als strikte Reichsgrenze vorstellen, auch jenseits der Mauer siedelte der eine oder andere Römer, wie auch mancher Germane dem Drängen seiner Frau nachgegeben haben mag und ins zivilisierte Badenland zog. Warme Bäder, Wein und Theater – wo gab es das im kalten Germanien schon?

Im nördlichen Teil Badens, unweit von Main und Tauber, verlief der Limes in annähernd nord-östlicher Richtung, ein Teil der Verbindung zwischen den natürlichen Flussgrenzen Rhein und Donau. Es gab auch noch eine ältere weiter westlich gelegene Variante durch den Odenwald. An zahlreichen Orten finden sich noch Spuren des Obergermanisch-Raetischen Limes, besonders schön präsentiert im Römermuseum Osterburken.

Die Insel Reichenau

Am 30. November 2000 wurde die Klosterinsel Reichenau in die Welterbeliste der UNESCO aufgenommen. Die einzigartige Kulturlandschaft gilt als herausragendes Beispiel für die religiöse und kulturelle Bedeutung eines Benediktinerklosters im Mittelalter. Schon von den Römern besiedelt, weist die Reichenau eine lange Geschichte auf. Zentral und doch geschützt gelegen, dazu mit einem milden Klima gesegnet, bot sich die größte Insel des Bodensees förmlich als Glaubenszentrum an. Vermutlich entstand unter dem Gründerabt

Pirmin 724 eine erste, noch hölzerne Klosterkirche. Das Münster St. Maria und Markus ist ihr steinerner Nachfahr; Teile der Vierung und des östlichen Querhauses stammen noch aus karolingischer Zeit. An Bedeutung gewann die Klosterkirche im 9. Jahrhundert, als die Venezianer gestatteten, dem Evangelisten Markus ein paar Knöchelchen zu entnehmen, um sie an den Bodensee zu bringen. Gekonnt wurde die Kirche erweitert und mit einem Dachstuhl aus Eichenholz versehen.

Noch zwei weitere romanische Kirchen gibt es auf der Insel Reichenau. St. Peter und Paul ist eine Säulenbasilika im Ortsteil Niederzell. Noch eindrucksvoller ist St. Georg in Oberzell, die Wandmalereien aus dem 10./11. Jahrhundert gehören zu den schönsten ihrer Art. Sie stellen szenisch die Wunder Jesu dar, wobei man leicht herausfinden kann, welche Wand zum See zeigt. Auf ihr nämlich wird von der Besänftigung des Sturmes vom See Genezareth und anderen »Wasserwundern« erzählt, während auf der gegenüberliegenden Wandseite, der Friedhofsseite, die Auferstehungswunder platziert sind. An der Nordwand des Langhauses drehen vier Teufel eine Kuhhaut im Kreise, auf der unter anderem geschrieben steht (hochdeutsch übersetzt): »Was hier an Blabla die ganze Woche geredet wird, dessen wird gedacht werden, wenn es einmal vor dem Richter steht.« Eine Mahnung an den Prediger, aber auch an uns, dieses Kapitel zu schließen. Noch erwähnt werden aber muss, dass 2003 zehn ausgewählte Handschriften der Reichenauer Malerschule, einer der bedeutendsten des Mittelalters, in das »Memory of the World«-Programm der UNESCO aufgenommen worden sind. Sie befinden sich auf mehrere europäische Bibliotheken verteilt. 1805 ging im Zuge der Säkularisation der vollständige noch erhaltene Handschriftenbestand des aufgelösten Klosters in die Karlsruher Hofbibliothek, die heutige Landesbibliothek, über.

Anmerkung: Alemannenfreunde aufgepasst! Im Münster St. Maria und Markus befindet sich die Grabstätte des ersten und einzigen Königs der Alemannen. Karl der Dicke war der Urenkel Karls des Großen und der letzte Herrscher des vereinten Frankenreichs. Sein Todesjahr ist leicht zu merken: 888.

Und es könnte bald noch eine vierte badische Welterbe-Stätte hinzukommen: Gemeinsam mit anderen historischen Bädern des 19. Jahrhunderts hat sich auch Baden-Baden um den begehrten Titel beworben.

Wie bastle ich mir eine Krone?

Baden ist grün. Auch in puncto Ökologie sind die Badener Vordenker gewesen. Dass umweltverträgliche Politik in Baden eine lange Tradition besitzt, beweist nicht zuletzt die Entstehungsgeschichte der badischen Krone.

Montag, 10. Juni 1811. Bestürzung und Trauer in Baden. Tot, er ist tot! Karl Friedrich, der erste Großherzog von Baden, lebt nicht mehr. Während überall im Lande die Trauerglocken läuten, bricht hinter den Kulissen des Hofes hektische Betriebsamkeit aus. Für die Trauerfeierlichkeiten fehlen ein paar kleine, aber entscheidende Details. Die Kroninsignien! Was für eine Blamage! Zwar hat Karl Friedrich bereits drei Jahre zuvor deren Anfertigung angeordnet, aber wie das so ist, manche Dinge verzögern sich eben. Nun hat man den Salat. Wer wird nicht alles zur Beerdigung anreisen! Alle benachbarten Fürstenhäuser, der hohe Adel, darunter auch der König von Württemberg. Was für eine Schmach, ohne Krone, Zepter und Schwert dazustehen.

Nun aber zeigen sich das badische Improvisationsvermögen und die frühe Fähigkeit zum Recycling. Die fähigsten Goldschmiede kommen eilig zusammen und basteln aus Pappmaché und Drahtgerüst einen Stirnreif, von dem acht gewölbte Bügel zur hohen Mitte führen. Damit das Ganze nicht so billig aussieht, wird der pappige Stirnreif mit Silberblech verkleidet und mit einem Gitterwerk an Goldfäden überfangen. Die Ränder der Bügel schmückt man mit vergoldeten Pailletten. Nun noch die Krönung des Ganzen, die Symbole für Welt- und Himmelsmacht. Man wühlt in der fürstlichen Schmuckschatulle und zerrupft kurzerhand den Kurhut, den man 1803 brauchte, als Baden zum Kurfürstentum aufgestiegen war. Die blau emaillierte Kugel, die ein mit Diamanten und Rubinen verziertes Kreuz trägt, macht sich gut auf dem Pappgestell. Sowohl die Kugel als auch das Kreuz inklusive aller Edelsteine hat man schon für den Kurhut nicht eigens anfertigen lassen, sondern sich kirchlicher

Kunstwerke bedient, die mit der Säkularisation an das Land gefallen waren. Perfektes Recycling!

Jetzt zu Zepter und Schwert. Hier wird man in der Asservatenkammer fündig. An einem Siebenbürger Streitkolben aus dem frühen 17. Jahrhundert wird etwas herumgebastelt, schon hat man das schönste Zepter in der Hand. Und – siehe da! – auch ein Schwert findet sich. Das fürstbischöflich-speyerische Zeremonialschwert, lange Zeit zuvor in Augsburg gefertigt, wirkt doch noch ganz ordentlich. Schnell die alten Inschriften abgeschliffen und alles frisch poliert, schon ist das schönste badisch-großherzogliche Schwert entstanden. Wie das alles glänzt und funkelt! Wirklich stattlich! Die Trauerfeier kann kommen!

Tipp: Wer sich über die frühe Kunst des Recylings informieren will, die badischen Kroninsignien befinden sich im Besitz des Badischen Landesmuseums Karlsruhe.

Zum Kuckuck!

Ist es Franz Anton Ketterer aus Schönwald gewesen? Oder doch sein Vater Franziskus? Oder hat Michael Dilger aus Neukirch den charakteristischen Ruf zum ersten Mal erschallen lassen? Wie auch immer, fest steht, dass die Kuckucksuhr in der ersten Hälfte des 18. Jahrhunderts auf den Höhen des mittleren Schwarzwaldes geboren wurde: »Kuckuck! Kuckuck!« Mit diesem fröhlichen Ruf hatte der Siegeszug der Kuckucksuhr begonnen.

Warum, zum Kuckuck, ausgerechnet der Kuckuck, und nicht die Eule, der Spatz oder die Nachtigall? Nun, Ornithologen wissen, dass der Reviergesang des Kuckucks sehr regelmäßig und gleichförmig ist, eine wichtige Eigenschaft, um den Ruf imitieren zu können. Die meisten Kuckucke produzieren eine kleine Terz, selten nur eine Sekunde oder gar eine Quinte. Zudem erinnert der Klang an zwei hölzerne Orgelpfeifen, die man leicht schnitzen kann, an Holz mangelt es im Schwarzwald ja nicht. Was da stündlich aus seinem Holzgehäuse saust, ist in jedem Fall ein männliches Exemplar. Kuckucksdamen, denen der Ruf gilt, pflegen mit einem hellen Triller zu antworten, gelegentlich auch mit einem lauten Kichern, was ungleich schwieriger zu imitieren ist. Eine gendermäßig korrekte Kuckucksuhr bekommen Sie nur als teure Sonderanfertigung, dafür aber werden Ihre Gäste Augen machen. Wer besitzt schon eine trillernde oder gar kichernde weibliche Kuckucksuhr? Nicht mal Alice Schwarzer.

Sein typisches Gehäuse erhielt der Kuckuck erst im Jahr 1850. Die Schwarzwälder Uhrenindustrie steckte in einer Krise, das badische Innenministerium sah einen wichtigen Industriezweig gefährdet und schickte den bewährten Bauingenieur Robert Gerwig nach Furtwangen, die frisch errichtete Uhrmacherschule zu leiten. Robert Gerwig (1820–1885), von dem im nächsten Kapitel mehr zu berichten sein wird, spürte, dass das Design der Kuckucksuhr dringend reformbedürftig war. Bislang kuckuckte der Kuckuck aus einem schlichten

Lackschild. Gerwig richtete einen flammenden Appell an alle »vaterländischen Künstler«, dem Kuckuck neues Leben einzuhauchen. Es gewann der Entwurf des größten badischen Bahnhofsbauers aller Zeiten. Friedrich Eisenlohr, 1805 in Lörrach geboren, 1854 in Karlsruhe gestorben, hat so ziemlich alle badischen Städte mit Bahnhöfen ausstaffiert: Freiburg, Mannheim, Heidelberg, Karlsruhe ... Auch für die Gestaltung der kleineren Bahnwärterhäuschen war er zuständig, und so kam er auf die Idee, ein solches Häuschen als Gehäuse für ein neues Kuckucksuhrmodell zu nehmen. Seitdem hängen in allen Wohnzimmern der Welt badische Bahnwärterhäuschen, aus deren Giebelfenstern stündlich ein Kuckuck hervorschnellt und den Ton angibt.

Eine Erfolgsgeschichte ohnegleichen. Dennoch wird die Kuckucksuhr ständig weiterentwickelt. Es gibt sie heute in allen Formen und Farben, mit sich drehenden Mühlrädern, tanzenden Schwarzwaldmädchen, bierhumpenstemmenden Männern, sägenden Baumfällern und weiteren beweglichen Details. Wer will, kann in eine solche Multifunktionsuhr locker 10.000 Euro investieren. Dafür bekommt er auf Wunsch sogar einen FC-Spieler, der das Tor trifft.

Unverkäuflich hingegen ist die größte Kuckucksuhr der Welt. Sie steht in Triberg-Schonachbach, ist voll funktionsfähig, hat acht Meter lange Pendel und ein Uhrwerk von zwanzig Quadratmetern. Ihren Monsterkuckuck könnte man für die nächste Folge von »Jurasssic Park« ausleihen oder auch King-Kong auf die Schulter setzen: Viereinhalbmeter ist der Kuckuck lang. Wehe, wenn er den Schnabel aufreißt!

Bevor die Triberger Uhrmachermeister Eble ihre Guiness-Weltrekord-Kuckucksuhr bauten, stand das größte Exemplar im benachbarten Schonach. Nun hatten die Schonacher den Titel verloren, doch die Schonacher wären keine echten Badener, würden sie deshalb klein beigeben. Sie nennen ihr Zeigerhaus nun einfach und clever: Erste weltgrößte Kuckucksuhr. Statt eines zweiten Platzes der Superlative zwei!

Wer skeptisch bekrittelt, ein Kuckuck sei doch in Gegenden wie dem Hochschwarzwald, also auf tausend Metern Höhe, kaum anzutreffen, der irrt. Man hat schon Kuckucke auf den höchsten Alpengipfeln, ja selbst im Himalaya, angetroffen, auf über 5.000 Metern Höhe. Grund genug, dem musikalischen Vogel ein akustisches Denkmal zu setzen. Dass sich die Schwarzwälder für den Kuckuck entschieden haben, zeugt zugleich dafür, wie wenig engstirnig die Badener sind. Ein schwäbischer Pietist hätte dem Kuckuck kaum Asyl in einer Uhr gewährt, gilt der Kuckuck doch als moralisch höchst zweifelhafter Vogel. Erstens weil er im Gegensatz zu seinen Artgenossen oft den Partner zu wechseln pflegt, zweitens weil er das schwäbische Lebensmotto »Schaffe, schaffe, Häusle baue« strikt ablehnt, und drittens weil er anderen Vögeln die mühsame Aufzucht überlässt. So gesehen steht der Kuckuck für den Menschen der Moderne, ja, fast möchte man feststellen, der Mensch entwickelt sich immer mehr zum Kuckuck, wechselt oft den Partner, setzt sich gerne in gemachte Nester und lässt seinen Nachwuchs von anderen aufziehen.

Auch aus diesem Grund, zur steten, ja stündlichen Warnung, sollte man sich vielleicht für eine Kuckucksuhr entscheiden. Wohnen Sie in einer hellhörigen Wohnung, sollten Sie sich allerdings für ein Modell mit der vielleicht wichtigsten aller Kuckucksuhr-Erfindungen entscheiden: dem Schnabelhalten-Schalter.

Die Badische Hauptbahn

Wie Perlen an einer Schnur. So liegen die badischen Städte im Rheintal aufgereiht: Mannheim, Heidelberg, Karlsruhe, Offenburg, Freiburg, Waldshut, Konstanz. Kein zweites deutsches Land zieht sich so in die Länge wie Baden. Was lag da näher, als diese Städte mit einer Bahnstrecke zu verbinden. Nach langen Vorüberlegungen und Informationsreisen zu bereits bestehenden Strecken in England und Frankreich drohten die Elsässer auf der anderen Seite des Rheins den Badenern zuvorzukommen. Das durfte nicht sein! 1838 wurde eilig die Badische Ständeversammlung einberufen und beschloss den Bau: Der Startschuss für die Badische Hauptbahn war gemacht.

Man begann zwischen Mannheim und Heidelberg, beide Städte bekamen einen hübschen Kopfbahnhof. Von Heidelberg Richtung Süden ging es nun zügig voran: 1843 konnte man über Bruchsal nach Karlsruhe, 1844 bereits über Ettlingen, Rastatt und Oos (Baden-Baden) nach Offenburg, 1845 nach Freiburg dampfen. Diskussionen gab es wegen eines Halts in Basel. Manch Badener war skeptisch. Wollte man die Badische Hauptbahn wirklich durchs Ausland führen? Die europäisch denkenden Badener aber setzten sich durch, so entstand der Badische Bahnhof in Basel und die einzigartige Situation, dass die Deutsche Bahn bis heute eine Bahnstrecke durchs Ausland betreibt. Mit dem Rhein schwenkte die Bahn ab Basel ebenfalls Richtung Osten ab, das schweizerische Schaffhausen wurde mit aufgefädelt und schließlich Konstanz erreicht: Alles aussteigen! Am 13. Juni 1863 war der Bau der Badischen Hauptbahn vollendet, ein großes Fest wurde gefeiert.

Bis heute ist die Badische Hauptbahn mit ihren 412,7 Kilometern die längste Strecke im Netz der Deutschen Bahn AG, sie wurde ein Renner bei den Reisenden. Immer wieder musste modernisiert, musste die Strecke ertüchtigt und erweitert werden. Wie glänzten die Augen, als Züge wie der »Rheingold«, der »Orientexpress« oder

der TEE durch Baden rollten. Stets wollte man noch mehr und noch schnellere Züge über die badische Premiumstrecke schicken. Und der Geschwindigkeitshunger ist längst nicht gestillt, für ein neues Projekt rollen die Bagger an. Die Strecke Rotterdam–Genua gilt als wichtigster europäischer Korridor für Güterzüge, und so wird auch die Badische Hauptbahn beschleunigt. Die Schweizer haben ihre Hausaufgaben bereits gemacht, der Gotthard-Basistunnel ist fertig. 1996 hat man sich verpflichtet, die Strecke zwischen Karlsruhe und Basel viergleisig auszubauen. Statt täglich gut 200 Güterzüge sollen nach dem Ausbau über 300 durch das badische Rheintal jagen. Doch viele Badener entlang der Strecke bringen die Züge jetzt schon um den Schlaf. Schäfchen zählen kann den Schlaf fördern, Züge zählen ist weniger hilfreich. So wird diskutiert und protestiert, werden Tunnel und Umgehungen gefordert. Sieben Milliarden soll der Umbau kosten, aus diesen können rasch 14 Milliarden werden, das größte Verkehrsprojekt Badens. Ob man 2030 fertig sein wird? Oder vielleicht doch erst 2040?

Für Nostalgiker bleibt die Strecke zwischen Basel und Konstanz, auf der es sich so ruhig und entschleunigt reisen lässt, dass man während der Fahrt noch die Landschaft bewundern kann. Auch die badischen Nebenbahnen, die von der Hauptbahn abzweigen, sind etwas für Genießer. Die vielleicht eindrucksvollste Strecke soll im nächsten Kapitel vorgestellt werden.

Die Schwarzwaldbahn

Ein technisches Wunderwerk. Von überall strömten die Menschen herbei, um die Schwarzwaldbahn zu besteigen und sich an der grandiosen Strecke zu erfreuen. Mit heutigen Eisenbahnprojekten, die man brutal und ohne jede Rücksicht auf die Landschaft auf dem kürzesten Weg mitten durch die Berge bohrt und Täler mit riesigen Betonwerken überspannt, hat die Schwarzwaldbahn nichts gemein. Trotz höchster Ingenieurskunst beachtet sie respektvoll die Eigentümlichkeiten des Schwarzwalds, erklimmt ihn, wo es steiler wird, in raffinierten Schleifen und Kehren, schmiegt sich dabei an seine Hänge und Berge an und verschmilzt so mit ihm zu einer Einheit. Wären die kräftigen Dampfwolken nicht gewesen, welche die Dampflok besonders bei den Aufstiegen ausstoßen musste, ein Wanderer hätte sie kaum wahrgenommen.

Der badische Großherzog hatte seinem Chefingenieur eine schwierige Aufgabe gestellt. Quer über den Schwarzwald sollte Gerwig eine Bahn bauen, von Offenburg im Rheintal bis hinüber nach Singen am Hohentwiel. Und noch eine Zusatzaufgabe hatte der Großherzog ihm mit auf den Weg gegeben: Die Strecke durfte nirgends schwäbischen Boden berühren. Das machte die Sache nicht leichter, im Gegenteil, hätte man die Trasse über das württembergische Schramberg führen dürfen, wäre manches einfacher gewesen. Das aber wollten die badischen Patrioten auf keinen Fall, nicht zuletzt deshalb, weil auch die Schramberger Kuckucksuhren zu bauen verstanden. Die Schwarzwaldbahn aber sollte keine »schwäbsche Eisenbahne« werden, sondern eine urbadische, und kein schwäbelnder Kuckuck sollte mit ihr transportiert werden. (Die Schwaben bauten trotzig eine eigene Schwarzwaldbahn, die von Stuttgart nach Calw führte.)

Der Bau der badischen Schwarzwaldbahn war eine echte Meisterleistung, speziell der Streckenabschnitt zwischen Hornberg und

St. Georgen. Insgesamt mussten 650 Höhenmeter überwunden werden, ohne dass man auf unterstützende Zahnräder zurückgreifen wollte. Robert Gerwig schaffte es, das Profil unter zwanzig Promille zu halten, kein Zug ist jemals ins Rutschen geraten. Durch den deutsch-französischen Krieg 1870/71 verzögerte sich der Bau, am 10. November 1873 aber war es schließlich so weit: Der erste Zug konnte die wunderschöne Schwarzwaldstrecke auf der ganzen Länge befahren, ein Segen für Wirtschaft und Tourismus. Es wurden sogar Direktverbindungen von Ostende und Chur angeboten, ja selbst die Amsterdamer konnten sich ihre Kuckucksuhr besorgen, ohne umzusteigen.

Robert Gerwig verdanken wir noch eine zweite Schwarzwaldbahn, deren Fertigstellung er allerdings nicht mehr erlebte: die Strecke zwischen Freiburg und Donaueschingen, die Fahrt durchs Höllental hinauf zum Himmelreich und zum Titisee. Auch die hübsche Strecke zwischen Waldshut und Konstanz, die Hochrheinbahn, hat der findige badische Ingenieur projektiert.

Unser persönlicher badischer Schienenfavorit aber ist und bleibt die Schwarzwaldbahn. Noch heute ist die gebirgige Fahrt ein Genuss. Wer will, kann unterwegs aussteigen und die Schwarzwaldbahn aus der Vogelperspektive betrachten. In Hausach wurden wesentliche Streckenabschnitte im Maßstab H0 (sprich: H-Null) nachgebaut, die größte Modellbahnanlage nach realem Vorbild in Europa.

Die Badener und die Schwaben – was sich liebt, das neckt sich

Was sagt eine hübsche Badenerin, wenn sie nach der ersten Liebesnacht in der Wohnung ihres neuen Freundes aufwacht? »Bischt mi Schätzli!« – Was aber sagt eine Schwäbin, wenn sie sich nach dem Aufwachen umblickt? »Hoscht den Bausparvertrag scho abbezahlt?«

Mit Witzen, die Badener über die Schwaben reißen, kann man Bücher füllen. Die Schwaben versuchen sich gelegentlich zu revanchieren, wenngleich sie mit Witzen deutlich geiziger sind, was wiederum nicht wirklich erstaunt. Macht ein Schwabe einen Witz über seine badischen Nachbarn, finden sich auffallend oft Anspielungen auf vermeintliche Intelligenzdefizite. Offensichtlich sind viele Schwaben der Meinung, den Badenern über zu sein. Das hört sich dann so an: Unterhalten sich zwei Badener. Sagt der eine: »Du, morgen geht die Welt unter!«, beruhigt der andere: »Alles gut. Komm mit zum Titisee.«
 Mäßig witzig. Auch die hinterhältige Frage »Was steht an der badisch-schwäbischen Grenze und hat einen IQ von hundert? – Ein Bus mit hundert Badenern!« fällt unter die Kategorie der Schote. Selbst das vordergründige Kompliment »Zugegeben, die Badener haben die Klobrille erfunden« erweist sich als gemeine Falle, denn der Schwabe fügt sogleich grinsend hinzu: »Wir aber haben die Öffnung hineingesägt!« Die dumme Bemerkung »Ich habe nichts gegen Badener, jedenfalls nichts, was hilft« braucht nicht weiter kommentiert zu werden. Der vielleicht kürzeste und zugleich gemeinste schwäbische Witz über die Badener geht so: »Denkt ein Badener ...«

Es wäre ein Leichtes, jetzt mit Schwabenwitzen zu kontern, Schwaben aber sollen nicht Inhalt dieses Buches sein und auch nicht die Schwabenwitze. Dennoch muss kurz auf die Witze eingegangen werden, denn schon Goethe sagte, durch nichts würden die Menschen ihren Charakter mehr bezeichnen als durch das, was sie lächerlich finden. Insofern sind die Schwabenwitze durchaus interessant, nämlich als ein humoristisches Selbstzeugnis des Badener Charakters. Im Vergleich, in der Abgrenzung, tritt manche Eigenschaft leuchtend hervor. Wovon handeln Schwabenwitze typischerweise? Vom Geiz, von der Freude daran, ein gutes Geschäft zu machen, von der angeblichen Humorlosigkeit und Ungeselligkeit des Schwaben. Im Umkehrschluss heißt das, der Badener sieht sich selbst als großzügigen, lustigen Menschen, der gerne feiert und dem übertriebene Geschäftemacherei fremd ist.

Ein Beispiel, das die verschiedenen Vorurteile in sich vereint: Kommt ein Badener nach Stuttgart, geht in eine Wirtschaft und fragt einen einsam an seinem Tisch sitzenden Schwaben freundlich, ob er sich dazusetzen dürfe. Der Schwabe gibt keine Antwort, der Badener nimmt dennoch Platz. Tritt ein armer Blumenverkäufer ein. Der Badener hat Mitleid und kauft ihm eine Rose ab. Als der Blumenverkäufer sich an den Schwaben wendet, schaut dieser entsetzt auf, deutet auf den Badener und sagt: »Mir g'herat z'samme!«

Woher rühren die Ressentiments? Sicherlich gehen die Ursachen zurück auf die spezifisch pietistische Frömmigkeit der Schwaben, die im scharfen Kontrast zu der sinnenfreudigen katholischen Lebensart der Südbadener stand. Es sind jedoch keineswegs ausschließlich Mentalitätsfragen. Ein Blick in die Geschichte zeigt, dass die Badener nicht immer glücklich mit ihren schwäbischen Nachbarn gewesen sind. Schon in den Kinderjahren des Großherzogtums Baden kam es zu bewaffneten Konflikten. Angeblich hatten die Württemberger Napoleon falsch verstanden, jedenfalls marschierten ihre Soldaten plötzlich nach Westen los und kassierten große Teile des Schwarzwalds, um ihre eigene Fahne dort wehen zu lassen. Nur dem entschiedenen Eingreifen von Napoleon ist es zu verdanken, dass die Schwaben wieder abrückten. Noch gravierender waren die Vorfälle gut vierzig Jahre später. Als die Badener 1849 die Idee der Republik retten wollten, gegen die Fürstenwillkür auf die Straße gingen und die Revolution ausriefen, wurde die junge Demokratiebewegung, getragen von allen Teilen des badischen Volkes, brutal zusammengeschossen. Nicht von eigenen Landsleuten, sondern von fremden Truppen, die der Großherzog zu Hilfe gerufen hatte, den Preußen und den Württembergern. Ja, die Nachbarn aus Schwaben kamen über die Grenze, luden ihre Gewehre und zerschlugen die mutige badische Volksbewegung. Das alles scheint im kollektiven Unterbewusstsein der Badener noch lebendig und wirkt bis zum heutigen Tage nach.

Glücklicherweise aber heilen auch die schlimmsten Wunden. Die Zeit echter Auseinandersetzungen ist einer Art scherzhafter Folklore gewichen. Für den Ausgleich hat nicht zuletzt die Liebe der Schwaben zu den Badenern gesorgt. Unerbittlich kämpften die Schwaben darum, mit den Badenern in einem Bundesland vereint zu werden. Warum ist das so gewesen, warum wollten sich die Schwaben nicht mit einem eigenen Bundesland begnügen? Natürlich könnte man jetzt viele rationale Argumente nennen, politisch-wirtschaftliche Gründe, gewichtige und überzeugende. Der eigentliche, der tiefere Grund aber ist psychologischer Natur. So gescheit und erfolgreich die Schwaben auch sind, sie lieben sich selbst nicht besonders. Getrieben von der Sucht nach Erfolg, ist ihnen eine tiefe Sehnsucht nach liebenswürdiger Heiterkeit eigen, nach der Leichtigkeit des Seins, wie sie in Baden gepflegt wird. Mal nicht schaffe müsse, den Kehrbesen mal aus der Hand lege zu dürfe, danach sehnt sich jeder Schwabe im Grunde seines Herzens. Daher der Wunsch nach Vereinigung mit Baden. Kann man es den Schwaben verdenken?

Natürlich gibt es noch die klassischen Vorurteile, auch diese relativieren sich jedoch mit dem Blick auf die Realität. Etwa die sprichwörtliche Sparsamkeit der Schwaben. Nachgewiesen ist, dass zumindest bis zum Ersten Weltkrieg die Badener höhere Sparleistungen erbracht haben als die Schwaben. Und der wohl sparsamste aller sparsamen Finanzminister heißt Wolfgang Schäuble aus dem badischen Freiburg. Dann das Motto »Schaffe, schaffe, Häusle baue«. Typisch schwäbisch? »Bauhaus«, die große Baumarktkette, hat ihren Deutschlandsitz in Mannheim. (»Wenn's gut werden muss: Baden«) Mit was würden die Schwaben ihren Beton anrühren, wenn es nicht HeidelbergCement gäbe, einen der weltweit größten Baustoffhersteller? Und wo befindet sich der Sitz von Bilfinger, dem bedeutenden Baukonzern, der in den Top-Ten der Baden-Württemberger Unternehmen spielt? Im badischen Mannheim! Häusle bauen können die Badener genauso gut. Zumindest Modellhäuschen. Keiner hat so viele Kinder zu Häuslebauern gemacht wie die Firma Faller in Gütenbach im Schwarzwald mit ihren Miniaturwelten. Und ihre Väter mit dazu.

Schmerzhaft ist es für einen Badener dennoch, für einen Schwaben gehalten zu werden. Besonders oft passiert das in der Schweiz, denn für den Schweizer sind alle Deutschen Schwaben. Für Franzosen wiederum sind alle Deutschen Alemannen, auch die Schwaben, sodass sich das wieder ausgleicht. Wie gering die Unterschiede zwischen den Brüdervölkern tatsächlich sind, das stellte schon der gebürtige Schwabe Hermann Hesse fest: »Das Vorhandensein dieser Grenzen äußerte sich nirgends und niemals in wesentlichen Unterschieden der Menschen, ihrer Sprache und Sitte ... Für mich war Heimat zu beiden Seiten des Oberrheins, ob das Land nun Schweiz, Baden oder Württemberg hieß.«

Anmerkungen: Auch den schwäbischen Schwerblüter Hesse mag die badische Heiterkeit angezogen haben, weshalb er an den Bodensee gezogen ist. Der bayerische Schwabe Bert Brecht, dessen Vorfahren aus Achern im Ortenaukreis stammen, hat sich selbst stets als Kind Badens bezeichnet: »Ich, Bertolt Brecht, bin aus den schwarzen Wäldern.«

Wie gut es die Badener mit den Schwaben meinen, kann man daran sehen, dass sie den Schwaben ihre Landeshauptstadt geschenkt haben. Kein Witz. Die Siedlung nahe dem Gestüt »Stutengarten« war in den Besitz der Markgrafen von Baden gelangt, die den Ort 1219 zur Stadt erhoben. Als sich Mechthild von Baden in den Grafen von Württemberg verliebte, schenkte sie ihm zur Hochzeit das badische Städtchen. Stuttgart – Made by Baden.

Badenser? Schwabenser!

Will ein Schwabe einen Badener so richtig ärgern, dann braucht er ihn nur »Badenser« zu rufen. Schon hat er sein Ziel erreicht. Auch wenn der Badener von seinem Naturell her ein gelassener, unaufgeregter Zeitgenosse ist, das Wort »Badenser« treibt seinen Blutdruck dennoch in die Höhe. Auch die scheinheilige Reaktion des Schwaben, er verstehe die Aufregung nicht, lasse doch sogar der Duden diese Bezeichnung zu, vermag den erhitzten Gemütszustand nicht zu beruhigen, ganz im Gegenteil. – Der Duden! Wenn man alle Ausdrücke benutzen würde, die der Duden kennt! Dann dürfte man den Schwaben höchst dudentreu wohl getrost auch »Vollpfosten« oder »Gelbfüßler« nennen.

So verständlich die Aufregung auch ist – wer lässt sich schon gerne beleidigen? –, so unbegründet ist sie zugleich. Historisch betrachtet ist die Bezeichnung »Badenser« ein ausgesprochenes Kompliment, ist sie doch vornehmen Ursprungs, denn sie geht auf die Römer zurück. Wie kaum in einem anderen deutschen Landstrich haben sich die Römer in Baden wohlgefühlt. Während sie rund um Stuttgart allenfalls unbedeutende Hütten hinterließen, errichteten sie in Baden die prächtigsten Tempelanlagen und Bäder. Der lateinische Begriff »badeniensis« entwickelte sich in der Urkundensprache zu »badensis«, und daraus wurde wiederum der »Badenser«. Hoch offiziell und ehrenvoll, ohne jeden despektierlichen Unterton. Selbst Johann Wolfgang von Goethe spricht in *Dichtung und Wahrheit* von »Badensern«, und das war sicherlich nicht abwertend gemeint und ist eher der Wahrheit als der Dichtung zuzurechnen.

Diese geschichtlichen Hintergründe aber sind nicht jedem Badener geläufig, auch manchem Politiker nicht. Als Mitte der 1950er-Jahre, in denen der Kampf für ein eigenes badisches Bundesland noch lebhaft geführt wurde, in Stuttgart der Heilbronner Landtagsabgeordnete ans Mikrofon trat und von »Badensern« sprach, verbat sich das der nordbadische Abgeordnete Franz Gurk entschieden und drohte dem Kollegen unter dem Gelächter des Hohen Hauses an, er werde ihn künftiger nur noch als »Heilbronnser« anreden, wobei es eher wie »Heilbrunzer« klang.

Die Zeiten haben sich zum Glück geändert. Wahre Badener regen sich schon lange nicht mehr über gelegentlich vorkommende Falschtitulierungen auf. Was stört es die stolze Schwarzwaldtanne, wenn sich eine schwäbische Wildsau an ihr kratzt?

Ein Tannenzäpfle? – Prost!

Ein schickes Designhotel am Ku'damm. Nach einem langen Abend in der Bundeshauptstadt will man noch einen Absacker in der Bar nehmen, ein letztes kleines Bierchen vor dem Zubettgehen. Mal testen, wie das Berliner Bier so schmeckt. Was aber zieht der Barkeeper da aus seinem ultracoolen Großstadtkühlschrank? Ein Schwarzwälder Tannenzäpfle!

Baden kann nicht nur Wein, Baden kann auch Bier. Die vielleicht bekannteste Brauerei Badens ist die Badische Staatsbrauerei Rothaus. Rothaus liegt mitten im Hochschwarzwald, unweit des Schluchsees. Die Geschichte seiner Brauerei reicht weit zurück. Fürstabt Martin Gerbert vom Benediktinerkloster St. Blasien hatte zum Jahresende 1790 den Mönchsrat einberufen. In seiner Reichsherrschaft Bonndorf klagten die Leute, das fürstlich fürstenbergische Bier aus Donaueschingen werde immer teurer. So beschlossen die Schwarzwälder Mönche, ein eigenes Bier zu brauen. Hinter vorgehaltener Hand wird behauptet, dies sei vor allem geschehen, um den Schwarzwäldern das Schnapstrinken abzugewöhnen. Sei es wie es sei, schon bald braute man aus dem Wasser eigener Quellen einen schmackhaften Gerstensaft. Als 1806 das Großherzogtum Baden entstand, mitfinanziert aus der Enteignung kirchlicher Besitztümer, wurde aus dem Klosterbier ein Staatsbier. Und das ist es bis heute geblieben. Jeder Schluck füllt die baden-württembergische Staatskasse.

Heute ist das »Zäpfle« Kult. Wie ist dieser Erfolg zu erklären? Am ursprünglichen Motiv der Mönche, ein preiswertes Bier zu brauen, kann es nicht liegen. Bierkenner meinen, das Rothauser Bier schmecke einfach besonders, und dies wiederum habe mit der Qualität des Brauwassers zu tun, das nach wie vor aus sieben hauseigenen Quellen sprudelt, und mit der speziellen Luft in tausend Metern Höhe. – An der Luft? Auch das. Jeder ambitionierte Hobbykoch weiß, dass sich der Siedegrad in den Bergen verändert und damit auch die Siedeprozesse. In großer Höhe ist die Luft dünner, der Druck geringer. Hier können Lebensmittel unter Bedingungen gedeihen, die man im Tal nicht vorfindet. Ein Beispiel ist die Methode, Würste an der Luft zu trocknen. Dies ist oft nur in großer Höhe möglich, unsere Schweizer Nachbarn haben die Methode perfektioniert.

Neben dem Geschmack aber scheint es noch einen weiteren Grund für die Entwicklung des »Zäpfles« zum Kult-Bier zu geben: die Werbung. Besser gesagt: die fehlende Werbung. Während bei anderen Bieren die Werbung einen Großteil der Kosten ausmacht, Radio und Fernsehen mit Bierspots zugemüllt werden, verzichtete die badische Staatsbrauerei weitgehend auf Reklame, ja selbst auf eine Auffrischung des Flaschenetiketts. Das wiederum erwies sich als kluger Schachzug. Wenn man nur lange genug wartet, wird eine Mode wieder zum Kult. Eben das ist mit Birgit geschehen, Birgit Kraft, die hübsche Schwarzwälderin, die mit zwei Gläsern Bier in der Hand die Etiketten ziert. »Bier git Kraft«, sagt der Schwarzwälder, »Bier gibt Kraft!« Daher der Name des Mädchens, das mit seiner Backenhaubentracht einem anderen Zeitalter entsprungen zu sein scheint. Anfang der 1970er-Jahre setzte sich der Freiburger Grafiker Roland Jenne hin und abstrahierte die ursprünglich fotorealistische Darstellung im Stil der 1920er-Jahre so gekonnt, dass sein Schwarzwaldmädel bis heute keine Falten bekommen hat. Gelegentlich wirft man dem »Zäpfle« vor, die abgebildeten Tannenzapfen seien ja gar keine Tannenzapfen, denn richtige Zapfen würden nicht hängen, sondern stehen. Rothaus erklärt auf seiner Homepage (eine solche einzurichten, hat man sich nach langem Nachdenken dann doch entschlossen), es handle sich eben nicht um Zapfen der Tanne, sondern der Fichte. Diese trage auch den Namen Rot-Tanne, womit die Verbindung zu Rothaus hergestellt sei. Roland Jenne, der erfolgreiche Grafiker und Vater des Etiketts, aber erklärt es anders. Stehende Zapfen hätte er nur am unteren Bildrand platzieren können, wodurch sie in den Bereich des Schwarzwaldmädchens hineingereicht hätten.

Der Volksmund aber hätte die Zapfen sicher phallisch interpretiert und badisches Viagra aus dem Bier gemacht. Der Volksmund aber weiß auch mit hängenden Zapfen umzugehen. Trinkt er aus seinem »Zäpfle«, stehen die Tannenzapfen auf dem Etikett wieder richtig herum, eben stolz nach oben. Prost!

Anmerkung: Ein bisschen Werbung macht man dann doch. Das Sponsoring von Fußballvereinen gehört dazu, den SC Freiburg und auch den KSC unterstützt man und noch manch anderen Sportverein. In den Stadien versuchten die Rothauser, das Badnerlied zu entern und die Zeile »in Rastatt ist die Festung« durch »in Rothaus ist die Brauerei« zu ersetzen, was der badische Fan aber, allem Sponsoring zum Trotz, nicht mitsingt. Tradition ist Tradition. An den VfB Stuttgart wagt Rothaus sich bislang nicht heran, auch wenn der amtierende Brauereichef zuletzt bei der Stuttgarter Hofbräu tätig war. (Christian Rasch ist der erste Bierprofi an der Spitze. Lange Zeit war die badische Staatsbrauerei das Austragshäusle für badische Politiker, so auch für Thomas Schäuble, den Bruder von Wolfgang.) Neben der Brauerei gibt es ein Besucherzentrum, in dem die bezaubernde Birgit auf allen möglichen Gebrauchsgegenständen zu erwerben ist. Natürlich ist auch eine Brauereiführung möglich. Und wenn Sie eine Dame kennen, die mit der schönen Birgit konkurrieren kann: Der Wolterdinger Fußballclub hat bei seinem Kappenabend schon die Miss Biergit gekürt.

Gutes badisches Bier fließt natürlich auch aus anderen Zapfhähnen. Insbesondere die junge badische Brauergeneration lässt sich viel einfallen. Haben Sie schon mal mit einem Karlsruher Vogel angestoßen? Oder mit einem Decker-Bier aus Freiburg? Selbst in Brasilien brauchen Sie nicht auf badisches Bier zu verzichten. Wissen Sie, wie die kultigste Marke heißt? Baden-Baden! »Auf die Gesundheit!«

Weltmeister der Bierdeckel

Wo man Bier trinkt, da ist der Bierdeckel nicht weit. Wussten Sie, dass drei von vier der runden oder auch quadratischen Scheiben, die weltweit für trockene Wirtshaustische sorgen, aus Baden stammen? 75 Prozent Marktanteil, das ist weltmeisterlich!

Der Holzfabrikant Casimir Otto Katz (1856–1919) aus Gernsbach im Murgtal besaß zugleich eine Brauerei in Metz. Zum Abdecken der Biere bediente man sich lange Zeit mehrfach verwendbarer Stofffilze, eine reichlich unhygienische Angelegenheit. Als die ersten Einmalbierdeckel auf den Markt kamen, schaltete Casimir Katz schnell. Holzabfälle fielen in seiner Fabrik genügend an, warum sie nicht zu Bierdeckeln verarbeiten? Die Späne des heimischen Fichtenholzes eignen sich, zu Holzschliffpappe verpresst, perfekt; ihre Saugfähigkeit ist unübertrefflich. Zudem lassen sie sich zugleich hübsch bedrucken. 1,4 Milliarden Bierdeckel werden bei Katz jedes Jahr produziert, genug um jeden Chinesen auf ein Bier einzuladen: »Ganbei!« (was so viel heißt wie »Prost!«).

Die erste und verrückteste Autofahrt der Geschichte

Ohne Führerschein, ohne TÜV-Plakette, ohne Sicherheitsgurte ... So gehen die drei auf große Fahrt. Es ist ein Sommertag Anfang August 1888, als Bertha Benz in den frühen Morgenstunden ihre Söhne weckt, heimlich und leise. Die beiden kleinen Töchter sollen nichts mitbekommen und erst recht nicht ihr Mann Carl, er wäre niemals damit einverstanden. Warum ist er, der geniale Konstrukteur, auch nur so zögerlich? Kein Wunder, dass sich niemand so recht für sein Auto interessiert. Bertha Benz hat beschlossen, die Sache selbst in die Hand zu nehmen. Nur wenn man der Welt beweist, wie leistungsfähig eine Kutsche ohne Pferde sein kann, wird man auf sich aufmerksam machen können.

Die unternehmungslustige Mutter hat nie am Erfolg ihres Mannes gezweifelt. So hat sie sich vorzeitig ihre Mitgift auszahlen lassen, um ihrem Verlobten die Fortführung seines Unternehmens zu ermöglichen. 1871 hat er mit ihren Mitteln in Mannheim seine Eisengießerei und mechanische Werkstatt eröffnet, dann seine Gasmotorenfabrik. Lange hat er an einem Motorwagen gebastelt, viele Rückschläge sind zu verdauen gewesen. Vor wenigen Tagen aber haben sie vom Großherzoglich-Badischen Bezirksamt endlich die erste Fahrerlaubnis der Welt ausgestellt bekommen. Berthas Stunde hat geschlagen!

Das Monstrum anzuwerfen ist nicht ganz einfach, erst beim dritten Versuch springt es an. Schnell klettert Bertha mit ihren Jungs auf den Fahrerbock, und dann knattern sie los. Eugen ist 15, sein Bruder Richard 13 Jahre alt. Ein echtes Abenteuer liegt vor ihnen. Von Mannheim wollen sie nach Pforzheim, die Oma besuchen und auch die Tante, die gerade ein Kind bekommen hat. Eine Strecke von 104 Kilometern. Nie zuvor ist jemand mit einem Automobil so weit gefahren. Klar, auf kurze Strecken hat sich Carl schon gewagt, aber noch nicht auf eine Überlandpartie.

Das Technik-Gen muss Carl von seinem Vater geerbt haben. Johann Georg Benz war Lokführer, starb aber leider schon früh an einer Lungenentzündung, die er sich auf dem offenen Führerstand zugezogen hatte. Sein Sohn Carl war damals noch keine zwei Jahre alt. In Mühlburg bei Karlsruhe geboren, begann er als junger Mann am renommierten Karlsruher Polytechnikum Maschinenbau zu studieren. Und mit Antrieben zu tüfteln. Schon sein Motorwagen Nummer 1, drei Jahre zuvor gebaut, hat funktioniert. Nun sitzen sie im aktuellen Nachfolgemodell.

Der Benz Patent-Motorwagen Nummer 3 ist ein klappriges dreirädriges Gefährt, das eher wie eine stinkende Kutsche aussieht. Nur mäßig gefedert rappelt es über die unebenen Straßen dahin. Man muss sich gut festhalten, besonders wenn man einen Hügel hinunterfährt, denn dann geht es halsbrecherisch zu, die Bremsen sind noch nicht für solche Belastungen ausgelegt. Aber auch die Anstiege sind voller Tücken. Wird's zu steil, müssen die Jungs vom Bock springen und anschieben. Man ist erst wenige Kilometer weit gekommen, da stößt der kupferne Wasserbehälter weiße Rauchwolken aus. Kühlwasser! Wo bekommt man Kühlwasser her? Zum Glück steht ein Brunnen am Weg, rasch wird nachgefüllt. Über Feudenheim, Ladenburg und Dossenheim erreichen die drei Heidelberg.

Wer immer ihnen begegnet, staunt nicht schlecht. Schreie und Hallo-Rufe ertönen, überall laufen die Leute zusammen. – »Hast du so was schon gesehen?« »Und siehst du, wer am Steuer sitzt? Da ist ja eine Frau obbe! Ein Teufelsweib!« – Nur die Pferdekutscher schimpfen, macht der Krach doch die Gäule scheu. Rohrbach, Leimen, Nußloch … Plötzlich verweigert der Motorwagen erneut den Dienst und bleibt stehen. Nichts geht mehr. Der Treibstoff ist ausgegangen, die mitgenommenen Vorräte Ligroin haben nicht ausgereicht. Was nun? Sie schieben den Wagen in den nächsten Ort. – »Ligroin? Alles was ich habe!« – Der Apotheker von Wiesloch rieb sich die Augen und dann die Hände. So viel Reinigungsmittel hat er noch nie verkauft. Dafür verdient er sich einen Ehrentitel: Erster Tankwart der Geschichte.

Bertha weiß, warum sie Dampf macht. Die Konkurrenz schläft nicht. Im Schwabenland arbeitet ein Herr Daimler an der gleichen Technik, eifersüchtig beobachtet jeder den anderen. Sogar verklagen wird dieser Daimler ihren Mann. Wegen einer einfachen Patentverletzung – ein lächerliches Glührohr! Freunde fürs Leben sollten sie nicht werden, ja bei der Gründung des Mitteleuropäischen Motorwagen-Vereins kein Wort miteinander sprechen. Daimler-Benz? Bertha hätte schallend darüber gelacht.

Mingolsheim, Stettfeld, Bruchsal ... Kurz hinter Weingarten der nächste Aussetzer. Was ist denn nun schon wieder? Am fehlenden Wasser oder Treibstoff kann es nicht liegen. Der ADAC ist noch nicht erfunden, man muss selber ran. Zum Glück kennt Bertha die Kiste bestens: Die Benzinzufuhr, stellt sie fest, ist verstopft. Bertha greift sich an den Kopf und zieht resolut die Hutnadel heraus, damit löst sie die Verstopfung, und schon knattern sie weiter. Auf bis zu zwanzig Stundenkilometer beschleunigen sie das Automobil, eine starke Leistung. Zur Freude der Jungen lösen sie sich am Steuer ab.

Grötzingen, Berghausen, Söllingen ... dann setzt erneut der Motor aus. Diesmal liegt es an einem Kabel. Es ist durchgescheuert, Kurzschluss. Wie soll man das Kabel wieder isolieren? Auch dafür findet Bertha eine Lösung. In einer solchen Situation darf nicht gezögert werden, in solch einer Situation darf, ja muss eine Dame ihr Strumpfband opfern. Weiter geht's! Wilferdingen, Königsbach, Stein, Eisingen ...

Es ist dunkel geworden, als die drei Abenteurer Pforzheim erreichen. Völlig verschwitzt, ölverschmiert und durchgerüttelt haben sie es tatsächlich geschafft. Ein Blick auf die Uhr: 12 Stunden und 57 Minuten hat man gebraucht. Nicht schlecht. Schnell noch ein Telegramm nach Hause: »Glücklich in Pforzheim angekommen.«

Carl Benz murrt eine Weile wegen dieser riskanten Tour. In seinen Lebenserinnerungen aber schreibt der Autopionier: »Nur ein Mensch harrte in diesen Tagen, wo es dem Untergange entgegenging, neben mir im Lebensschifflein aus. Das war meine Frau. Tapfer und mutig hisste sie neue Segel der Hoffnung auf.«

Tipp: Eine schöne Sache ist es, die erste Überlandfahrt der Geschichte nachzufahren. Die Bertha Benz Memorial Route folgt weitgehend der Originalstrecke und ist gut ausgeschildert. Oberrheinische Tiefebene, alte Römerstraßen, Odenwald, Kraichgau, nördlicher Schwarzwald, immer an Weinbergen entlang: eine herrliche Strecke. Wenn Sie wollen, können Sie sich auch um die Teilnahme an der Bertha Benz Challenge bewerben. Allerdings nicht mit einem Oldtimer, sondern nur mit einer echten Innovation, denn Bertha Benz ging schließlich auch mit dem modernsten Gefährt ihrer Zeit auf Reisen. Im August 2013 fuhr der klügste Mercedes-Benz aller Zeiten die Strecke ab, sein Fahrer hatte noch mehr Gelegenheit, die schöne Landschaft zu bewundern, denn das Auto steuerte sich weitgehend automatisch.

Von der Flößerei

»Wämser von dunkler Leinwand, einen handbreiten grünen Hosenträger über die breite Brust, Beinkleider von schwarzem Leder, aus deren Tasche ein Zollstab von Messing wie ein Ehrenzeichen hervorschaut; ihr Stolz und ihre Freude aber sind ihre Stiefel, die größten wahrscheinlich, welche auf irgendeinem Teil der Erde Mode sind; denn sie können zwei Spannen weit über das Knie hinaufgezogen werden, und die ›Flözer‹ können damit in drei Schuh tiefem Wasser umherwandern, ohne sich die Füße nass zu machen.«

Wilhelm Hauff verdanken wir die schöne Beschreibung, die sich in seinem Schwarzwaldmärchen *Das kalte Herz* findet. Flößer waren angesehene, reiche Leute, für ihren anstrengenden Beruf aber mussten sie aus hartem Holz geschnitzt sein. Vom Mittelalter bis Ende des 19. Jahrhunderts, sporadisch sogar noch in die 1940er-Jahre hinein, wurde im Schwarzwald geflößt. Die Blütezeit erlebte die Flößerei im 18. Jahrhundert, als die Holländer ein Schiff nach dem anderen bauten, um zu den Kolonien zu segeln. »Holländer« nennt man darum bis heute noch die imposanten 200 Jahre alten Schwarzwaldtannen, deren gerader Wuchs sie zudem zu idealen Rammpfählen für die rasant wachsenden Hafenstädte Rotterdam und Amsterdam machten, benötigte man doch stabile Fundamente, um auf dem sumpfigen Grund bauen zu können. Für den Schiffsbau begehrter noch waren die Schwarzwaldeichen. Ihr krummer Wuchs störte nicht, im Gegenteil, die Kurven gaben optimale Schiffsspanten ab.

Es muss ein grandioser Anblick gewesen sein, wenn Floßverbände von bis zu 400, ja 600 Metern den Rhein hinabtrieben, bis zu 1.700 verbundene Stämme, beladen mit einer üppigen Last. An die 500 Männer steuerten solche Riesenflöße, gewaltig war deshalb auch die Verpflegung für die Reise. Selbst lebende Ochsen und Schweine gehörten dazu, geschlachtet wurde unterwegs. Außerdem transportierte man viele handwerkliche Produkte, Steinwaren und Textilien, aber natürlich auch so manches Fass Badener Wein. So profitierten viele Menschen von der Flößerei, auch Bauern und Handwerker.

Dennoch gab es manche Konflikte, schließlich lebten von den Schwarzwaldflüssen viele Gewerke. So waren die Müller nicht amüsiert, wenn die schweren Stämme zu Tal gebracht wurden, da sie währenddessen ihre Mühlbäche schließen mussten und arbeitslos waren. Ausgleichszahlungen ersetzten ihre Verluste, wodurch der Frieden wiederhergestellt wurde. Auch andere Bürger gab es, die den Holzhandel skeptisch sahen, wurden doch von Jahr zu Jahr die Schwarzwaldhöhen kahler, ja, bald waren ganze Landschaften besonders im Nordschwarzwald völlig abgeholzt. Das sah nicht nur hässlich aus, auch die Bauern und Hütejungen jammerten. Wo sollten sie ihre Schweine nun zur Mast hintreiben? Von den Eicheln und Bucheckern hatten sich die Tiere herrlich den Wanst vollschlagen können, ihr Fleisch schmeckte so nussig wie heute keines mehr, niemals wieder hat der Schwarzwälder Schinken besser gemundet. Zwar forstete man wieder auf, aber nur mehr mit Monokulturen aus Nadelholz, das schnell wuchs und besser schwamm. Heute besinnt man sich wieder des ursprünglichen Aussehens und gibt dem Mischwald eine Chance.

An die Flößerei erinnert noch so manches. Bei Schwarzwaldwanderungen trifft man auf Reste von Knüppeldämmen und auf sogenannte Riesen – das sind mit Steinen ausgekleidete Bachbette, durch welche die »geschnäuzten«, das heißt vorne abgerundeten Stämme hinabrutschten, hin zu den Staubecken, die man ebenfalls noch finden kann. In diesen Floßstuben wurden die notwendigen Wassermassen angestaut, die dann im Schwall mit den Flößen geleert wurden. Das war der gefährlichste Teil der Flößerei. Mit Wieden, weichen Zweigen, aneinandergebunden, stürzten die zusammengehängten Gestöre zu Tal, wehe, wenn sich der Verbund verkeilte! Zahlreiche Verletzte, ja Tote hat es dabei gegeben. An die Flößerei erinnert noch immer die Murgschifferschaft, die älteste bis heute existierende Forstgenossenschaft, die bereits im 15. Jahrhundert gegründet worden ist. Sie betreibt auch die Flößerei wieder, wenngleich heute natürlich nur mehr aus Liebhaberei. Außer auf der Murg wurde vor allem auch auf Nagold, Enz, Kinzig und Neckar geflößt und natürlich auf dem Rhein.

Tipp: Wer sich für die Geschichte der Flößerei interessiert, dem sei das schöne Flößermuseum in Calmbach im Enztal unweit von Pforzheim empfohlen.

Badischer Wein, nicht nur von der Sonne verwöhnt

Ganz Deutschland gehört der Weinbauzone A an, der Zone mit dem kältesten Klima. – Ganz Deutschland? Nein! Als einziges deutsches Weinbaugebiet zählt Baden zur Weinbauzone B und spielt damit in einer Liga wie die Champagne oder das Loire-Tal. »Von der Sonne verwöhnt« ist kein simpler Reklamespruch, es ist ein nachgewiesenes Qualitätsmerkmal mit hochoffiziellem EU-Stempel aus Brüssel. Und doch muss man auch beim badischen Wein differenzieren – und das ist gut so. Denn wie sich das Land Baden von den Alpen hinauf bis zum Main in die Länge streckt, so sehr streckt sich auch das, was als badisches Weinanbaugebiet bezeichnet wird – entsprechend vielfältig sind die Weine. Neun verschiedene Weinbaubereiche lassen sich unterscheiden, von den Traubensorten ganz zu schweigen. So ergeben sich die unterschiedlichsten Geschmacksnuancen, abhängig nicht nur von der Himmelsrichtung und dem Klima, sondern mindestens ebenso sehr von den Böden, denn mit seinen Wurzeln zieht der Wein seinen Geschmack aus der Tiefe, aus dem Gestein. So können selbst in unmittelbarer Nachbarschaft höchst unterschiedliche Gewächse reifen. Ein auf dem Tuniberger Kalkstein gewachsener Blauer Spätburgunder schmeckt völlig anders als sein Zwillingsbruder, der in Blickweite auf dem Vulkangestein des Kaiserstuhls herangereift ist. Der hitzige Moränenschotter am Bodensee wiederum lässt völlig andere Weine gedeihen als Keuper und Muschelkalk im Kraichgau oder Taubergrund. So entsteht eine unglaubliche Vielfalt, zu der natürlich auch die Ausbaukünste der badischen Winzer beitragen.

Die dominierende Traubensorte in Baden ist der Burgunder, jede zweite Flasche deutschen Burgunderweins stammt aus Baden. Auf fast der Hälfte der badischen Weinberge wachsen Reben der Burgunderfamilie: der Weißburgunder, der Grauburgunder oder Ruländer und der Blaue Spätburgunder. Was kann man nicht allein aus den Reben des Spätburgunders machen! Einen Rosé? Kein Problem. Einfach die

Trauben nicht zu lange in der Maische liegen lassen und den Wein dann trocken ausbauen. Weniger trocken ausgebaut, und Sie genießen einen Weißherbst. Auch die ausschließlich in Baden zu findende Variante »Badisch Rotgold« besteht aus Spätburgunder, der sich in der Maische mit Grauburgunder vermählt. Selbst Weißwein kann man aus den dunklen Trauben machen! Weißen Spätburgunder, »Blanc de noir«, erhält man, wenn man die Trauben sofort nach der Ernte auspresst, ohne abzuwarten, dass der rote Farbstoff der Schale durch Quetschung in den Rebensaft gelangt. Hätten Sie's gewusst?

Auch die Müllerrebe, der Schwarzriesling, ist dem Burgunder eng verwandt. Und natürlich findet sich an Weißweinsorten ebenfalls alles, was Rang und Namen hat: Riesling, Silvaner, Müller-Thurgau ... Haben Sie schon mal einen Gutedel aus dem Markgräfler Land probiert? Leicht und frisch und – Vorsicht! – sehr süffig. Wächst in Deutschland fast nur noch in diesem kleinen Landstrich Badens. Und ist keineswegs nur ein reiner Alltagswein. Von alten Rebstöcken geerntet, mit Liebe ausgebaut, und Sie genießen einen Tropfen, an dem jeder Weinkenner seine Freude hat.

Haben Sie eine flach gequetschte Flasche erwischt, handelt es sich nicht um einen Produktionsschaden, sondern um einen Wein aus dem nördlichsten badischen Anbaugebiet, aus Tauberfranken. Die Franken lieben ihren Bocksbeutel, wobei auch die Ur- und Kernbadener die merkwürdige Flasche schon früh für sich entdeckt haben. Weine des Baden-Badener Reblandes werden seit dem 18. Jahrhundert im Bocksbeutel serviert, vorzügliche Rieslinge sind darunter.

Die Weinbaugeschichte Badens ist uralt und geht natürlich auf die Römer zurück, die immer ein paar Setzlinge im Gepäck versteckt hatten. Ernsthafte Historiker behaupten, die Römer hätten sich bei ihren Eroberungen zentral von der Frage leiten lassen, ob sich die fremde Gegend für den Weinbau eignet. Von irgendwas mussten sie sich schließlich ernähren. Die Römer wurden von den Germanen wieder aus dem Land gejagt, geblieben aber sind die Weinberge.

Im Jahr 1813 besaß Baden das größte Weinanbaugebiet Deutschlands, unglaubliche 190 Traubensorten waren bekannt. Dann kam die gemeine Reblaus aus Amerika dahergeflogen und knabberte die Wurzeln der Weinstöcke ab, auch die badischen Weinbauern mussten mühsam wieder von vorne beginnen. Heute stimmt neben der Qualität auch die Quantität wieder, ist doch in Baden kaum ein Landstrich nicht mit Reben bebaut. Über eine Million Hektoliter feinste Tropfen werden jährlich produziert. Damit könnte man locker hundert badische Schwimmbecken füllen. Oder jedem Badener, vom Baby bis zum Greis, jeden zweiten Tag ein 0,1-Gläschen servieren.

Heute sind die Winzer im Badischen Weinbauverband organisiert. Gespannt warten die Weinfreunde jedes Jahr auf das neue Preisträgerverzeichnis und die Präsentation der »TOP 10«-Weine in den Kategorien »rot trocken«, »weiß trocken« und »edelsüß«. Der punktbeste Winzer bekommt zudem einen Ehrenpreis verliehen. (Einen »Simsegräbsler« finden Sie in Baden nicht.) Mit unglaublichem Eifer stürzen sich auch die jungen Leute ins Weingeschäft. Kein Zufall, dass die badische Jungwinzervereinigung »Generation Pinot« von der Deutschen Landwirtschaftsgesellschaft ausgezeichnet worden ist. Besondere Freude herrschte zudem, als für die Weinjahre 2015/2016 mit Josefine Schlumberger aus Laufen wieder eine waschechte Badenerin zur Deutschen Weinkönigin gewählt wurde. Wein, Weib ... fehlt nur noch der Gesang. Auf zum nächsten Kapitel!

So singt man in Baden

Hochamt im Straßburger Münster. Festlicher Gesang erfüllt die Kathedrale. Ein gemischter Chor singt die Messe von Louis Vierne, jenem blinden französischen Organisten, der 1937 auf der Orgelbank von Notre-Dame-de-Paris tot zusammengebrochen war, wovon ein langanhaltender dunkler Pedalton zeugte. Das Elsässer Münster ist gut gefüllt, andächtig lauschen die Gläubigen der wunderbaren Musik.

Der Chor kommt aus der Nähe von Freiburg, aus Gundelfingen. »Cantemus!« ist einer der vielen Chöre, die unter dem Dach des Badischen Chorverbandes versammelt sind; die Gesamtzahl der organisierten Sängerinnen und Sänger wird auf fast 100.000 geschätzt, nicht mitgezählt die nicht organisierten Chöre. Baden liebt die Musik und den Gesang. Und der Badische Chorverband gibt den Chören mannigfaltige Unterstützung.

Bereits im Jahr 1862 wurde der Badische Chorverband als Badischer Sängerbund in Karlsruhe gegründet, von 42 badischen Gesangsvereinen, 2.000 sind es heute. Empfängt man üblicherweise jede neue Chorgemeinschaft mit Freude, kamen die Verantwortlichen des Badischen Chorverbandes im Jahr 2000 allerdings gehörig ins Schwitzen. Drei neue Chöre hatten um Aufnahme gebeten, drei Chöre, bei deren Kunst man Bauchgrimmen bekam. Warum? Weil es sich um chronische Falschsinger handelte oder um schwäbische Exilanten? Weder noch, schlicht und einfach nur deswegen, weil es sich um homosexuelle Chöre handelte. Schwule und schwul-lesbische Chöre aber erschienen manchem zu bunt im Sängerbund, man lehnte ihre Aufnahmeanträge auf allen Verbandsebenen ab. Das wollten sich die RosaKehlchen aus Heidelberg, die Freiburger Queerflöten und die Schrillmänner aus Karlsruhe nicht gefallen lassen. Sie engagierten einen Rechtsanwalt und zogen vor Gericht. Es wurde eine spannende Verhandlung. Mit Fotos von Sängern im Fummel wollte der Vorsitzende des Badischen Chorverbandes den Richter von der Jugendgefährlichkeit der Schwulenchöre überzeugen, auch seien bei einem Auftritt bereits – man wage gar nicht, sich das vorzustellen – im Takt geschwungene Gummipenise beobachtet worden. Auch künstlerisch entsprächen die drei Chöre nicht den Vorstellungen des Sängerbundes, denn ihr Programm sei doch sehr einseitig ausgerichtet. Den Richter überzeugten diese Argumente nicht. Der Frauenchor der Fleischerinnung Mannheim würde doch sicherlich auch nicht hackebeilschwingend auftreten und dazu »Alles hat ein Ende, nur die Wurst hat zwei« singen, gab er zur Erheiterung des Publikums zu bedenken. Da es diesen Frauenchor tatsächlich gab, tat sich der Chorverbandsvorsitzende schwer mit seinen Erwiderungen. Der Richter verdonnerte ihn zur Aufnahme der Schwulenchöre und gratulierte diesen, dass sie von nun an fröhlich am »badischen Choralverkehr« teilnehmen könnten.

Der Chorverband würde nicht aus echten Badenern bestehen, hätte er nicht schnell zu seiner toleranten Linie zurückgefunden. Heute ist er mächtig stolz auf seine neuen, bunten Chöre, in seinem Magazin *Badenvokal* feiert er die schwule badische Kunst: »Was als vermeintliche Chorprobe anfängt, endet mit einem musikalischen Feuerwerk: die Rosakehlchen begeistern ihr Publikum in Mannheim.«

Dass man sich der Moderne öffnet, heißt jedoch nicht, die Tradition zu vergessen. Dafür gibt es unzählige Beispiele. Mit Nachdruck weist etwa der Sängerbund Badisch-Franken darauf hin, dass die badisch-fränkischen Gesangsvereine, obwohl man seit der Gebietsreform 1973 mehrheitlich zum Hoheitsgebiet des Regierungsbezirks Nordwürttemberg und somit zu Stuttgart gehöre, die Reform nicht nachvollzogen hätten und sich ausdrücklich weiter und aus voller Überzeugung nicht zu den Schwaben sondern zum Badischen Chorverband bekennen. Asterix und Obelix in Baden. Und Troubadix, natürlich. Traditionsbewusstsein demonstriert auch die Hauptversammlung des Badischen Chorverbands. Mächtig und zu Herzen gehend wird zum Abschluss immer der Badische

Sängerspruch angestimmt, eine musikalische Vermessung des Landes Baden: »Vom See bis an des Maines Strand eint uns der Töne mächtig Band: Hoch deutsches Lied! Hoch Badnerland!«

Tipp: Wenn Sie in der Nähe von Gundelfingen leben, gerne singen und geistige Musik schätzen: Der Kammerchor »Cantemus!« freut sich auf Sie. Ein Vorsingen ist nicht erforderlich, jeder ist bei den Proben herzlich willkommen. (www.cantemus-gundelfingen.de)

Wo steht der höchste Weinberg Deutschlands?

Der höchste Berg Deutschlands ist die Zugspitze, und die erhebt sich in Bayern, das steht fest. Höchst umstritten jedoch ist die Frage, wo sich der höchste Weinberg der Republik befindet. Auf der Zugspitze kann noch kein Weinbau betrieben werden, so muss man sich auf anderen Bergen umschauen. Die Frage nach dem höchsten Weinberg ist keineswegs akademischer Natur, denn jeder Winzer weiß, dass Höhenlagen einen besonderen Tropfen hervorbringen. Das liegt an den früh einsetzenden kühlen Herbsttagen, welche die letzte Süße in den Wein jagen und zugleich dem Tau trotzen und die Trauben gesund halten. So entsteht ein Wein mit intensiven Fruchtaromen, der mit leichtfüßiger Frische daherkommt.

Der Kampf um den önologischen Höhenrekord wird, wie könnte es anders sein, zwischen den Schwaben und den Badenern geführt. Heftigste Auseinandersetzungen hat es deswegen gegeben. Am Rande der Schwäbischen Alb, nicht sehr weit von Stuttgart entfernt, erhebt sich die Ruine einer mittelalterlichen Festung über dem Schwabenland, die Burg Hohenneuffen. Gleich unterhalb wiegen sich die Reben im Schwabenwind. Zu Recht sind die Neuffener stolz auf ihre Höhenlage, es fuchste sie aber stets, dass auch zwei badische Kollegen damit warben, Deutschlands höchsten Weinberg zu besitzen. Am malerischen Vulkankegel Hohentwiel im Hegau am Bodensee klettern die Reben nämlich ebenfalls in schwindelerregende Höhen. Der Ärger der Schwaben vom Neuffener Schlossberg speiste sich auch daraus, dass die badischen Höhenwinzer lange keine Anstalten machten, ihre Werbesprüche amtlich beglaubigen zu lassen. Also machten sich die Neuffener, echte Schwaben, daran, ihren Weinberg exakt zu vermessen. Hierzu beauftragten sie einen studierten Höhenmesser, der seine Peilgeräte an dem obersten Rebstock des Neuffener Schlossberges aufstellte. Das Ergebnis: Die schwäbischen Rekordtrauben wachsen stolze 526 Meter und 27 Zentimeter über Normalnull.

Damit war der Ball den Badenern zugespielt. Sie mussten nun beweisen, dass sie diesen Rekord brechen konnten. Bislang hatte man die beiden Lagen am Hausberg von Singen auf 530 Meter geschätzt, Pi mal badischer Daumen. Jetzt wurden auch die beiden badischen Weinbaubetriebe vom Rekordfieber gepackt. Das eine ist das Staatsweingut Meersburg, das den Olgaberg bewirtschaftet, das andere das Weingut Vollmayer auf dem Elisabethenberg. Das Staatsweingut hatte lange auf seinen Etiketten verkündet, den höchsten Weinberg Deutschlands zu betreiben. Georg Vollmayer aber war klar, wenn er bei der Arbeit im Weinberg zum Olgaberg hinüberblickte, dass sein Elisabethenberg dem Himmel noch ein hübsches Stückchen näher war. Aber was sind schon Schätzungen gegen exakte Mathematik? Also musste wieder ein Vermessungsingenieur ran und legte seinen Höhenmeter an der Wurzel des obersten Weinstocks an. Großer Jubel: 562 Meter und sogar noch fünfzig Zentimeter darüber hinaus. Die Schwaben reagierten verschnupft und überlegten kurz, den badischen Konkurrenzberg heimlich nachmessen zu lassen, schreckten aber wohl die damit verbundenen Kosten. Damit ist es amtlich: Der höchste deutsche Weinberg befindet sich in Baden: Es ist der Elisabethenberg am Hohentwiel.

Wir backen uns eine Schwarzwälder Kirschtorte

Zu den zehn Dingen, die ein Badener in seinem Leben einmal gemacht haben muss, gehört die Anfertigung einer Schwarzwälder Kirschtorte unbedingt mit hinzu. Los geht's! Und während Sie backen, erzählen wir Ihnen etwas über die Geschichte und die Geheimnisse der berühmtesten Torte der Welt. Doch zunächst die Zutaten besorgt:

Für den Mürbeteig:

1 Bio-Ei von freilaufenden Hühnern

125 g badisches Mehl

65 g Schwarzwaldbutter

50 g Zucker

1 Pck. Vanillezucker

10 g Bio-Kakaopulver

1 Prise Salz

1 Msp. Backpulver

Für den Biskuitteig:

5 Bio-Eier von freilaufenden Hühnern

150 g Zucker

100 g badisches Mehl

1 Pck. Vanillezucker

30 g Bio-Kakaopulver

25 g Speisestärke

1 Msp. gemahlener Zimt

½ TL Backpulver

1 Prise Salz

Für die Füllung:

500 g badische Kirschen (alternativ: 350 g Schattenmorellen aus dem Glas)

300 ml Kirschsaft (aus mindestens 600 g zusätzlichen Kirschen frisch hergestellt oder der aus dem Glas)
30 g Speisestärke
Kirschwasser aus dem Schwarzwald

Für die Sahnecreme:
3 Blatt Gelatine
1000 g Schwarzwaldsahne
1 Pck. Vanillezucker
40 g Puderzucker

Zum Fertigstellen:
Kirschwasser aus dem Schwarzwald
60 g geraspelte Bio-Schokolade

Los geht's mit dem Mürbeteig: Das Ei trennen. Das Eigelb mit Mehl, Butter, Zucker, Vanillezucker, Kakaopulver, etwas Salz und Backpulver zu einem Teig kneten und daraus eine Kugel formen. Diese in Frischhaltefolie wickeln und mindestens 30 Minuten im Kühlschrank reifen lassen. Heizen Sie dem Backofen in der Zwischenzeit schon mal ordentlich ein (175 °C, Ober-/Unterhitze). Den Teig anschließend dünn ausrollen und den Boden einer Springform damit auslegen. Mit einer Gabel mehrfach durchlöchern. Nun ab in den Ofen damit! Für 20 heiße Minuten. Die Backzeit wollen wir nutzen, mit Ihnen die schwierige Herkunftsfrage der Schwarzwälder Kirschtorte zu diskutieren.

Eigentlich ist alles ganz einfach. Wo soll die Schwarzwälder Kirschtorte denn herkommen, wenn nicht aus dem Schwarzwald? Der Frankfurter Kranz kommt aus Frankfurt, die Linzer Torte aus Linz und die Schwarzwälder Kirschtorte aus dem Schwarzwald. Punkt. Dennoch wird immer wieder behauptet, die Schwarzwälder Kirschtorte habe im fernen Bad Godesberg das Licht der Welt erblickt. Wie soll sie denn den Rhein hinabgeschwommen sein? Der Konditormeister Josef Keller (1887–1981) behauptete, er habe sie im Godesberger *Café Agner* erfunden und verweist auf ein Rezept aus dem Jahre 1927. Das Rezept hat sich der Tübinger Stadtarchivar Udo Rauch gründlich angesehen und kopfschüttelnd beiseitegelegt. Dieser Flachfladen soll eine Schwarzwälder Kirschtorte sein? Eine Schwarzwälder Kirschtorte, die nur aus einer Schicht besteht? Wie soll man denn davon satt werden? Nein, als Erfinder kommt nur einer infrage, der Tübinger Konditor Erwin Hildenbrand. In der Neckarstadt, im *Café Walz*, wurde seine Schwarzwälder Kirschtorte zum ersten Mal serviert. Weil Tübingen damals zum Schwarzwaldkreis gehörte, war der Namen schnell gefunden. Der tortenaffine Stadtarchivar verweist auf glaubhafte Erinnerungen eines Konditorkollegen Hildenbrands. Oral history. 1930 sei die Torte geboren worden, zwei Jahre später wurde sie offiziell auf dem Landeskonditorentag präsentiert. Ein Beweisfoto eines Neffen aus dem Jahre 1936 zeigt den Tortenerfinder mit seinem Kunstwerk. Der Archivar: »Die rheinische Tortenlegende ist zerbröselt!«

Seitdem tobt die Tortenschlacht, Bad Godesberg gegen Tübingen. Wir können und wollen hier nicht den Schiedsrichter spielen, wir müssen uns schließlich um Ihre Torte kümmern. Während Sie den Mürbeteig auf einem Rost abkühlen lassen, kümmern Sie sich nun um den Biskuitteig. (Den Ofen bitte weiterheizen lassen!) Die übrigen Eier vorsichtig trennen, das einsame Eiweiß des ersten Eies mit seinen 5 Kollegen steif schlagen. Die Eigelbe mit dem restlichen Zucker schön schaumig rühren. Den Eischnee vorsichtig hinzutun. Nun Mehl, Vanillezucker, Kakaopulver, Speisestärke, Backpulver und etwas Salz miteinander vermischen und durch ein Sieb auf das gelbweiße Eiermeer schneien lassen. Mit viel Gefühl vorsichtig unterheben. Nun hinein in eine weitere Springform und ab in den Ofen!

Ein echter Schwarzwälder kann über den Städtestreit natürlich nur lachen. Für ihn steht fest: Die Schwarzwälder Kirschtorte kommt natürlich aus dem Schwarzwald, genauer aus Gutach, Kirnbach oder

Reichenbach. Wo sonst sollte man denn das farbliche Vorbild für die Torte finden? Die Schwarzwaldmädchen mit ihrer traditionellen Tracht haben dem Backkünstler Modell gestanden. So weiß wie die Bluse, so rot wie die Bollen auf dem Hut und so schwarz wie das Kleid. Sahne, Kirschen und Schokostreusel malen das Bild nach. Zum Anbeißen schön!

Die erste schriftliche Erwähnung fand die Schwarzwälder Kirschtorte in einem Kochbuch aus dem Jahr 1934. Die Torte aus dem Jahr zwei des »Tausendjährigen Reiches« hat recht nussig geschmeckt: Der basale Mürbeteig wurde mit geraspelten Haselnüssen statt mit Kakao aufgepeppt, die zwei Zwischenböden bestanden aus Walnussmasse. Schokostreusel aber gab's natürlich auch damals schon, hübsch auf der Schokoladenseite verteilt. Die Schwarzwälder haben jedoch versäumt, neben ihrem Schinken auch ihre Torte herkunftsrechtlich schützen zu lassen. So darf sie jeder nachbauen, ob in Berlin, London oder Meckenbeuren. Der Wettkampf um die schmackhafteste Torte aber findet alljährlich im Schwarzwald statt: in Todtnauberg. Dort wird auch alle zwei Jahre der Botschafter der Schwarzwälder Kirschtorte gewählt. Die Auszeichnung überreicht zum Verdruss der Tübinger Fraktion weiterhin die Enkeltochter von Josef Keller, dem Tortenbastler aus Bad Godesberg.

Doch genug der Theorie. Weiter geht's mit Ihrem Tortenerstling. Sind 30 Minuten vorbei? Dann muss der Biskuitboden aus dem Ofen. Auf einen Rost stürzen, kurz abkühlen lassen, mit einem Faden eine Schlinge bilden, rund um den Boden legen, zuziehen und so aus der dicken Biskuitscheibe zwei schmale machen. Nun die Kirschen entsteinen, abtropfen lassen, die 12 schönsten beiseitelegen. 4 EL vom Kirschsaft in eine Tasse geben und mit der Speisestärke anrühren. Den übrigen Saft in einem Topf erhitzen und den speisegestärkten Saft hineinrühren. Kurz aufkochen lassen und die Kirschen hinzutun (bis auf die 12 Auserwählten). Vom Herd nehmen und mit Kirschwasser abschmecken.

Ja, das Kirschwasser! Vielleicht hat die Schwarzwälder Kirschtorte auch daher ihren Namen. Sie haben Bedenken wegen des Alkohols? Sie wollen doch auch Ihre Kinder probieren lassen? Da können wir Sie beruhigen. Der winzige Schuss braucht Ihnen keine Sorgen zu machen. Bedenken Sie, die Torte wird in 12 Teile geschnitten, ein Zwölftel dieses kleinen Aromamittels, was soll das schon schaden? Also her mit der Flasche! Wenn Sie sich noch ein Kirschwasser besorgen müssen: Entscheiden Sie sich unbedingt für ein Schwarzwälder Qualitätsprodukt! Damit leisten Sie auch einen kleinen, aber wichtigen Beitrag zur Landschaftspflege. Auf den westlichen Ausläufern des Schwarzwaldes gedeihen nämlich noch die schönsten Streuobstbäume. In Höhen von 200 bis 300 Metern sind sie vor zu großer Hitze und zugleich vor kalten Ostwinden geschützt. Tortenkenner schwören darauf, nur gebrannte Wasser von der Dolleseppler zu nehmen. Die Sorte stammt aus dem Ortenaukreis, wo sie sich an den Hängen bis zur Schwärze rötet. Ihr spezielles, an südliche Mandeln erinnerndes Aroma und die wunderbare Süße machen sie zur perfekten Brennkirsche. Auch fällt ihre Ernte leicht, denn sie lässt sich nicht lange bitten und gut herunterschütteln, ohne gleich beleidigt zu zerplatzen (in destilliertem Zustand ist die Dolleseppler u. a. zu beziehen bei der Jahrgangsbrennerei Martin Doll in Durbach-Gebirg).

Nun zur Sahnecreme. Die Gelatine in kaltem Schwarzwaldwasser einweichen lassen, verrühren und 10 Minuten quellen lassen. Dann ausdrücken und unter ständigem Umrühren in einem Topf erhitzen, bis sich die Gelatine völlig aufgelöst hat. Die Schwarzwaldsahne in einer großen Rührschüssel mittelsteif schlagen. 3 EL davon mit der Gelatine vermischen, diese sodann vollständig unter die übrige Sahne heben. Vanillezucker und Puderzucker hinzu und die Sahne nun völlig versteifen.

Zwar ist die Schwarzwälder Kirschtorte nicht herkunftsgeschützt, staatlich geschützt aber ist ihr Rezept durch die »Leitsätze für feine Backwaren«. Nur Torten, welche diesen Leitsätzen entsprechen, dürfen als Schwarzwälder Kirschtorte verkauft werden. Demnach darf statt der Sahne auch Buttercreme verwendet werden. Und noch etwas ist wichtig. Zitat aus den Leitlinien: »Der zugesetzte Anteil an Kirschwasser ist geschmacklich deutlich wahrnehmbar.« Deshalb bitte nicht schon wieder den Kopf schütteln, wenn Sie die nächsten Rezeptschritte lesen. Wir halten uns lediglich an das staatliche Regelwerk!

Beträufeln Sie die beiden Biskuitböden mit je 3 EL Kirschwasser. Sie zögern? Sie müssen wieder an Ihre Kleinen denken? Dann träufeln Sie eben auf die rechte Hälfte etwas weniger oder gar nichts, wir werden Sie nicht an die Leitlinienkommission verpetzen. Nun positionieren Sie den Mürbeteig auf einer Kuchenplatte und verteilen die Kirschmasse darüber. Den Rand aber bitte freilassen! Ein Drittel der Sahne vom Rand zur Mitte als nächste Schicht auftragen, mit dem ersten Biskuitboden bedecken und diesen leicht andrücken. Ein weiteres Sahnedrittel darüber und den zweiten Biskuitboden, erneut leicht andrücken. 12 EL Sahne in einen Spritzbeutel füllen und in den Kühlschrank stellen. Mit dem Sahnerest die Torte sorgfältig verputzen. Nun die Schokoraspeln gleichmäßig verteilen und die Kühlschranksahne in 12 Rosetten auf die Torte spritzen. Als Krönung die zurückgelegten Schwarzwaldkirschen auf die Rosetten geben. Fertig!

Vor dem Verzehr unbedingt ein Foto von Ihrem Erstling schießen. Und nun den Kaffeetisch gedeckt. Ihre Familie wird staunen und Ihre Kinder große Augen machen. Hoffentlich wissen Sie noch, welche Tortenhälfte die schnapsärmere ist. Und wenn alles vor Genuss ins Schwärmen gerät, melden Sie sich doch gleich zum nächsten Wettkampf in Todtnauberg an!

Baden in Baden

In einem Land, das so von der Sonne verwöhnt wird, die heißeste Region Deutschlands, muss man hin und wieder ins Wasser hüpfen. Gut, dass Baden jede Menge Badestellen zu bieten hat. Alle kann man sie nicht aufzählen, wir müssen uns auf einige wenige beschränken.

Badens größtes Planschbecken ist der Bodensee. Er wird zwar Schwäbisches Meer genannt, könnte aber mit gleichem Recht auch Badisches Meer heißen, ist doch der größere Teil seiner nördlichen Ufer badisches Terrain. An Deutschlands größtem See fläzen sich die schönsten Strandbäder in der Sonne, allein in Konstanz gibt es ein ganzes Quartett, darunter das größte vom ganzen Bodensee, das Strandbad Horn. Kühne Schwimmer schaffen es bis in die Schweiz, tollkühne bis nach Schwaben, Profischwimmer nach Österreich und Extremschwimmer gar nach Bayern. Das bayerische Ufer kann man von Konstanz aus selbst bei kräftigstem Föhn nicht sehen, wölbt sich der Bodensee doch in seiner Mitte bis zu achtzig Meter in die Höhe, was die Sicht erschwert. Die Erdkrümmung ist schuld daran, dass man, will man den Bodensee erschwimmen, zu den über sechzig Kilometern Länge auch noch achtzig Meter bergauf muss.

Der Bodensee ist nicht das einzige länderübergreifende Badegewässer Badens. Wer von Baden nach Hessen schwimmen will, der fahre in den Odenwald. Dem Eutersee bei Hesseneck-Schöllenbach sieht man beim Schwimmen nicht an, dass er eigentlich ein Hochwasserrückhaltebecken ist. Sagen Sie deshalb auch nie zu Ihrer Familie: »Schönes Wetter heute! Lasst uns zu einem Hochwasserrückhaltebecken fahren.« Das Wort würde keine rechte Urlaubsstimmung aufkommen lassen, und dem Eutersee täte man grob Unrecht. Lieblich spiegelt sich der bunte Odenwald in seinen stillen Wassern, vom kühlen Euterbach durchflossen, werden sie auch im heißesten badischen Sommer nicht wärmer als 16 Grad. Echt erfrischend!

Ebenfalls kühl sind die Seen im Schwarzwald. Das Wasser des Titisees ist glasklar. Obwohl er nah am Himmel liegt, läuft er nicht aus, weil der Gletscher des nahen Feldbergs seine Ufer sorgfältig mit Moränen gesichert hat. Der Name Titisee deutet an, dass er für Kinder wie geschaffen ist, »Titi« ist ein alter Begriff für unseren Nachwuchs, von dem man annahm, dass er in den Tiefen des Titisees heranwächst. Unsere Vorfahren glaubten, der Titisee sei die Gebärmutter Badens. Also nichts wie hin! Wer sehnt sich nicht von Zeit zu Zeit in den Mutterleib zurück?

Höher noch, im Schatten des Feldbergs, liegt der Feldsee. Dort aber müssen Sie auf ein Bad verzichten, und wenn Sie das glasklare Wasser noch so sehr anlacht. Das stachelsporige Brachsenkraut ist schuld. Nicht dass das stachelsporige Brachsenkraut Sie piksen würde, Badegäste jedoch würden umgekehrt dem stachelsporigen Brachsenkraut wehtun, und das soll nicht sein, gedeiht die streng geschützte Pflanze doch in Deutschland nur noch in Baden.

Sind Sie enttäuscht, weil Sie hungrig nach Rekorden sind und im höchsten Gewässer des Schwarzwalds baden wollten, so können wir Ihnen schöne Alternativen vorschlagen. Im Schwarzwald befindet sich nämlich das höchstgelegene Freibad von ganz Deutschland. Trauen Sie allerdings nicht den zahlreichen Werbeversprechen, sie führen in die Irre. Als höchstes Waldschwimmbad preist sich das Freudenstädter Bad an. Es ist hübsch, kein Zweifel, aber doch nur auf 900 Metern gelegen. Eindeutig höher schwimmt es sich im Waldfreibad von Häusern-Höchenschwandt, im »höchstgelegenen beheizten 50-m-Freibad Deutschlands«, wie es der engagierte private Förderverein bewirbt. Getoppt aber wird Häusern-Höchenschwandt noch durch das Berger Bad in Todtnauberg, wo man 985 Meter über dem Meeresspiegel seine Bahnen ziehen kann. Und doch ist es allen Behauptungen zum Trotz nicht das höchste Freibad Deutschlands. Das Rekordbad nämlich befindet sich in Schönwald auf exakt tausend Metern Höhe, wo es dank Solaranlage auf angenehme Temperaturen gebracht wird. Besuchen Sie es! Und weil Schwimmen hungrig macht, schmeißt der Schönwälder Bademeister montags den Grill an. Dann können Sie die höchste in einem Freibad gegrillte Bratwurst Deutschlands genießen! (Sie sollten Ihre Kinder übrigens bitten, nicht ins Becken zu pinkeln. Das Schönwälder Schwimmbad entwässert zu den Triberger Wasserfällen. Denken Sie an die zahlreichen internationalen Touristen, welche die berühmten Aerosole einatmen wollen!)

Wer lieber in bewegten Wassern schwimmt, auch der ist in Baden richtig. Dank immer besser werdender Kläranlagen hat sich die Flussqualität deutlich gesteigert. Zum Beispiel kann man in Heidelberg in den Neckar steigen, die Stadt hat auf den Wiesen kräftige Duschen zum Abbrausen installiert. Ein Flussbad kann man auch am Unterlauf der Tauber oder im badischen Main bei Wertheim nehmen, allerdings sollte man vorsichtig sein, die Strömungen sind nicht zu unterschätzen.

Selbstverständlich lädt auch der badischste aller Flüsse, der Rhein, zum Baden ein. Man muss es ja nicht gleich wie Andreas Fath machen, der im Sommer 2014 den Rhein bis zur Nordsee durchschwommen hat. Der Chemieprofessor aus Furtwangen hat seine sportliche Leistung mit der Gewinnung von Wasserproben verknüpft. 1.281 Rheinkilometer in nur 28 Tagen, Respekt!

Den vielleicht schönsten Wasserblick vom Rhein auf Baden hat man in Basel. Besorgen Sie sich einen Wickelfisch und los! Sie wissen nicht, was ein Wickelfisch ist? In diese wasserfeste Tasche stopfen Sie alles, was trocken bleiben muss, Sie bekommen ihn in den Sportgeschäften der Innenstadt. So bewaffnet gehen Sie zum Tinguely-Museum und steigen dort in die Fluten. Lassen Sie sich treiben! Auf einer Reise von zwei Kilometern können Sie nicht nur Basel bewundern, sondern ebenso die Weinberge und Schwarzwaldhöhen auf der anderen Rheinseite.

Wenn Sie in Freiburg wohnen, bietet sich die Dreisam an. Allerdings nur für ein Fußbad auf den Steinen. Wer den Rest des Körpers befeuchten will, muss auf die Baggerseen der Umgebung ausweichen, den Silbersee etwa oder den Tunisee, welche die Badenixen der nahen A5 zu verdanken haben, denn für den Autobahnbau musste man jede Menge Kies und Schotter ausbuddeln. Allen, die nicht zu den Kaltbadern gehören, sondern lieber baden gehen, um sich aufzuwärmen, sei das nun folgende Kapitel wärmstens empfohlen.

Baden für Warmbader

Zurück zu den Quellen! Wenn man wissen will, woher der Name Badens stammt, muss man nach Baden-Baden fahren. Mit Fug und Recht könnte man die Badener auch Wassermänner nennen. Die Römer jedenfalls waren so begeistert von den heißen Quellen, die zu Füßen des Schwarzwalds so reichlich aus der Erde sprudelten, dass sie den Ort Aquae nannten, Quelle oder Bad.

Zu der Entstehung der Quellen gibt es eine alte Sage. Einst wurden drei Jünglinge von drei Nymphen gelockt, zu ihnen in den Mummelsee zu springen. Dort unten aber hauste in einem Palast ein greiser König. Zornig wollte er die Nymphen strafen, da bestürmten ihn die Jünglinge, die Mädchen zu verschonen. Gerührt ließ der König von den Nymphen ab und schenkte den Jünglingen drei Zaubersteine. Wird ein Fels mit einem der Steine berührt, quillt heißes Wasser aus ihm hervor. Wieder am Ufer, warf einer der Jünglinge seinen Stein aus Übermut in den See. Augenblicklich erhob sich ein mächtiger Sturm, Blitz und Donner trieben die fliehenden Jünglinge vor sich her, über Berg und Tal, bis sie erschöpft niedersanken und einschliefen. Ein Stein aber kullerte aus ihrer Tasche, purzelte den Hang hinunter, und wo er aufschlug, entsprang eine Quelle.

Der Stein muss elf Mal aufgeschlagen sein. Mindestens. Denn so viele Quellen gibt es in Baden-Baden: Höllenquelle und Brühbrunnen, Ursprung und Ungemachquelle, Kühler Brunnen und Armenbadquelle, Büttenquelle und Klosterquelle, Murquelle und Judenquelle. Und die Fettquelle, die so heißt, weil Gesteinspartikel ihre Wasser glänzen lassen. Die Fettquelle ist heute noch öffentlich zugänglich, seit 2012 allerdings kühlt man sie von 63 auf 47 Grad herunter. Man musste ihr Wasser verdünnen, weil sie etwas zu viel Arsen enthielt. Wer einen Schluck probieren will, einfach ein Glas hineinhalten. (In so geringer Menge ist Arsen ungefährlich.)

Wie müssen sich die Römer gefreut haben, im kalten Germanien heißes Wasser anzutreffen. Sie ließen schöne Badehäuser bauen: ein Heißbad, ein Warmluftbad, ein Luftschwitzbad und mehrere Schwimmbäder. Dazu stellten sie Götterbilder auf, denn Quellstätten waren ihnen heilig. Manche der Götter konnte man später ausgraben, Reste zumindest. Lange wurde darum gestritten, welcher Gottheit die Badener Quellen hauptsächlich geweiht waren. Verschiedene Namen stehen auf den Votivsteinen: Minerva, Jupiter und Mars. Mit Vesuna findet sich auch eine keltische Gottheit, was nicht überrascht, hatten sich doch die badischen Kelten mit den Römern als neuen Herren arrangiert. Warum sich streiten? War doch genug Wasser für alle da!

Das vielleicht schönste Fundstück ist das Relief einer Altarbekrönung. Eine sitzende Gottheit, die in der Linken einen Bogen hält, hat sich bereits halb zum Bade entkleidet. Manche halten sie für Apoll, wegen der Leier in der Rechten. Die weiblich gestalteten Brüste seien dem Ungeschick des Steinmetzes zuzuschreiben. Andere hingegen erklären die Brüste entschieden für weiblich und sehen in der Gottheit Diana dargestellt, die Göttin der Jagd. Ihre keltische Vorläuferin war Abnoba. Die Fruchtbarkeitsgöttin galt den Kelten als Schutzheilige des Schwarzwaldes, der deshalb in der Antike auch Abnoba mons genannt wurde. Mit seinem Wildreichtum aber ist der Schwarzwald zugleich der perfekte Arbeitsplatz für eine Jagdgöttin, weshalb Diana den Part übernahm. Mit der Christianisierung schlüpfte die friedliche Maria in die Beschützerrolle und avancierte später zur Schutzpatronin ganz Badens.

Welcher Römer den ersten Bauauftrag in Baden vergeben hat, wissen wir nicht. Was wir wissen, ist, dass sich Kaiser Caracalla sehr um die neue Badeanstalt verdient gemacht hat. Jeder Romreisende kennt die Caracalla-Thermen, dieses mächtige Planschbecken. Im Sommer 213 unternahm der römische Bäderkönig einen Feldzug gegen die Germanen. Geschichtsschreiber Cassius Dio nennt als

Gegner die Alamannen, die erste namentliche Nennung des germanischen Volksstammes. Sehr beliebt war Caracalla, der grimmige Lockenkopf, trotz seiner Bäder nicht. Besonders die Ermordung seines Bruders kam nicht gut an. Vielleicht brauchte Caracalla die Bäder, um sich von seinen Übeltaten reinzuwaschen. Die Bäder erfüllten tatsächlich auch rituelle Zwecke. Und zudem damals schon medizinische. Von den Römerbädern in Badenweiler ist bekannt, dass sie Frauen fruchtbar machen konnten.

Als viele Jahrhunderte später das Großherzogtum Baden beschloss, die Badener Thermen wiederherzustellen, orientierten sich die Baumeister an den historischen Vorbildern, an der römischen Caracalla-Therme, aber auch am Budapester Raitzenbad und an jungen irischen Vorbildern, die wiederum von orientalischen Bädern inspiriert waren. Die Gestaltung der Fassade erinnert an italienische Paläste der Hochrenaissance, im Inneren finden sich Marmor, Stuck, Messing, schlanke Säulen, farbige Kacheln. Ein klassischer Stilmix, postmodern würde man heute wohl dazu sagen. 1877 war es fertig, das Friedrichsbad, das modernste und zugleich bedeutendste Thermalbad Deutschlands. Drei gestaffelte Baukörper aus rotem und weißem Sandstein klettern anmutig den steilen Hang hinauf. Das Wasser gewinnt seine Hitze in einer Tiefe von 550 bis 3.000 Metern. Von dort steigt es entlang verschiedener Mineralschichten in die Höhe, um an der Oberkarbonschicht des Schlossbergs auszutreten. Im unterirdischen Friedrichsstollen wird das Wasser mehrerer Quellen zum Bade geleitet (die Fettquelle ist nicht darunter). Bis heute kann man es sich im Friedrichsbad gut gehen lassen. Prunkstück ist der zentrale Kuppelbau über dem kreisrunden Bewegungsbad. Auf dem Rücken treibend in den hohen, von korinthischen Säulen gesäumten Kuppelbau zu schauen, überwältigend! Ein Rundgang führt Sie, nackt, wie Gott Sie schuf, zu 17 unterschiedlich heißen Feuchtgebieten. Sie werden im siebten Wellnesshimmel schweben, verspricht der Bademeister. Höhepunkt ist die finale Seifenbürsten-Massage. Gönnen

Sie sich den Luxus! Sie werden die Therme in der Haut eines Säuglings verlassen. Vielleicht geht es Ihnen wie Mark Twain: »Nach zehn Minuten vergessen Sie die Zeit, nach zwanzig Minuten die Welt.«

Praktische Hinweise: Das Friedrichsbad hat Montag bis Sonntag von 9 bis 22 Uhr geöffnet. Gemischte Badezeiten: Dienstag, Mittwoch, Freitag, Sonn- und Feiertage. Wer es moderner mag: Die Caracalla Therme ist nicht weit weg und verfügt über eine wunderbare Saunalandschaft.

Die antiken Vorbilder, die Römischen Badruinen, hat man 1847 wiederentdeckt und freigelegt. Sie liegen unterhalb des Friedrichsbades und können durch große Glasscheiben bewundert werden.

Heiße Quellwasser finden Sie auch in Badenweiler: die Cassiopeia-Therme, das ehemalige Markgrafenbad. Seine moderne Kuppel wurde mit dem deutschen Stahlbaupreis ausgezeichnet. Auch in Badenweiler kann man sich nach dem Bad eindrucksvolle Römerbadruinen anschauen.

Aufmerksamen Lesern wird nicht entgangen sein, dass den Jünglingen von der Mummelseesage noch ein dritter Stein mitgegeben wurde. Dieser fiel in Wildbad bei Calw zu Boden, sodass auch die Schwaben von der Fernwärme profitieren.

Ab nach Badisch Sibirien!

Nicht überall in Baden ist es so mollig warm wie in den Thermen von Baden-Baden. Als ausgesprochen kühler Landstrich gilt der Zipfel im Nordosten: Badisch Sibirien. Tatsächlich haben Meteorologen herausgefunden, dass es östlich des Odenwalds rauer und kühler ist als im übrigen Baden; etwa zwei Grad rutscht die Jahresdurchschnittstemperatur in Badisch Sibirien unter den Landesschnitt, auch regnet es deutlich häufiger und ergiebiger als im Südwesten. Ob der Spottname jedoch allein klimatische Gründe hat?

»Der ehemalige badische Main- und Tauberkreis stand an Wohlstand und Bildung hinter den übrigen Teilen des Großherzogtums zurück«, schrieb der berühmte Arzt und Wissenschaftler Adolf Kußmaul. Er musste es wissen, denn er hatte seine Kindheitsjahre in Boxberg und Buch am Ahorn verbracht. Eine Rolle spielte in den ersten Jahrzehnten des jungen Großherzogtums sicherlich auch, dass die mehrheitlich katholische und fränkische Bevölkerung von Badisch Sibirien lange unter dem neuen evangelischen Fürsten fremdelte. Plötzlich sollte man nicht mehr zum Bistum Mainz oder Würzburg gehören, sondern zu Freiburg, wurden protestierende Pfarrer gar ins Gefängnis gesteckt. Da war die Aufregung groß im Madonnenländchen, wie die Gegend wegen der vielen Mariendarstellungen auch genannt wird. Die katholische Frömmigkeit scheint sich lange gehalten zu haben, unverdrossen wallte man weiter über die Landesgrenze hinweg nach Würzburg zum Grab des heiligen Kilian. Das frühere KFZ-Kennzeichen von Buchen, »BCH«, wurde mit Badisch Christliches Hinterland übersetzt. Manche behaupten, zur Zeit des badischen Großherzogtums habe man missliebige Beamte gerne in den Nordosten strafversetzt, Sibirien als Synonym für eine schmerzhafte Verbannung.

Die Grenzen Badisch Sibiriens sind nicht klar definiert. Grob beschrieben handelt es sich um das Hügelland zwischen den Hohenloher-Kocher-Jagst-Ebenen im Süden, dem Odenwald im Osten und dem Tauberland im Nordwesten, eine Gegend, die auch den irreführenden Namen Bauland trägt. Irreführend schon deshalb, weil auf dem Bauland Badisch Sibiriens recht wenig gebaut wird, Tal und Hügel sind nur locker besiedelt, am badischen Rhein wohnen viermal so viele Menschen auf dem Quadratkilometer. Man lebte lange in relativer Abgeschiedenheit, wichtige Fernstraßen tangierten das Bauland allenfalls äußerst peripher. Der Name Bauland leitet sich von Ponland ab, Bohnland. Wieder wird man in die Irre geleitet, denn nicht Bohnen, sondern Grünkern ist des Baulands Spezialität. Badischen Reis nennt man den Grünkern auch. Ob es an den kühlen Temperaturen liegt? Der Dinkel scheint in Badisch Sibirien nicht richtig auszureifen, weshalb man ihn schon vorzeitig, also im grünen Zustand, ernten musste. Um den Grünkern haltbar zu machen, muss er gedarrt werden. Überall in Badisch Sibirien qualmten nach der Ernte die Grünkerndarren, die man sich wegen der starken Rauchentwicklung nur außerhalb der Dörfer zu erbauen traute. Das Buchenholz verlieh den Körnern einen einzigartigen Geschmack. Gerne nutzt man Grünkern heute noch als Suppeneinlage; als würziger Bratling kann er dem Jung-Vegetarier helfen, dem Fleischgenuss Ade zu sagen.

Kulturell war Badisch Sibirien keineswegs so hinterwäldlerisch, wie es sich anhört. Dürfen wir Ihnen ein paar berühmte badische Sibirier nennen? Da ist »der von Buchein«, ein früher Minnesänger aus dem 13. Jahrhundert, von dem uns in der Manessischen Liederhandschrift vier Lieder und ein Spruchgesang überliefert sind. Da ist der später nach Amerika ausgewanderte Erfinder Ignaz Schwinn, 1860 in Hardheim geboren, dessen Fahrräder weltweit zahlreiche Sechstagerennen gewannen, sogar Elvis Presley hat ein Schwinn-Rad besessen. Die schwinnsche Fahrradfabrik in Chicago existiert bis heute, zuvor hatte der Hardheimer in Frankfurt das Rad neu erfunden. Als er heiratete, wollte er seine Braut der Verwandtschaft vorstellen und schwang sich mit ihr in Frankfurt auf eines seiner Tandems. »Du hast tapfer getreten«, lobte er seine junge Frau nach der Ankunft in Badisch Sibirien.

Auch Josef Baumann stammt aus Hardheim. Im Rathaussaal von Buchen brach der Klingenkünstler am 1. Dezember 1858 den bestehenden Barbierrekord. Zehn Männer mussten im Kreis Platz nehmen, wo sie von vier Gesellen eingeseift wurden, dann legte Josef Baumann los. Hatte er die ersten zehn glatt rasiert, rückten die nächsten nach. Innerhalb einer Stunde befreite der Meisterbarbier 94 Männer von ihrem Bart, worauf ihn Großherzog Friedrich I. von Baden mit einer Medaille auszeichnete und ihm den Titel »König der Barbiere« verlieh.

Nicht nur geschickte Hände, auch geschickte Füße bringt Badisch Sibirien hervor. Die bekanntesten Fußballkünstler der Region sind die Brüder Bernd und Karlheinz Förster. Beide holten sie für Deutschland die Europameisterschaft, Karlheinz, der harte, aber immer faire Vorstopper, wurde 1982 sogar zum deutschen Fußballer des Jahres gewählt. Diese Beispiele mögen genügen. (Die visionären Gedanken des vielleicht größten Sohnes von Badisch Sibirien sind so gewaltig, dass er das nächste Kapitel füllt.)

Nicht nur an Tagen, an denen man an Rhein und Neckar in der Hitze brütet, ist eine Fahrt nach Badisch Sibirien zu empfehlen. Den schönsten Überblick kann man sich verschaffen, indem man in Buchen im Odenwald den Wartturm besucht. Er hat schon viele Jahre auf dem Buckel, diente bereits im Jahr 1490 den Buchenern, das Land zu observieren. Nicht weit weg versteckt sich die Eberstadter Tropfsteinhöhle im karstigen Grund, eine der größten und schönsten Süddeutschlands. Man hatte einen Teil von ihr in den 1970er-Jahren in einem Steinbruch zufällig freigesprengt. Allein die kalkglänzende Hochzeitstorte ist einen Besuch wert.

Von der Frömmigkeit des badisch-fränkischen Mischvölkchens kann man sich überzeugen, indem man eine Wallfahrt nach

Walldürn unternimmt. Ob zu Fuß, auf dem Fahrrad oder knatternd auf dem Motorrad: Auch heute noch wallen jedes Jahr um Pfingsten herum an die 100.000 Pilger zur Wallfahrtskirche St. Georg. Dort hatte sich im Jahr 1330 ein Unglück zugetragen, das sich als großes Glück für Walldürn erweisen sollte. Heinrich Otto, Priester in Walldürn, erstarrte, als er versehentlich den Kelch mit dem Messwein umstieß. Das Missgeschick wäre nicht so schlimm gewesen, wenn es vor der Wandlung passiert wäre. So aber war aus dem Wein bereits das Blut Christi geworden. Was nun? Das Altartuch einfach der Messnerin zum Waschen mitgeben? Unmöglich. Das Entsetzen des Priesters aber steigerte sich noch, als er erkannte, welche Form die Flecken angenommen hatten: In der Mitte erschien Christus am Kreuz, umschwebt von elf einzelnen Häuptern, die alle das Antlitz des Gekreuzigten zeigten. In seiner Furcht erzählte der Priester niemandem davon, nahm das Altartuch und versteckte es hinter einem Altarstein. Erst auf dem Sterbebett, fünfzig Jahre später, erleichterte er seine Seele und beichtete die Tat. Man fand das Tuch mit dem Blutwunder, stellte es zur Verehrung aus, und bald kamen die Pilger von nah und fern zur Anbetung. Papst Urban VIII. versprach 1624 sogar jedem Wallfahrer den vollkommenen Ablass. Mit der Zeit verblassten die Weinflecken, ab den 1950er-Jahren war nichts mehr zu erkennen. Da kam man auf die Idee, auch das leinene Schutztuch zu untersuchen, das hinter dem Korporale hing. Mit bloßem Auge war nichts zu erkennen, unter Quarzlicht aber zeigte sich zum Erstaunen aller das Bild des Gekreuzigten. Eine Art Negativ des Originals hatte sich dort gebildet. Der sogenannte Blutaltar ist im Nordturm der Wallfahrtskirche zu finden.

Lohnend ist auch die Fahrt zur Römerstadt Osterburken. Um 160 n. Chr. hatten die Römer in Osterburken ein Kastell errichtet, um ihren Limes zu schützen. Das Kohortenkastell erwies sich als einer der ergiebigsten provinzialrömischen Fundplätze Süddeutschlands. Weihebezirke gab es hier und zudem einige Badgebäude, in denen sich die Römer auch in Badisch Sibirien aufwärmen konnten. Ein gelungener moderner Museumsbau präsentiert die Fundstücke und informiert über den Limes und den Mauerfall durch die Alemannen um 260 n. Chr.

Badisch Sibirien ist längst kein Spottwort mehr. Dafür hat niemand anders gesorgt als die Badisch-Sibirier selbst. Wie sie das geschafft haben? Ganz einfach: Indem sie die Bezeichnung kurzerhand für sich selbst übernommen haben. Mit dieser Form des Humors haben sie jedem Spötter den Wind aus den Segeln genommen.

Walter Hohmann und die Reise zum Mond

Zum Mond zu fliegen, uralter Menschheitstraum. Wie kann es gelingen, die Schwerkraft zu überlisten, sicher auf dem Erdtrabanten zu landen? Oder noch weiter ins All zu fliegen, zu Mars und Venus. Und noch darüber hinaus? Bereits vor der Erfindung der Rakete haben viele diesen Traum geträumt, einer aber hat es nicht bei Träumen belassen, hat sich hingesetzt und die Bedingungen bestimmt, unter denen der Traum Wirklichkeit werden könnte, Walter Hohmann.

Hardheim im badischen Odenwald. Hier wird Walter Hohmann am 18. März 1880 geboren. Eine glückliche Kindheit verlebt Walter zusammen mit seinen beiden älteren Schwestern im Odenwald. Der Vater ist Arzt, hat eine eigene Praxis und ist zugleich am Spital von Hardheim tätig. Als Walter fünf Jahre alt ist, geht's auf große Fahrt. Die Familie siedelt nach Port Elizabeth, Südafrika. Walter Hohmann geht dort in die englische Volksschule, sein Abitur aber soll er in der Heimat machen, so will es der Vater. Zurück in Deutschland, besucht er in Würzburg das Humanistische Gymnasium, wohnt bei einem Professor in Pension. Nach der Reifeprüfung geht der besonders in Mathematik begabte junge Mann nach München, wo er an der Technischen Hochschule studiert. Im Jahr 1904 macht er sein Diplom zum Bauingenieur, arbeitet dann für verschiedene Stadtverwaltungen und Firmen, in Wien, Berlin, Hannover und Breslau, bis er 1912 im Ruhrgebiet, in Essen, eine Stellung im städtischen Hochbauamt annimmt.

Bauingenieur, sein Brotberuf. Walter Hohmanns wahre Berufung aber gilt einem anderen Thema. Kommt er aus dem Amt zurück, setzt er sich sogleich an seinen Schreibtisch. Seine Leidenschaft gehört den Sternen. Dass es möglich ist, die Schwerkraft zu besiegen, haben die Flugzeuge schon gezeigt. Um jedoch ins All zu fliegen, sind andere Kräfte notwendig. Diese Kräfte zu berechnen, macht sich der Ingenieur zur Aufgabe. Niemand zuvor hat ein derartiges Abenteuer in dieser Weise unternommen. Auch wenn Walter Hohmann nur an seinem Schreibtisch sitzt, ist er ein echter Pionier, hebt er ab zu fremden, nie gesehenen Welten.

Raketen. Es geht nur mit Raketen. Nur mit einem Raketenantrieb kann es gelingen, die Anziehungskraft der Erde zu überlisten. Bislang aber existieren Raketen nur als Pläne. Keine einzige ist jemals gezündet worden, als der junge Ingenieur seine Berechnungen anstellt. Zunächst muss die Reise zum Mond gehen. Ist das geschafft, kann man auch zu den Planeten fliegen. Entscheidend wie bei jeder Reise ist neben der Wahl des richtigen Fahrzeugs die Planung der richtigen Route. So einfach, wie sich der Laie den Weg zum Mond vorstellt, ist er leider nicht. Um die Flugbahn zu errechnen, muss man sich mit der Himmelsmechanik beschäftigen, muss man den Lauf der Gestirne exakt berechnen und den Einfluss ihrer Kräfte auf ein zu bauendes Raumfahrzeug. Start und Landung sind dabei die größten Herausforderungen. Walter Hohmann beginnt, erste Bahnberechnungen durchzuführen.

Von seiner Arbeit lässt er sich auch nicht abhalten, als er 1915 seine Luise heiratet und zwei Kinder geboren werden, zwei Söhne, Rudolf und Ernst. Dabei ist Walter Hohmann keineswegs ein egoistischer Homo Faber. Kinder und Familie sind ihm sehr wichtig, intensiv macht er sich Gedanken über Liebe und Erziehung, schreibt sie auch nieder: »Kinder müssen aufwachsen wie Blumen einer Wiese. Ist der Boden gut, gedeihen sie auch gut.« Den Boden zu bereiten, das ist die Aufgabe der Eltern. Eine anspruchsvolle Aufgabe, auf ihre Art nicht weniger als eine Reise zum Mond. Als die Kinder heranwachsen, werden auch sie von der Leidenschaft des Vaters ergriffen, malen ihm zum Geburtstag Lesezeichen mit feuerbeschweiften Raketen oder verfassen Gedichte zur Weltraumfahrt.

Ein erstes Manuskript entsteht, eine Zusammenfassung seiner wichtigsten Theorien. Doch als Walter Hohmann die »Kladde«, wie er sie nennt, nach dem Ersten Weltkrieg verschiedenen Verlagen zur Veröffentlichung anbietet, stößt er überall auf Unverständnis. Zu weit ist Walter Hohmann seiner Zeit voraus, der Wert seiner Forschungsergebnisse wird nicht erkannt. Das ändert sich erst 1923, bei der Veröffentlichung des Buchs *Die Rakete zu den Planetenräumen* von Hermann Oberth. Plötzlich erscheinen die Berechnungen des gebürtigen Badeners in einem anderen Licht. Ein Verlag wird gefunden. Im Herbst 1925 kommt das Buch auf den Markt, unter dem Titel *Die Erreichbarkeit der Himmelskörper*.

Kein Roman, sondern kühle mathematische Berechnungen, dennoch getragen vom Funken der Begeisterung für die neue Wissenschaft. Fünf Kapitel, fünf revolutionäre Gedanken: Der Start von der Erde. Die Rückkehr auf die Erde. Der freie Flug im Raum. Umlaufbahnen um Mond und Planeten. Die Landung auf Mond und Planeten. Entscheidend wird sein, die hohe Eigengeschwindigkeit der Planeten zu nutzen. Walter Hohmann findet heraus: Die ideale Flugroute zwischen zwei Planeten ist eine Ellipse, welche die Kreisbahnen von Start- und Zielplanet berührt.

Verstehen können dieses komplexe mathematische Werk nur wenige. Die aber sind auf Anhieb begeistert. Walter Hohmann gehört nun zu der kleinen, verschworenen Gemeinde der Raketentüftler und Weltraumspezialisten. Neben Hermann Oberth ist Wernher von Braun einer der prominentesten. Er nennt die Berechnungen von Walter Hohmann bahnbrechend – im übertragenen wie im sehr konkreten Sinne des Wortes.

1928. Ein großes Jahr für die Weltraumfahrt. Am 12. April wird der Berliner AVUS gesperrt. Für ein gänzlich neues Auto. Es besitzt keinen Motor, wird allein durch Rückstoßkräfte angetrieben. Fritz von Opel gehört zu den Konstrukteuren. Als die Raketen zünden, schießt der Wagen nach vorne wie kein Auto zuvor. Mit 238 Kilometern pro Stunde rast das Raketenauto den AVUS entlang. Zum ersten Mal wurde ein bemanntes Fahrzeug mit Raketenantrieb gezündet.

Walter Hohmann ist elektrisiert. Die Realisierung der Weltraumabenteuer ist näher gerückt. Gemeinsam mit anderen Wissenschaftlern verfasst er ein neues Buch: *Die Möglichkeiten der Weltraumfahrt*. Sein Beitrag lautet: »Fahrtrouten, Fahrtzeiten, Landungsmöglichkeiten«. Er beginnt mit dem Satz: »Jeder, der eine weite Reise vor sich hat, tut gut daran, vorher einen genauen Reiseplan auszuarbeiten, der ihm Klarheit über die einzuschlagende Reiseroute und die voraussichtliche Reisedauer verschafft ...«

Ein Hauptproblem für interplanetare Flüge stellt die Gravitation der Erde dar. Die Anziehungskraft zu überwinden erfordert extreme Energie. Um regelmäßige Flüge zu Mars und Venus durchführen zu können, schlägt Walter Hohmann vor, auf dem Mond eine Flugbasis einzurichten.

1929 startet das erste raketengetriebene Flugzeug, 1931 wird die erste deutsche Flüssigkeitsrakete gezündet. Dann verändern sich die politischen Verhältnisse, die Nazis kommen an die Macht. Der große Menschenfreund Walter Hohmann zieht sich aus dem Kreis der Raketenwissenschaftler zurück. Er will sich nicht instrumentalisieren lassen, will nicht, dass seine Erkenntnisse militärisch genutzt werden. Raketen zum Mond, zu den Planeten? Ja! Raketen mit dem Ziel, andere Länder, andere Völker zu treffen? Niemals!

Andere denken anders. 1939, das erste Weltkriegsjahr, Peenemünde, Heereswaffenamt. Oberth und von Braun entwickeln eine neue Rakete, die Großrakete A4 mit Flüssigkeitstriebwerk. Eine Wunderwaffe, nennen sie die Nazis, neigen die Abschussrampen gen Westen, schicken die Rakete mit Sprengstoff gefüllt nach England, um London zu zerstören.

Walter Hohmann hat die zivile Nutzung der Raumfahrt nicht mehr miterleben können. Völlig entkräftet von den ständigen Luftangriffen starb der mutige Vordenker eine Woche vor seinem 65. Geburtstag, zwei Stunden vor der völligen Zerstörung Essens durch die Alliierten.

21. Juli 1969. Die ersten Menschen landen auf dem Mond, ihren Weg haben sie auf einer Hohmann-Bahn zurückgelegt. Auch Hohmanns Idee, »dass nicht das ganze, für die große Reise ausgerüstete Fahrzeug mit allen Insassen die Landung und den Wiederaufstieg unternimmt, sondern nur eine leichte Art Beiboot mit einem einzelnen Beobachter, während das Hauptfahrzeug den betreffenden Planeten umkreist«, wurde verwirklicht.

2016. Hardheim im badischen Odenwald. Auf einem Hügel am Ortseingang erhebt sich eine stolze Rakete, die nicht nur die Kinder begeistert, eine Ariane V, das Modell eines erfolgreichen Raumtransporters. Aufgestellt zu Ehren Walter Hohmanns, des großen badischen Weltraumpioniers.

Tipp: Wer sich näher mit Walter Hohmann und seinen bahnbrechenden Forschungen beschäftigen möchte, der besuche das Hardheimer Erfatal-Museum.

Adolf Kußmaul und der Schwertschlucker

Manchem der Freiburger Kneipenbesucher mag es bei dem Anblick übel geworden sein. Das schafft er doch nie! Um Gottes willen, jetzt schiebt er das dicke Rohr immer noch tiefer! Warum würgt es ihn nicht? Er soll endlich aufhören damit! Doch der Schwertschlucker denkt nicht daran. Er ist anderes gewohnt, schärfere Kost. Mit überstrecktem Hals schiebt er sich das gut einen Meter lange Metallrohr immer tiefer in den weit geöffneten Mund und in den Hals hinein. Er kennt die Stellen, an denen es gewöhnlich eng wird, sehr genau. In diesen Momenten macht er unmerkliche Ausgleichsbewegungen mit dem Rücken und fährt fort, das Rohr in sich zu versenken.

Gar nicht nervös, sondern im Gegenteil höchst interessiert verfolgt ein fein gekleideter Herr die Demonstration. Er steht auf einem der Wirtshaustische direkt neben dem rohrschluckenden Schwertschlucker. Er hat ein Anrecht auf diesen bevorzugten Platz, denn er ist es gewesen, der dem Schwertschlucker das Rohr beschafft hat und ihn für seine Bemühungen bezahlt. Der Herr ist Doktor der Medizin. Mit scharfem Auge schätzt er die versenkte Tiefe des Rohres ab und berührt hin und wieder den schluckenden Künstler leicht am Arm, worauf dieser kurz innehält. Dann beugt sich der Doktor vor, kneift ein Auge zusammen und blickt mit dem anderen in das Rohr hinein. So geht das weiter, bis der Schwertschlucker das gesamte Rohr verschlungen hat und nur noch ein letztes Stück aus seinem Mund heraussieht. Der Doktor wirft einen letzten prüfenden Blick hinein, dann zieht der Schwertschlucker mit gleichmäßigen Bewegungen das schleimbenetzte Rohr wieder aus seinem Körper heraus. Die erste Gastroskopie der Medizingeschichte ist geschafft.

Man schrieb das Jahr 1868. Adolf Kußmaul hieß der findige Arzt, einer der genialsten Wissenschaftler seiner Zeit. 1822 in Graben bei Karlsruhe geboren, wuchs er in Wiesloch, Wertheim, Mannheim und Heidelberg auf, immer den Stationen seines Vaters folgend, der –

wie auch der Großvater aus Söllingen – Arzt gewesen war. Auch Adolf Kußmaul studierte Medizin, wurde 1857 zum Professor in Heidelberg berufen. Es war die Zeit der neuen naturwissenschaftlich begründeten Heilkunst. Seit dem frühen Mittelalter basierte das Fundament der medizinischen Lehre trotz vieler moderner Einzelbeobachtungen immer noch auf der antiquierten Viersäftelehre, der Humoralpathologie. Blut, gelbe und schwarze Galle, der Schleim und das Verhältnis dieser vier Säfte zueinander, beziehungsweise im Krankheitsfall ihr Missverhältnis, sollten den Organismus des Menschen, das Zusammenspiel seiner Organe und Funktionen und seine Erkrankungen erklären. An dieser Theorie begannen nun viele zu zweifeln. Ein neues Denken brach an.

»Die Medizin kann wahre Fortschritte nur machen, wenn die ganze Physik, Chemie und alle Naturwissenschaften auf sie angewendet werden«, hatte der Berliner Physiologe Johannes Müller, der Begründer der wesentlichen physiologischen Schule gesagt. Alles Spekulative und Tradierte erschien nun verstaubt und überholt. Viersäftelehre? Damit konnten doch so viele Beobachtungen nicht mehr erklärt werden. Gezielte Experimente und die Erfindung neuer Untersuchungsinstrumente führten im 19. Jahrhundert zum radikalen Umdenken. Das Stethoskop, die Zuckerprobe im Urin, die erste Narkose, der Augenspiegel ... alles Entwicklungen dieser Zeit. Seit wenigen Jahren konnte man das Fieber messen und Fieberkurven schreiben, Befunde wurden objektiv darstellbar. Der Fortschritt der Technik revolutionierte auch das medizinische Denken, in Fragen der Therapie allerdings mit deutlicher Verzögerung.

An der Universität Heidelberg hatte Adolf Kußmaul auch die Aufsicht über die Medikamentenausgaben inne. Für Blutegel wurde damals mehr Geld ausgegeben als für alle Arzneimittel, hatte er ernüchtert feststellen müssen. Schröpfen und Aderlässe, damit waren die wesentlichen therapeutischen Mittel jener Zeit schon beschrieben. Kußmaul hatte auch diese traditionellen Heilmethoden kennengelernt, denn bevor er sich der Wissenschaft zuwandte, hatte er einige Jahre als Landarzt in Kandern im Schwarzwald praktiziert.

Adolf Kußmaul forschte unermüdlich. Seine wissenschaftliche Tätigkeit war von einer kaum zu beschreibenden Vielseitigkeit: Die Epilepsie erforschte er ebenso wie Anomalien der Gebärmutter, er studierte das Seelenleben des Neugeborenen, die Atmung von Patienten im diabetischen Koma, er beschrieb als Erster zudem verschiedene entzündliche Erkrankungen. Auch heute noch begleitet der Name Kußmaul die Medizinstudenten: Kußmaul-Puls, Kußmaul-Atmung, Kußmaul-Aphasie, Kußmaul-Koma, das Kußmaul-Landry-Syndrom ...

Nach einer Zwischenstation in Erlangen, wo er zum Segen der dortigen Spiegelarbeiter herausfand, dass ihr Leiden nicht von der Syphilis herrührte, sondern Ausdruck einer Quecksilbervergiftung war, ging er als Hochschullehrer an die Universität Freiburg. Zum Semesterbeginn pflegte er seine Studenten wie folgt zu begrüßen: »Meine Herren! Sämtliche anzüglichen Witze über meinen Namen sind schon gemacht. Die Heidelberger Kommilitonen haben sie, nach Stärke geordnet, in einem Heft gesammelt, das Sie von dorther für fünfzig Pfennig beziehen können. So sind Sie in der Lage, alle Kraft auf das Studium zu konzentrieren.«

Mittels einer nach seinen Vorgaben konstruierten Magenpumpe gelangen ihm die ersten Magenerweiterungen. 1876 wurde er an die neu gegründete deutsche Universität nach Straßburg berufen. Dort entstand eine weitere medizinische Großleistung, der *Versuch einer Pathologie der Sprache*, eine Darstellung der Störungen der Sprache mit all ihren zahlreichen interdisziplinären Aspekten. 1886 emeritierte er und lebte bis zu seinem Tode im Jahr 1902 in seinem geliebten Heidelberg.

Auch und insbesondere als liebevoll engagierter Arzt blieb er Kollegen und Patienten im Gedächtnis. Einer seiner ehemaligen Assistenten: »Um Kußmaul ganz würdigen zu können, muss man ihn am

Krankenbett gesehen haben. Da entfaltete sich der ganze Zauber seiner Persönlichkeit. Wohltätig im besten Sinne des Wortes, aus innerstem Herzen human, gab er den Armen im Hospiz sein ganzes Wissen und Können in ebenso freier Weise und mit ebenso viel Liebe und Gütigkeit wie den Reichen und Großen dieser Welt, die aus allen Ländern zu ihm strömten.«

Zehn badische Erfindungen

Baden ist ein Land der Tüftler und Erfinder. Was für eine Zahl an Nobelpreisträgern! Allein an der Uni Heidelberg haben zehn von ihnen geforscht. Kaum ein zweite Region, die so genobelt wird wie Baden. Und die sich immer wieder etwas Neues einfallen lässt. Von der Entdeckung der Magenspiegelung durch Adolf Kußmaul haben wir gerade gehört, auch von der Erfindung des Automobils durch Carl Benz, von der Erschaffung der Kuckucksuhr und der Schwarzwälder Kirschtorte ganz zu schweigen. Zehn weitere bahnbrechende badische Erfindungen sollen in diesem Kapitel vorgestellt werden.

Die besondere Mostwaage

Eine spannende Frage, die jeden Spätsommer viele Badener stets aufs Neue beschäftigt: Wie wird er dieses Jahr werden, der badische Wein? Ein Winzer braucht hierzu rechtzeitig verlässliche Informationen, und diese bekommt er, indem er zu einem Messinstrument greift: Wie viele Oechsle sind denn schon beisammen?

Was die Anzahl von kastrierten Stierlein mit der Reife des Weins zu tun hat? Nun, ein Oechsle ist nicht nur ein tierischer Erntehelfer, sondern zugleich eine Maßeinheit, die den Zuckergehalt eines Obstsaftes angibt. Schon früh wusste man, dass Traubensaft schwerer ist als Wasser, und man bestimmte den Zuckergehalt, indem man eine lotbeschwerte Spindel in den Saft senkte. Dieses Verfahren war arg umständlich, fand ein Pforzheimer Goldschmied und entwickelte eine präzise und leicht zu handhabende Weinwaage. Ein Blick auf deren Skala, und man wusste, wie süß der Most schon war. Die neue Waage fand nicht nur bei den badischen Winzern reißenden Absatz. Ihre Gradeinteilung nannte man, dem segensreichen Erfinder zu Ehren, Oechsle.

Ferdinand Oechsle wurde 1774 in Buhlbach bei Baiersbronn geboren. 1810 hatte sich der Goldschmiedemeister in Pforzheim mit einer eigenen Werkstatt selbstständig gemacht. 1836 veröffentlichte er seine Arbeit *Über den Gebrauch der Most- und Weinwaage*. Noch etliche andere segensreiche Erfindungen haben wir Oechsle zu verdanken, eine Goldlegierungswaage und eine Rechenmaschine, mit der Weinwaage aber hat er sich unsterblich gemacht.

Die Spektralanalyse

Mithilfe des Lichtes lässt sich nicht nur die Dunkelheit ausleuchten. Licht kann selbst unbekannte chemische Elemente identifizieren. Jedes Element zeigt höchst spezifische Farblinien, wenn man es in einem Spektralapparat erhitzt. Zwei Heidelberger Forschern, Kirchhoff und Bunsen, verdanken wir die moderne Spektralanalyse. Mit ihrem Spektroskop wiesen sie nicht nur die unterschiedlichsten Alkali- und Erdalkalisalze nach, sie entdeckten sogar zwei neue chemische Elemente: Rubidium und Cäsium. Alle bekannten badischen Mineralquellen wurden von ihnen einer gründlichen Analyse unterzogen. So gelang es ihnen, in der Baden-Badener Murquelle Lithium nachzuweisen und mittels Elektrolyse in Elementarform zu gewinnen. 1860 hatten die beiden Forscher ihre Arbeit zur Anwendung der Spektralanalyse veröffentlicht. Der von ihnen benutzte und fortentwickelte Brenner ist heute noch jedem Schüler geläufig: der Bunsenbrenner.

Gustav Robert Kirchhoff (1824–1887) formulierte den Zusammenhang zwischen Wärmeaufnahme und Ausstrahlung eines Körpers, das kirchhoffsche Strahlungsgesetz, Grundstein für die Quantenphysik. Robert Wilhelm Bunsen (1811–1899) verdanken wir noch viele weitere Entdeckungen und Erfindungen. Er wurde auf dem Heidelberger Bergfriedhof beigesetzt. Ein Freund und Kollege urteilte:

»Als Forscher war er großartig. Als Lehrer sogar noch großartiger. Als Mensch und Freund war er der Größte.«

Der Erlenmeyerkolben

Auch Emil Erlenmeyer (1825–1909) hat in Heidelberg gearbeitet und geforscht und sich als Entwickler von Kunstdünger einen Namen gemacht. Jedem Chemieschüler aber bleibt er als Erfinder des Erlenmeyerkolbens in ewiger Erinnerung, kein Labor, das ohne dieses raffinierte Glasgefäß auskommt. Der Schüler Bunsens war es leid, dass es beim Schütteln der Glasgefäße ständig oben heraussuppte, was ja bei vielen Substanzen nicht ungefährlich ist. So ließ Erlenmeyer den Hals der Gläser verjüngen und reduzierte damit die Verschüttungsgefahr in segensreicher Weise.

Der elektrische Fahrstuhl

Mannheim 1880, ein Gelände zwischen Grünanlage und Parkring. Dort findet sie statt, die große Pfalzgauausstellung, die erste landwirtschaftlich-gewerbliche Messe der sogenannten Quadratestadt, der aufstrebenden Industriemetropole. Zur Präsentation der Neuigkeiten hat man eigens Hallen errichtet, neugierig schiebt sich das Publikum an den Ständen vorbei. Der größte Andrang aber herrscht in einer hohen Halle neben dem Zollgebäude. Hier kann, wer will, in den Himmel schweben, kann stolze zwanzig Meter senkrecht in die Höhe rauschen. Bis zu sechs Personen passen in die Kabine, mit der es einen halben Meter pro Sekunde nach oben geht, wie es scheint ganz von selbst, wie von Zauberhand bewegt. Der erste elektrische Aufzug der Welt.

Konstruiert hatte ihn der findige Ingenieur Werner von Siemens mithilfe seines Elektrotechnikers Johann Georg Halske. Nicht nur die

Mannheimer staunten. Architekten aus aller Welt kamen angereist, sich die Neuheit anzusehen. Es war die Zeit, in der man anfing, in die Höhe zu bauen. Was aber ist ein Hochhaus ohne Aufzug? Zwar gab es bereits Aufzüge, deren Betrieb aber war umständlich und teuer. Für Antriebe mit Druckwasser mussten Druckzylinder in der Erde versenkt werden, für ein Sechsmeterhaus etwa zwanzig Meter tief. Mit dem elektrischen Fahrstuhl taten sich völlig neue Möglichkeiten auf. Von Mannheim aus trat der Lift seinen weltweiten Siegeszug an.

Die Draisine

Erfinder. Das war einmal ein offizieller Beruf. Eigentlich war Karl Drais (1785–1851) seit 1810 badischer Forstmeister, doch bereits ein Jahr später wurde er von allen Waldpflichten freigestellt, um seiner Berufung als Erfinder nachzugehen. Und Karl Drais war ein emsiger Erfinder. Für seinen fast blinden Vater baute er ein »Schreibclavier«, die erste Tastenschreibmaschine für 25 Buchstaben, die er später zur Schnellschreibmaschine, einer Art Stenograf, weiterentwickelte. Für die badische Hausfrau mit Schwaben-Gen schmiedete Karl Drais einen Holzsparherd mit Kochkiste.

Seine bedeutendste Erfindung aber war der Vorläufer des Fahrrads. Am 12. Juni 1817 konnten erstaunte Mannheimer zusehen, wie Karl Drais von seinem Wohnhaus im Quadrat M1,8 zum Schwetzinger Relaishaus fuhr, eine Strecke von immerhin sieben Kilometern, sitzend auf einem Sattel, der zwischen zwei hohen Rädern angebracht war. Dabei schwang er eifrig seine Beine, um sich vom Boden abzustoßen. Auf diese Weise erreichte er eine erstaunliche Geschwindigkeit, das Laufrad brachte es immerhin auf 15 Stundenkilometer. Die zweite Fahrt bewies die Bergtauglichkeit des seltsamen Gefährts, von Gernsbach ging es über den Hügel hinüber nach Baden-Baden. Dann kam die Langstrecke an die Reihe: von Karlsruhe bis nach

Kehl, eine wahrhaft sportliche Leistung. Der badische Großherzog ließ dem Erfinder das Privileg zuteilwerden, dass jeder, der es Karl Drais gleichtun wollte, eine Lizenzmarke auf seine Lenkstange kleben musste.

Unsterblich ist der gebürtige Karlsruher aber durch ein weiteres Fahrzeug geworden. Für die badische Staatsbahn baute er ein vierrädriges Fahrzeug mit Fußantrieb, mit dem es sich bis heute noch auf vielen stillgelegten Bahnstrecken gemütlich dahinradeln lässt, es trägt denselben Namen wie sein Laufrad: Draisine.

Karl Drais hat es verdient, nicht in Vergessenheit geraten zu sein. Nicht nur als Erfinder hat er sich ausgezeichnet, sondern auch als aufrechter Demokrat, wodurch er es im Leben nicht leicht hatte. Fanatiker machten ihn mitverantwortlich für das Todesurteil, das sein Vater gegenüber dem Kotzebue-Mörder ausgesprochen hatte, dem fanatischen Studenten Karl Ludwig Sand. Karl Drais hatte fliehen müssen, war für ein paar Jahre als Landvermesser nach Brasilien gegangen. Nach Baden zurückgekehrt, wollte man ihm seine Erfinderpension streichen. Als er sich öffentlich zur Demokratie bekannte, wurde gar ein Mordanschlag auf ihn verübt. Beim Ausbruch der Badischen Revolution legte Karl Freiherr von Drais, wie er offiziell genannt wurde, als Zeichen seiner Solidarität freudig seinen Adelstitel ab. Nach der Niederschlagung der Revolution wurde der mutige Mann von den preußischen Besatzern verfolgt und seine Pension beschlagnahmt. Karl Drais starb völlig verarmt in Karlsruhe.

Methylenblau

Es lässt sich zum Färben von Fasern oder Papier verwenden, Methylenblau aber kann bedeutend mehr. Es kann dem Pathologen in Gewebeschnitten bestimmte Nervenzellen sichtbar machen und sogar lebendes Gewebe färben. Auch unsere Erbsubstanz, die DNA und RNA, färbt es auf untoxische Weise, ja, selbst als Medikament findet es segensreich Verwendung, als wirksames Gegenmittel bei Nitrit- oder Anilinvergiftungen. Wenn der rote Blutfarbstoff unfähig wird, Sauerstoff zu transportieren, wird er von Methylenblau wieder repariert. Auch Menschen, die an schlimmen Rückenschmerzen leiden, kann der Farbstoff helfen. In die beschädigten Bandscheiben indiziert, zerstört er die Schmerzrezeptoren, zwei Jahre lang kann man sich, wenn man Glück hat, wieder beschwerdefrei bewegen.

Heinrich Caro. Ihm haben wir das Methylenblau zu verdanken. 1877 erhielt er für seine Entwicklung das erste Patent auf eine Farbe in Deutschland. Heinrich Caro (1834–1910) war ein erfolgreicher Chemiker, der 1868 an der Seite des Firmengründers Friedrich Engelhorn zum Direktor der BASF wurde, der Badischen Anilin- & Soda-Fabrik in Mannheim. Der gebürtige Posener entwickelte noch zahlreiche andere Farbstoffe und Syntheseverfahren, für seine Verdienste wurde er zum badischen Hofrat ernannt. Sein Grabmal befindet sich auf dem Hauptfriedhof Mannheim.

Plattenspieler

Gehören Sie zu den Lesern, die noch mit einem Plattenspieler aufgewachsen sind? Dann werden Sie sich noch erinnern. An den spannenden Moment, wenn sich der Tonarm des Plattenspielers hob, zur Seite schwenkte und sich behutsam wieder senkte, worauf das geheimnisvolle Knistern aus den Boxen die Lieblingsplatte ankündigte. Nicht selten kam der Plattenspieler aus dem Haus Dual. Ein Dual galt lange Zeit als der Mercedes unter den Schallplattenspielern und gilt es vielen bis heute. Was ist schon so eine seelenlose CD oder gar ein MP3-Kastrat gegenüber der guten alten Schallplatte? Analoge Feinkost gegenüber kalter digitaler Perfektion. Viele Patente entwickelten die findigen Schwarzwälder aus St. Georgen, um den Klang ihrer Geräte zu verbessern, insbesondere wurden sie zu Experten des Riemenantriebs. Um die Drehzahl exakt einzuhalten und Mick Jagger nicht zum Jaulen zu bringen, haben die St. Georgener in den Subteller 200 Zähne eingefräst. Rasen diese durch die Lichtschranke, werden ihre Signale blitzschnell mit einer quarzbasierten Referenz verglichen und jede Abweichung sofort korrigiert. Kein Drift tritt mehr auf. Heute noch werden Dual-Plattenspieler in St. Georgen produziert, von der Firma Alfred Fehrenbacher, bis zu 20.000 Stück im Jahr. Die Schallplatte ist tot? Es lebe die Schallplatte!

Der Tigerhai

Baden kann auch unter Wasser. Das haben zwei findige Bastler aus Badens hohem Norden bewiesen. Im badisch-fränkischen Wertheim bezogen Anton Dinkel und Helge Biermann den alten Schlachthof und bauten dort ihren »Tigerhai«, ein Mini-U-Boot für zwei Personen. Nur 5,30 Meter lang, bot es zwei Personen Platz, die durch Plexiglaskuppeln bequem die Wasserwelten bestaunen konnten. Die Konstruktion war völlig neu und einzigartig: eine Haut aus glasfaserverstärktem Kunststoff über einem Stahlrahmen. Leicht und wendig waren die Boote, eben echte Tigerhaie. 1963 ging der erste Tigerhai auf Fahrt, bald folgte ein ganzer Hai-Schwarm, denn die kleinen Dinger waren sehr beliebt. Bis zu 6,5 Stunden konnte, wer wollte, mit ihnen abtauchen, und das bis zu einer Tiefe von 35 Metern. Geheimdienste rund um den Globus bekamen angesichts der neuen Möglichkeiten glänzende Augen, und auch Edgar Wallace war begeistert und ließ einen Tigerhai in seinem Krimi auftauchen. Alles lief glänzend, über 130 Verkaufsverträge wurden abgeschlossen, doch dann geschah das Unglück.

Am 16. Januar 1965 bestiegen der Ingenieur Eduardo De Pauli und der Kameramann Franco Vigano einen »Tigerhai«, um Unterwasseraufnahmen vom Lago Maggiore zu machen. Nach einer halben Stunde wollten sie wieder auftauchen, doch nichts tat sich auf der Wasseroberfläche. Eine Stunde verging, eine zweite, das Boot tauchte nicht mehr auf und blieb verschwunden. Erst ein halbes Jahr später entdeckte man das U-Boot mit den Leichen. Die kriminaltechnischen Untersuchungen ergaben, dass der Ingenieur einen Herzinfarkt erlitten hatte und der Kameramann etwa drei Stunden später an Sauerstoffmangel gestorben sein musste.

Die Entlastung der U-Boot-Bauer kam zu spät, viele Besteller waren abgesprungen, das Geld war weg und die badische U-Boot-Produktion kam zum Erliegen. Dennoch: Die Erfinder haben bewiesen, dass man mit Badenern auch unter Wasser rechnen muss.

Das Schwarzpulver

Freiburg im Jahr 1359. Berthold Schwarz, ein Mönch, ein begabter Alchemist, zerreibt in einem Mörser Salpeter, Schwefel und Holzkohle. Den Mörser mit der schwarzen Mischung stellt er sodann auf die heiße Ofenplatte und verlässt den Raum. Zu seinem Glück! Denn kurz darauf wird das Kloster von einer starken Druckwelle erfasst, eine heftige Explosion ist zu hören. Als Berthold in seinen Experimentierraum zurückstürzt, sieht er zu seiner Verblüffung, dass der Stößel oben in der Decke steckt, festgenagelt in einem eichenen Balken. Er versucht ihn wieder herauszuziehen – vergeblich. Man holt die Reliquien der heiligen Barbara, berührt den Stößel unter frommen Gebeten, immer noch rührt er sich keinen Millimeter. Er muss mit ungeheurer Wucht in das Holz gefahren sein.

Ob die Geschichte stimmt oder nicht, ist heftig umstritten. Es gibt verschiedene Varianten, die sich mit der Zeit zur Legende verdichtet haben dürften. Die einen sagen, es sei kein Mönch gewesen, die anderen, er habe nicht Berthold geheißen, die dritten vermuten einen Konstanzer Domherrn, wieder andere einen griechischen Gastarbeiter hinter dem Freiburger Sprengmeister. Auch wird darauf hingewiesen, dass das Schwarzpulver schließlich von den Chinesen erfunden und in Europa wohl schon vor dem 14. Jahrhundert versprengt worden sei. Wie auch immer, fest steht, dass die Zutaten für das Schwarzpulver gerade im südlichen Schwarzwald bereits im frühen Mittelalter vorhanden waren, Schwefel und Holzkohle im Überfluss, aber auch der Salpeter, den eine eigene Berufsgruppe aus den Stallungen der Schwarzwaldbauern zusammenkratzte, die Salpetersieder. Der Urin der Stalltiere ging nämlich mit den gekalkten Mauern eine wertvolle Verbindung ein und bildete das Kaliumnitrat, den Saliter.

Die Freiburger jedenfalls glauben fest daran, dass es Berthold Schwarz gewesen ist, der das Schwarzpulver entdeckt hat, und bauten ihm ein Denkmal. Auf einem Brunnen direkt vor dem Rathaus ist der findige Alchemist bis heute zu bewundern. Ob der Badener Mönch aber wirklich der Erfinder des Sprengstoffs war? Fest jedenfalls steht eines: Die Schwaben haben das Pulver nicht erfunden!

Die weiße Leuchtdiode

Schon lange blinkt es uns rot, gelb oder grün entgegen. Nicht nur an den badischen Ampelanlagen, sondern auch daheim in der Wohnung. Macht man das Licht aus, so erkennt man überall winzige farbige Punkte: an der Stereoanlage, am Computer, am Fernseher, am Akkuladegerät ... Der Siegeszug der LED-Lämpchen ist nicht aufzuhalten, ihre Vorteile sind gewaltig. Sparsam und langlebig sind sie und entwickeln dabei kaum Wärme. Lange aber war es nicht möglich, mit der LED-Technik auch weißes Licht herzustellen. Leuchtdioden können nur eine Wellenlänge, weißes Licht aber besteht aus einem Frequenzgemisch. Viele Forscher arbeiteten daran, die Technik auszutricksen, dann ging einem ein Licht auf. Und was für eines! Das strahlendhellste Licht, das man sich vorstellen kann. Professor Jürgen Schneider hatte die glänzende Idee, der langjährige Abteilungsleiter am Fraunhofer-Institut für Angewandte Festkörperphysik in Freiburg. Der pfiffige Mann beschichtete eine blaue LED mit einer dünnen Phosporschicht, die von dem energiereichen blauen Licht zum Leuchten angeregt wird. Trifft man die richtige Mischung, entsteht durch die Lumineszenz unschuldig weißes Licht. Je nach Geschmack kann man auch ein besonders warmes oder kaltes Weiß erzeugen.

Die Entdeckung hat Jürgen Schneider kurz vor der Pensionierung gemacht, ein Beweis dafür, dass man nie zu alt fürs Erfinden werden kann. Jürgen Schneider wurde 1931 in Berlin geboren. Als dort die Bomben niedergingen, gab man ihn in das Internat Birklehof in Hinterzarten, am dortigen Humanistischen Gymnasium machte er sein Abitur. In Baden gefiel es ihm so gut, dass es ihm zur Heimat wurde. Er studierte und lehrte in Freiburg, und auch wenn er mehrmals zum Forschen in die USA ging, so kehrte er doch stets nach Freiburg zurück, wo er im März 2012 verstarb. Die Freiburger erinnern sich gerne an den hellen Kopf und setzen ihm auf ihre Weise alljährlich ein Denkmal: Mit den von ihm entwickelten LED-Lichtern wird zur Adventszeit das Freiburger Münster aufs Stimmungsvollste erleuchtet.

Diese Auswahl an badischen Erfindungen mag genügen. Die Beschränkung fiel nicht leicht. Man hätte noch so viele andere Dinge vorstellen können, den Wankelmotor zum Beispiel oder die einzigartige Seilbahn zum Luginsland oder den ersten elektrisch betriebenen Skilift der Welt in Triberg. Überhaupt Triberg, Stadt der Rekorde. Die erste elektrische Straßenbeleuchtung Deutschlands wurde in Triberg gebaut und auch der erste Männerparkplatz. Würde man es tatsächlich schaffen, alle Badener Erfindungen vorzustellen, so müsste dieses Kapitel dennoch in kürzester Zeit schon erweitert werden. Wenn man allein einen Blick in die Experimentierstuben des KIT wirft, des Karlsruher Instituts für Technologie ... Dort bastelt man bereits an der nächsten Sensation. – Aber psst! Wir haben versprochen, nichts zu verraten.

(Wer noch nicht genug von Badener Erfindern hat, dem sei das nächste Kapitel empfohlen!)

Badische Winterfreuden

Von der Sonne verwöhnt ... und vom Schnee! Früher noch häufiger als heute war der Schwarzwald ein prächtiger Weißwald, gab es nur eine kurze Spanne im Sommer, in der man vor den Schneemassen sicher war. Wie aber sollte man sich auf der weißen Decke fortbewegen? Schon früh gab es spezielle Schneeschuhe und Schlitten, das Skifahren aber hat den Schwarzwäldern ein norwegischer Arzt gezeigt, der seine Praxis Anfang der 1890er-Jahre in Todtnau eröffnet hatte. Mit dem weißen Element gut vertraut, ließ er sich ein paar Bretter aus seiner Heimat schicken, um im Winter schneller zu seinen Patienten zu kommen. 1891 klapperte dann der Franzose Dr. Pilet mit Skiern den Feldberg hinauf, die wissbegierigen Schwarzwälder schauten interessiert zu und ließen sich die Technik erklären.

Bald gab es kein Halten mehr. Besonders die Jugend fand Gefallen an dem rutschigen Sport, der Siegeszug des Skifahrens im Schwarzwald war nicht mehr aufzuhalten. In Bernau im Südschwarzwald zimmerte die Holzwarenfabrik Karl Köpfer die ersten deutschen Skier in Serie, in Todtnau gründete sich der erste deutsche Skiverein. Besonders die Schwarzwälder Briefträger freuten sich über die neue Art der Fortbewegung, aber auch so manche Hebamme glitt elegant zur Geburt herbei. Die Touristen schauten zunächst skeptisch, bald aber waren sie ebenfalls Feuer und Flamme. Wenn nur nicht der anstrengende Aufstieg gewesen wäre! Doch auch dieses Problem lösten die pfiffigen Schwarzwälder. Robert Winterhalder, Bauer des »Schneckenhofs« in Schollach, baute den ersten Skilift der Welt. Am 14. Februar 1908 war es so weit. »Aufzugsbahn für Rodler und Skifahrer – ein köstliches Vergnügen!«, verkündete das *Badnerland*. In einer Endlosschleife ließ der Schneckenhofer ein Seil von 560 Metern Länge kreisen, das die Wintersportler einen 32 Meter hohen Hang hinaufzog. Angetrieben wurde die Konstruktion höchst ökologisch durch des Bauern Wassermühle. Wo gibt es das heute noch?

Nun musste nur noch die Skisprungschanze erfunden werden, und alle Voraussetzungen waren geschaffen, die Schwarzwälder von Rekord zu Rekord zu führen. Man kann sie kaum aufzählen, all die erfolgreichen Badener Wintersportler. Als skilaufender Briefträger hatte Georg Thoma aus Hinterzarten gut trainiert, 1960 gewann er als nordischer Kombinierer olympisches Gold im Squaw Valley, dem »Frauental« von Kalifornien. Olympische Goldmedaillen sollten noch an vielen Schwarzwälder Hälsen funkeln. Auch Hans-Peter Pohl aus Triberg, Christof Duffner aus Schönwald, Hansjörg Jäkle aus Schonach, Georg Hettich aus Furtwangen, Martin Schmitt aus Villingen-Schwenningen durften auf das oberste Treppchen steigen. Erfolgreich waren noch viele andere Schwarzwälder, zum Beispiel Alexander Herr, Thorsten Schmitt oder Urban Hettich. Und nicht zu vergessen die Damen! Stefanie Böhler aus Säckingen holte mehrere Medaillen im Langlauf, Simone Hauswald konnte noch dazu ausgezeichnet schießen. Zugegeben, Simone Hauswald stammt aus Rottweil, wo der Schwarzwald schon zu schwäbeln beginnt. Trainiert aber hat sie wie so viele andere erfolgreiche Athleten im Skiinternat Furtwangen. Die Eliteschule des Sports gibt es seit 1984. Sind Sie noch jung und lieben den Wintersport? Melden Sie sich an!

Und wenn mal kein Schnee fallen will? Auch kein Problem! Dann landet man eben auf Matten oder gleitet auf Rollskiern elegant über den Schwarzwaldasphalt wie im Weißenbachtal bei Schönwald. Auch in den anderen wintersportlichen Disziplinen sind die Badener vorne mit dabei. Was Bayern München im Fußball, das sind die Mannheimer Adler im Eishockey. Meisterschaft über Meisterschaft, die Mannheimer führen die Ewige Tabelle aller deutschen Eishockeyvereine an. Sie lieben eher die elegante Art, auf Kufen zu laufen? Auch hier kommt man in Baden auf seine Kosten. Wussten Sie, dass auf dem Triberger Bergsee 1925 die Eiskunst-Europameisterschaft ausgetragen worden ist? Zweiter wurde der berühmte Werner Rittberger, Sie wissen schon, jener irre Sprungkünstler, dessen Erfindung in verdoppelter Form in keinem Kürprogramm fehlen darf. In Triberg befand sich auch eine der ersten Bob- und Rodelbahnen Deutschlands, im schönen Heimatmuseum kann man noch über die alten Kisten staunen.

Anmerkung: Auch das Après-Ski haben die Schwarzwälder erfunden. Wer beim Skiliftpionier Robert Winterhalder im Schneckenhof übernachtete, dem spielte der findige Bauer abends zu Wein und Bier am Piano auf. Vielleicht sogar den Schneewalzer.

Dichter in Baden

Ein solch schönes Land wie Baden bringt nicht nur Dichter hervor, es zieht auch viele Dichter an. Von ihnen soll in diesem Kapitel die Rede sein. Auffallend ist, wie viele schwäbische Schriftsteller Baden besucht und besungen haben. Fangen wir im Süden an, beim Bodensee. Zahlreiche literarische Denkmäler hat der gebürtige Schwabe Martin Walser dem großen Wasser gesetzt. Seine vielleicht eindrucksvollste Erzählung ist das *Fliehende Pferd*, die Geschichte zweier alter Schulfreunde, die sich zufällig am Bodensee wieder treffen. Jeder beneidet heimlich den anderen, aus Neid wird Hass, bei einer gemeinsamen Segelpartie kommt es zur Katastrophe. Martin Walser kennt den See wie kaum ein Zweiter, seit Langem ist er am badischen Ufer zu Hause.

Ebenfalls am Bodensee entstanden ist eines der bekanntesten Gedichte deutscher Sprache, »Im Nebel«, dessen erste Strophe viele auswendig mitsprechen können:

Seltsam, im Nebel zu wandern!
Einsam ist jeder Busch und Stein,
Kein Baum sieht den andern,
Jeder ist allein.

27 Jahre war Hermann Hesse, als er in das Dorf Gaienhofen am Untersee kam. Mit seinem Erstling *Peter Camenzind* hatte er einen solchen Bestseller gelandet, dass er sich ganz der Schriftstellerei widmen konnte. Für sich und seine junge Frau baute der Zivilisationsskeptiker ein hübsches Häuschen gegenüber der Mauritius-Kapelle und dem Dorfbrunnen, einfach und nur mit dem Notwendigsten eingerichtet, im bewussten Kontrast zum opulenten Prunk der großstädtischen Kollegen. Acht Jahre verbrachte der sensible Dichter in Gaienhofen, eine fruchtbare Zeit, in der Erzählungen und Romane,

aber auch Gedichte über den Bodensee entstanden. In manchem Detail verrät sich auch der sparsame Schwabe. Das Fundament für den Sandweg durch seinen geliebten Garten befestigte Hesse auf originelle Weise: Statt Steinen nahm er Bücher von Dichterkollegen, die ihm Verlage und Autoren in der Hoffnung auf Rezensionen zugeschickt hatten.

Deutlich großzügiger residierte Victor von Scheffel am See. Das »Scheffelschlösschen«, 1876 im Stil der Neo-Renaissance entstanden, steht auf der Halbinsel Mettnau bei Radolfzell. In Überlingen kann man die Scheffelhöhe ersteigen und im Schatten einer mächtigen Linde über den Rosengarten hinweg auf den Bodensee schauen. Scheffel hat nicht nur den *Trompeter von Säckingen* geschrieben, mit seinem Roman *Ekkehart* lässt er das Mittelalter rund um die Vulkanlandschaft des nahen Hohentwiel lebendig werden.

Statt der Scheffelhöhe kann man auch die Uhlandhöhe erklimmen. Möglicherweise hat der Schwabe Ludwig Uhland beim Blick hinüber zur erblühenden Mainau sein Frühlingsgedicht ersonnen:

Die Welt wird schöner mit jedem Tag,
Man weiß nicht, was noch werden mag,
Das Blühen will nicht enden.
Es blüht das fernste, tiefste Tal:
Nun, armes Herz, vergiss der Qual!
Nun muss sich alles, alles wenden.

Weniger lyrisch, dafür umso dramatischer ist das Gedicht *Der Reiter und der Bodensee* von Gustav Schwab, dessen *Sagen des klassischen Altertums* viele junge Leser begeistert haben. In kältester Winterzeit jagt ein fremder Reiter daher, Richtung Süden. Zum Bodensee will er, doch die verschneite Ebene will nicht enden. Da kommt er zu einem Dorf und sieht eine junge Frau am Fenster stehen:

›Willkommen am Fenster, Mägdelein,
An den See, an den See, wie weit mag es sein?‹
Die Maid, sie staunet den Reiter an:
›Der See liegt hinter dir und der Kahn.‹

Als sie ihm ausmalt, was für ein riesiges Glück er hatte, nicht einge-
brochen und ertrunken zu sein, wird es dem wilden Reiter plötzlich
ganz schlecht. Herzinfarkt!

Da seufzt er, da sinkt er vom Ross herab,
Da ward ihm am Ufer ein trocken Grab.

Ja, der Schwab! Ein schwarzer Humorist. (Wo mag er wohl geboren
sein?) Spannende, merkwürdige Geschichten liebte auch Annette von
Droste-Hülshoff, die westfälische Dichterin, die im Schloss Meersburg eine zweite Heimat gefunden hatte. Oft beschrieb sie Stim-
mungen des Badischen Meeres, mit Vorliebe stürmische Zeiten, so
wie es oft auch in ihrer Seele stürmte:

Ich hör es wühlen am feuchten Strand,
Mir unterm Fuße es wühlen fort,
Die Kiesel knistern, es rauscht der Sand,
Und Stein an Stein entbröckelt dem Bord.
An meiner Sohle zerfährt der Schaum,
Eine Stimme klaget im hohlen Grund,
Gedämpft, mit halbgeschlossenem Mund,
Wie des grollenden Wetters Traum.

Damit mag der Bodensee literarisch genügend gewürdigt sein. Auch
andere badische Landschaften wurden von den Dichtern besungen. Allein von den Gedichten über den Schwarzwald ließe sich ein
ganzes Büchlein zusammenstellen. Eduard Mörike, wieder einem

Schwaben, verdanken wir ein gänsehautschönes Gedicht über eine
Seebestattung:

Die Geister am Mummelsee

Vom Berge was kommt dort um Mitternacht spät
Mit Fackeln so prächtig herunter?
Ob das wohl zum Tanze, zum Feste noch geht?
Mir klingen die Lieder so munter.
O nein!
So sage, was mag es wohl sein?

Das, was du da siehest, ist Totengeleit,
Und was du da hörest, sind Klagen.
Dem König, dem Zauberer, gilt es zu Leid,
Sie bringen ihn wieder getragen.
O weh!
So sind es die Geister vom See!

Sie schweben herunter ins Mummelseetal —
Sie haben die See schon betreten —
Sie rühren und netzen den Fuß nicht einmal —
Sie schwirren in leisen Gebeten —
O schau!
Am Sarge die glänzende Frau!

Jetzt öffnet der See das grünspiegelnde Tor;
Gib acht, nun tauchen sie nieder!
Es schwankt eine lebende Treppe hervor,
Und — drunten schon summen die Lieder.
Hörst du?
Sie singen ihn unten zur Ruh!

Die Wasser, wie lieblich sie brennen und glühn!
Sie spielen in grünendem Feuer;
Es geisten die Nebel am Ufer dahin,
Zum Meere verzieht sich der Weiher –
Nur still!
Ob dort sich nichts rühren will?

Es zuckt in der Mitten – o Himmel! ach hilf!
Nun kommen sie wieder, sie kommen!
Es orgelt im Rohr und es klirret im Schilf;
Nur hurtig, die Flucht nur genommen!
Davon!
Sie wittern, sie haschen mich schon!

Noch heute kommen die Nixen zu Besuch in die umliegenden Dörfer, etwa, wenn ein Fest gefeiert wird. Vor ihrem Vater, dem Mummelsee-könig, aber soll man sich in Acht nehmen. Das zentrale Schwarzwaldtal, das Tal der Kinzig mit seinen Ufern und Bewohnern, hat uns keiner so intensiv geschildert wie Heinrich Hansjakob (1837–1916). »Zwei Stunden unterhalb meiner Heimatstadt Hasle mündet in das Tal der Kinzig das des Harmersbachs, ein Waldtal, das fast bis zu seiner Mündung rechts und links hohe, langgestreckte Tannenberge begleiten, an deren Gehän-gen stolze Bauernhöfe zerstreut liegen ...« So beginnt die Erzählung *Der Vogt auf Mühlstein*, eine der zahlreichen Schwarzwaldnovellen, die uns Hansjakob aus Haslach, »Hasle«, hinterlassen hat. Der dichtende katholische Pfarrer hat nicht nur seine Heimat geliebt, auch die schönen badischen Frauen. Von mindestens vier Kindern wissen wir, die Dunkel-ziffer soll noch größer sein. Auch politisch war Hansjakob aktiv. In der Zeit des badischen Kulturkampfes setzte er sich als Abgeordneter gegen eine zu starke Gängelung der Kirche durch die Politik ein. Zweimal musste er wegen angeblicher Beleidigungen ins Gefängnis. Besondere Verdienste erwarb er sich um den Weinbau. Als Pfarrer in Hagnau am

Bodensee unterstützte er die durch Missernten in Not geratenen Winzer und gilt bis heute als Vater der badischen Winzergenossenschaften.

Ein kurzer Siebenzeiler von Klabund mag die kleine literarische Schwarzwaldreise abschließen:

Mond über dem Schwarzwald

Goldne Sichel des Monds!
Dich schwingt der ewige Schnitter
Und mäht Halme und Herzen.

Siehe, ich wandre auf steinichter Höhe
Über dem wolkigen Wald und neige
Willig den Nacken
Deinem erlösenden Streich.

Ungezählt sind die Gedichte, die das schöne Heidelberg rühmen. Pars pro Toto mag der Anfang der Ode Heidelberg stehen, die der vielleicht kunstsinnigste aller deutschen Lyriker verfasst hat:

Lange lieb ich dich schon, möchte dich, mir zur Lust,
Mutter nennen und dir schenken ein kunstlos Lied,
Du, der Vaterlandsstädte
Ländlichschönste, so viel ich sah.

Wie der Vogel des Walds über die Gipfel fliegt,
Schwingt sich über den Strom, wo er vorbei dir glänzt,
Leicht und kräftig die Brücke,
Die von Wagen und Menschen tönt.

Hölderlin, wiederum einem Schwaben, haben wir diese Huldigung zu verdanken.

Von gleicher Qualität ist ein Gedicht, das Johann Wolfgang von Goethe in Heidelberg mit heißem Herzen in einen Umschlag steckte, zusammen mit dem Blatt eines Baumes, der dem Gedicht seinen Namen gab:

Dieses Baums Blatt, der von Osten
Meinem Garten anvertraut,
Gibt geheimen Sinn zu kosten,
Wie's den Wissenden erbaut.

Ist es Ein lebendig Wesen,
Das sich in sich selbst getrennt?
Sind es zwei, die sich erlesen,
Dass man sie als Eines kennt?

Solche Frage zu erwidern,
Fand ich wohl den rechten Sinn,
Fühlst du nicht an meinen Liedern,
Dass ich Eins und doppelt bin?

Lange vermutete man, dass Goethe das Ginkgo-Blatt auf der Stückterrasse des Heidelberger Schlosses aufgelesen hat, dort erhob sich ein Ginkgo noch bis ins Jahr 1936. Vielleicht aber hatte der Geheime Rat das Blatt auch schon in Frankfurt eingesteckt, von wo er im September 1815 nach Heidelberg gereist ist. In Frankfurt hatte sich der 66-Jährige von seiner Marianne getrennt. Marianne von Willemer war ihm seelenverwandt, was in dem Ginkgo-Gedicht so einzigartig zum Ausdruck kommt. Erst viel später wurde bekannt, dass Goethe auch einige von Mariannes Gedichten in seinen *West-östlichen Divan* aufgenommen hatte.

Sie runzeln die Stirn? Goethe, Hesse, Mörike, schön, schön, aber die sind doch alle schon tot! Ob wir denn keine modernen literarischen Zeugnisse zu bieten hätten? Natürlich gibt es auch die! Bernhard Schlink, als Sohn eines Theologieprofessors in Heidelberg aufgewachsen und in Freiburg als Juraprofessor tätig, verortet viele Passagen seiner Bücher in Baden. Sein größter Erfolg, *Der Vorleser*, die rätselhafte Liebesgeschichte zwischen dem Schüler Michael und der deutlich älteren Straßenbahnschaffnerin Hanna, spielt wesentlich in Heidelberg, was sich an vielen Details verrät. Bevor sie miteinander schlafen, muss Michael seiner Hanna, die Analphabetin ist, stets etwas vorlesen. Plötzlich verschwindet Hanna spurlos. Nach Jahren sieht Michael, mittlerweile Jurastudent, sie zufällig wieder. In einem Auschwitz-Prozess wird Hanna zu langer Haft verurteilt, sie ist eine der KZ-Aufseherinnen gewesen.

Mark Twain verdanken wir die hübsche Schilderung von Heidelberg: »Die Stadt liegt entlang des Flusses hingestreckt. Das verschlungene Spinnennetz der Straßen und Gassen strahlt wie Juwelen im glitzernden Licht. Hinter dem Schloss erhebt sich ein Hügel wie ein Dom, mit Wald bedeckt, und dahinter ein prächtiger und erhabener Berg. Das Schloss schaut herunter auf die kompakte Fläche der braun gedeckten Dächer der Stadt. Und von der Stadt her überspannen zwei malerische alte Brücken den Fluss. Niemals habe ich mich an einem Blick erfreuen können, der solch einen befriedigenden Charme ausstrahlte wie dieser hier.«

Immer noch modern klingt auch Heinrich Heine, der eine der beliebtesten Sehenswürdigkeiten Heidelbergs als Grab für seine Sorgen nutzen möchte:

Die alten, bösen Lieder,
Die Träume schlimm und arg,
Die lasst uns jetzt begraben,
Holt einen großen Sarg.

Hinein leg ich gar Manches,
Doch sag ich noch nicht was;

Der Sarg muss sein noch größer
Wie's Heidelberger Fass.

Gesünder, als seine Sorgen mithilfe des Fassinhaltes loszuwerden, der üblicheren Methode, die jedoch Kopfschmerzen bereitet und Leberdrücken. Heine beschreibt das vierte Fass, das größte, das 221.762 Liter fassen konnte. Das Heidelberger Fass taucht häufiger in der Literatur auf, bei Victor Hugo, Jules Vernes und selbst in Herman Melvilles *Moby Dick*. Wilhelm Busch lässt seine fromme Helene sogar ihre Hochzeitsreise nach Heidelberg machen, wobei auch das Fass verewigt wird, in Wort und Bild.

's war Heidelberg, das sich erwählten
Als Freudenort die Neuvermählten.

Auch der äußerste Norden von Baden, die Gegend an Main und Tauber, hat seine dichtenden Verehrer gefunden. Mit zwei Freunden hatte sich Kurt Tucholsky im September 1927 zu einer Reise aufgemacht, reichlich Bocksbeutel geleert und dabei viel Lustiges erlebt, aber auch manch stillen, ergreifenden Moment, so beim Besuch des alten Zisterzienserklosters Bronnbach im Taubertal.

Manchmal triff man's ganz idyllisch: Kloster Bronnbach ist wie eine Fermate
der Stille, nicht einmal der nahe Eisenbahndamm kann uns stören, Klosterhof
und berankte Mauer atmen Ruhe und Beschaulichkeit; es sind jene Flecken, die
in jedem Großstädter unweigerlich den Wunsch erwecken: hier sollte man ... hier
müsste man ... Und dann geht man weiter.

Eine ganze Kompanie von Dichtern hat Baden ein literarisches Denkmal gesetzt, man könnte die Aufzählung noch lange fortsetzen. Keiner aber hat das schöne Badenland mit innigerer Liebe besungen als Johann Peter Hebel. Ihm soll ein eigenes Kapitel gewidmet sein.

Johann Peter Hebel

»Es ist für mich wahr und bleibt für mich wahr, der Himmel ist nirgends so blau, und die Luft nirgends so rein, und alles so lieblich und so heimlich als zwischen den Bergen von Hausen.«

Am 10. Mai 1760 wurde Johann Peter Hebel in Basel geboren, wo seine Eltern in einer reichen Patrizierfamilie in Stellung waren. Wenn das Jahr zu Ende ging und der Winter kam, packten seine Eltern ihre Sachen und fuhren nach Hausen ins Markgräflerland, dem Schwarzwälder Heimatdorf seiner Mutter. »Da habe ich frühe gelernt arm sein und reich sein, [...] nichts haben und alles haben, mit den Fröhlichen froh sein und mit den Weinenden traurig.«

Was er dort noch gelernt hat, das ist das Hochalemannische, seine Muttersprache. Sein ganzes Leben würde er von diesem Schatz zehren. Früh starb der Vater, bald auch die Mutter. Man verschaffte dem begabten Knaben ein Stipendium an dem Karlsruher »Gymnasium illustre«. Ein einziges Mal sollte er für längere Zeit sein Heimatland verlassen, 1778 bis 1780, um in Erlangen Theologie zu studieren. Der junge Student war kein Kind von Traurigkeit und für manchen Studentenulk zu haben. »Knaster« nannte man ihn, weil er ständig seine Pfeife stopfte. Sein theologisches Examen legte Hebel in Karlsruhe ab.

Am liebsten wäre es ihm gewesen, eine Pfarrstelle in seinem Heimattal an der Wiese zu erhalten und dort im Kreis seiner Gemeinde alt zu werden. Doch das Schicksal meinte es anders mit ihm. Zunächst verbrachte er einige Jahre als Vikar und Hilfslehrer in Lörrach, eine durchaus fröhliche Zeit. Mit befreundeten Kollegen saß er oft zusammen oder machte Ausflüge in den Schwarzwald. Mit 31 Jahren wurde er zum Subdiakon an sein altes Karlsruher Gymnasium berufen, 1808 gar zum Schulleiter. Seine lebensnahen, humorvollen Predigten sprachen sich herum, sodass er gelegentlich eingeladen wurde, sogar bei Hofe zu predigen.

Ein entscheidendes Jahr wurde 1799. Als Hebel wieder mal heim-
wehtrunken sein heimatliches Tal an der Wiese besuchte, stiegen so
reiche Bilder und lebhafte Erinnerungen in ihm auf, dass er begann,
Gedichte zu schreiben. In seiner Muttersprache, dem Dialekt von
Hausen: lyrische Beschreibungen von Wäldern und Tälern, Schil-
derungen des Alltagslebens, humorvoll-liebenswerte Skizzen des
ländlichen Lebens. Doch kein Verleger fand sich, den Band heraus-
zugeben. Wer wollte denn Gedichte im Dialekt lesen? Alemannische
Lyrik? Da schüttelte jeder nur den Kopf. Erst vier Jahre später konnte
Hebel, unterstützt von Freunden, das Buch bei einem Karlsruher
Verlag drucken lassen, die *Allemannischen Gedichte*. Von Selbstzweifeln
gepackt hatte es Hebel zunächst nicht unter seinem Namen erscheinen lassen. Doch die Zweifel waren unbegründet. Das Buch wurde
ein Bestseller, immer neue Auflagen wurden notwendig, nun mit
dem vollen Namen des Verfassers auf dem Titelblatt, und als sich
sogar Dichter wie Jean Paul und Goethe lobend darüber äußerten,
wollte es jeder gelesen haben. Über Nacht war Johann Peter Hebel
berühmt geworden.

Doch nicht nur Gedichte konnte Hebel schreiben. Sein zweites
Talent waren kurze Geschichten, Betrachtungen und Erzählungen
in hochdeutscher Sprache, bei denen er den Leser oft unmittelbar ansprach. Zur Erbauung und Unterhaltung der Gläubigen gab
die evangelische Landeskirche den *Lutherisch-badischen Landkalender*
heraus. Johann Peter Hebel konnte als Redakteur gewonnen werden.
Bald verfasste er viele Kalenderblätter selber, verstärkt ab 1807, als
der Kalender einen neuen Namen erhielt: *Der Rheinländische Hausfreund*. Hebels lehrreiche und amüsante Beiträge hatten erheblichen
Anteil daran, die Auflage des Kalenders auf 40.000 Exemplare zu
steigern. An die dreißig Geschichten steuerte er jährlich bei, die besten und beliebtesten ließ er zusätzlich im *Schatzkästlein des rheinischen
Hausfreundes* erscheinen. In unnachahmlicher Weise verstand es *Der
Hausfreund*, wie er sich selbst oft nannte, seine Leser unterhaltend zu

belehren. Oft steckte eine Botschaft, eine Moral in den Erzählungen. Diese aber wurde, wie bei den klassischen Fabeln, stets so geschickt verpackt, dass man nirgends den mahnend erhobenen Zeigefinger erkennen konnte. Eine der bekanntesten Geschichten ist *Kannitverstan*.

Kannitverstan erzählt die Reise eines armen deutschen Handwerksburschen, der ins reiche Amsterdam kommt. Wie bewundert er die Pracht der Handelsstadt! Beim Anblick eines palastartigen Hauses gerät er in neidisches Staunen und fragt einen vorbeilaufenden Holländer, wem denn dieses Haus gehöre. »Kannitverstan!«, lautet die Antwort. Kannitverstan! So ein Mann müsste man sein, denkt sich der arme Bursche, erst recht, als er auf die Frage nach dem Eigentümer eines der reichsten Schiffe, die er je gesehen, die gleiche Antwort zu hören bekommt: »Kannitverstan!« Sich schmerzhaft seiner eigenen Armut bewusst werdend, begegnet er einem großen Leichenzug: vier schwarze Pferde, die eine Kutsche mit dem Sarg ziehen. Wieder wendet sich der Handwerksbursche an einen Holländer, will wissen, wer denn da zu Grabe gefahren wird. – »Kannitverstan!« – Kannitverstan? Da fallen dem Burschen große Tränen aus den Augen, ihm wird zugleich schwer und wieder leicht ums Herz, und er geht frohen Sinnes seiner Wege. »[...] und wenn es ihm wieder einmal schwerfallen wollte, dass so viele Leute in der Welt so reich seien und er so arm, so dachte er nur an den Herrn Kannitverstan in Amsterdam, an sein großes Haus, an sein reiches Schiff, und an sein enges Grab.«

Johann Peter Hebel war nicht nur als Schriftsteller bedeutend, er spielte auch eine wichtige Rolle bei dem Bemühen, die badische Identität zu stärken und ein positives Bewusstsein für das junge Großherzogtum zu schaffen. Mit der Ziehung neuer politischer Grenzen hat man ja noch lange nicht die Herzen der neuen Landeskinder erreicht. Viele Bürger hingen noch an den alten Verhältnissen, die Freiburger an den Habsburgern, die Mannheimer und Heidelberger an der alten Kurpfalz und die Menschen an Main und Tauber am Würzburger Fürstbistum. Damit sich eine gemeinsame Identität entwickelt, sind neben einer klugen Politik auch kulturelle Anstrengungen notwendig. Schon die Umbenennung des *Badischen Landkalenders* in *Rheinländischen Hausfreund* öffnete den Kalender für eine neue Leserschaft. Die humorvollen, liberalen und zugleich liebevollen Publikationen Johann Peter Hebels trugen mit dazu bei, altes Kirchturmdenken zu überwinden und die Badener, ob an Rhein, Neckar oder Tauber, mit dem neuen Geist der Aufklärung zu infizieren.

Auch politisch wurde Hebel aktiv. Als erster Prälat der Evangelischen Landeskirche, einem Amt, das einem heutigen Landesbischof entspricht, war er zugleich Mitglied der ersten Kammer der Badischen Ständeversammlung. Hauptsächlich setzte er sich für soziale Belange ein, für die Gründung einer Taubstummenschule und eines Blindenheims in Baden, engagiert auch für die Rechte der jüdischen Mitbürger und für eine verbesserte Schulbildung im Geiste der Humanität. Ebenfalls von diesem Geist durchdrungen ist seine Kinderbibel. Auf wundersame Weise sind aus dieser fast alle Wunder verschwunden, auch hier hat sich Johann Peter Hebel dem lessingschen Geist der Aufklärung verbunden gefühlt.

1826 starb Johann Peter Hebel bei einer Dienstreise nach Mannheim und Heidelberg. Zeitlebens blieb er unverheiratet. Seine größte Liebe war vielleicht die zu seiner Heimat, zu der seltsam schönen alemannischen Sprache, zu dem lauschigen Tal an der Wiese. Auch den Bach seiner Kindheit hat Johann Peter Hebel auf Alemannisch besungen:

Feldbergs liebligi Tochter, o Wiese, bis mer Gottwilche!
Los, i will di iez mit mine Liederen ehre,
und mit Gesang bigleiten uf dine freudige Wege.

Tipp: Regelmäßig wird in Hausen das Hebelfest gefeiert und alle zwei Jahre der Hebelpreis verliehen. Im Hebelhaus, dem Kindheitshaus des Dichters, ist eine schöne Ausstellung eingerichtet.

Zehn badische Helden

Schon oft ist durchgeklungen, wie viele aufrechte Menschen in Baden für ihre Überzeugungen gekämpft haben, in kaum einem anderen deutschen Land hat sich so früh ein Bewusstsein für Demokratie und Menschenrechte entwickelt. In diesem Kapitel soll stellvertretend für viele andere standhafte Badener zehn Menschen vorgestellt werden, die sich durch Engagement und Haltung in besonderer Weise hervorgetan haben.

Philipp Jakob Siebenpfeiffer

Pressefreiheit. Die Freiheit des offenen Wortes. Wo auf der Welt gilt sie schon? Nimmt man einen Globus und schwärzt die Länder, in denen von Pressefreiheit nicht die Rede sein kann, die Erde sähe ziemlich finster aus. Auch in Deutschland ist die Pressefreiheit keinesfalls eine Selbstverständlichkeit. Sie musste mühsam errungen werden. Jemand, der sich dabei besonders hervorgetan hat, war ein mutiger Journalist, Philipp Jakob Siebenpfeiffer.

Man könnte ihn auch einen Nassau-Saarbrücker nennen. Philipp Jakob Siebenpfeiffer wurde 1789 in Lahr an den Hängen des Schwarzwalds geboren, da gehörte der Ort noch zu dieser Grafschaft. Als der im Alter von 14 Jahren jung verwaiste Siebenpfeiffer 1804 eine Ausbildung zum Oberamtsschreiberincipienten in Lahr begann, war er mitsamt seiner Heimatstadt schon Badener.

Man erkennt das Talent des jungen Mannes, gewährt ihm ein Stipendium für ein Jurastudium in Freiburg, das er glänzend besteht. In Freiburg findet er Freunde, die ihn für neue, liberale Ideen begeistern. Wie weit sind die Franzosen, die Amerikaner schon, was bürgerliche Freiheiten angeht. Und wie verschnarcht sieht es in Deutschland aus, rückständig und provinziell. Schnell ist man sich einig: Will man nicht nur im Geheimen schwärmen, ist es nötig, die Ideen unter das Volk zu bringen. Hierfür aber braucht es eine Zeitung mit Mut.

Die Rheinbayern. Im Herbst 1830 erscheint die erste Ausgabe. Die Überschrift: »Nur keine Revolution in Bayern«. Der Artikel ist ein trojanisches Pferd, heraus springen die liberalsten Gedanken. Die Julirevolution in Frankreich ist der Auslöser, nun wollen auch die Republikaner in Deutschland nicht länger warten. Philipp Jakob Siebenpfeiffer, den es nach zahlreichen Stationen als Verwaltungsbeamter nach Homburg verschlagen hat, ist ihr Sprachrohr. Man reagiert, will ihn kaltstellen, versetzt ihn nach Kaisheim in Schwaben, wo er als Zuchthausdirektor arbeiten soll. Darauf aber lässt sich Siebenpfeiffer nicht ein. Er geht nach Zweibrücken, gibt zur *Rheinbayern* nun auch noch *Der Bote aus Westen* heraus, mutige Sprachrohre der liberalen Opposition. Sein Hauptthema: der Kampf für die Pressefreiheit. Darf die Presse frei erscheinen, können die Regierenden dem Freiheitsdrang des Volkes nichts mehr entgegensetzen. Die Pressefreiheit ist kein Selbstzweck, sie ist das wirksamste und notwendigste Mittel im Kampf für Demokratie.

Zeitungen können mehr als informieren und Meinungen transportieren. Sie können Menschen zusammenführen, sie aus der Vereinzelung holen und zu einem Bund zusammenschweißen. Um die gemeinsame Sache voranzubringen, um den Gegnern der Freiheit zu zeigen, wie stark man ist, wird beschlossen, ein machtvolles Treffen zu organisieren, ein Nationalfest, eine Demonstration für Demokratie und Bürgerrechte. Bei den Planungen vorne mit dabei: Philipp Jakob Siebenpfeiffer. Zunächst will er das Fest in Kaiserslautern stattfinden lassen, dann trifft man sich in Hambach an der Schlossruine. 30.000 Menschen kommen zusammen, aus ganz Deutschland, viele Studenten sind darunter und andere junge Leute. Fahnen werden geschwungen, Symbole für eine künftige Republik und ein geeintes Deutschland, Lieder werden gesungen und Reden gehalten. Einer der Redner ist Philipp Jakob Siebenpfeiffer.

Die Reaktion. Die Fürsten lassen ihre Hunde los, hetzen die Verantwortlichen. Manche können fliehen, wie Friedrich Schüler oder Joseph Savoye, finden im Ausland Aufnahme. Philipp Jakob Siebenpfeiffer aber wird verhaftet. Ein Jahr wartet er auf seinen Prozess. Dann die Sensation: Obwohl man versucht hat, nur fürstentreue Geschworene zu vereidigen, wird Siebenpfeiffer freigesprochen. Doch das bedeutet nicht den Freispruch, der Staat trickst, erfindet einen Anlass für einen neuen Prozess, wegen angeblicher Beamtenbeleidigung. Diesmal lautet das Urteil: schuldig! Der mutige Badener muss für zwei Jahre ins Gefängnis. Im November 1833 gelingt ihm mithilfe von Freunden die Flucht in die Schweiz, wo man ihm Asyl gewährt und eine Professur verschafft. Im Alter von 55 Jahren stirbt Philipp Jakob Siebenpfeiffer in Bern.

Gertrud Luckner

1935. Reichsparteitag in Nürnberg. Die Mitglieder des Reichstags werden zusammengetrommelt und beschließen die Nürnberger Gesetze, Gesetze *zum Schutz des deutschen Blutes und der deutschen Ehre*, Rassegesetze. Kein Jude darf mehr einen Christen heiraten, jeder engere Kontakt wird unter Strafe gestellt, Ausschluss der Juden von allen öffentlichen Ämtern, scharfe Einschränkungen auch für »jüdische Mischlinge«.

Freiburg im Breisgau. Eine junge Frau ist erschüttert. Ihr ist klar, was die Gesetze bedeuten: ein weiterer unheilvoller Schritt, die Juden ihrer Rechte zu berauben, sie zum Freiwild zu machen, sie zu verfolgen und zu inhaftieren. Gertrud Luckner ist 35 Jahre alt. Die gebürtige Liverpoolerin ist bei Pflegeeltern aufgewachsen, hat in Berlin und Königsberg die Schule besucht, Volkswirtschaft studiert und arbeitet seit 1931 als junge Wissenschaftlerin an der Albert-Ludwigs-Universität in Freiburg. Sofort macht sie sich daran zu helfen. Sie nimmt

Kontakte zu jüdischen Familien auf, will ihnen Mut machen, die Ausreise zu wagen. Doch als Einzelperson kann sie zu wenig ausrichten, sie braucht den Schutz einer Organisation, der man trauen kann.

Die Freiburger Caritas. Ihr Präsident Benedikt Kreutz ist ein überzeugter Anti-Nazi. Und er ist nicht irgendwer. Freiburg ist die Zentrale des deutschen Caritasverbandes. Benedikt Kreutz stellt Gertrud Luckner an, ermuntert sie, ihre versteckten Hilfsaktionen weiter durchzuführen. Zu ihrer Arbeit gehört offiziell die seelsorgerische Betreuung und Auswanderungsberatung für »nicht-arische« Katholiken. Inoffiziell aber hilft sie allen, seien sie getauft oder nicht. Sichere Verstecke zu finden, eine schwierige, eine gefährliche Aufgabe. Wie schnell läuft man Gefahr, verraten zu werden! Gefährlicher noch ist die Fluchthilfe. Die Grenzen werden scharf bewacht, dennoch gelingt es Gertrud Luckner, viele Juden in die Schweiz zu bringen. Auch kümmert sie sich darum, Geld zu transferieren und verarmten Verfolgten die Flucht zu ermöglichen. Damit ihre Reisen keinen Verdacht erregen, betraut sie der Freiburger Bischof Conrad Gröber mit unverdächtigen Dienstaufträgen, Gertrud Luckner versucht, ein Helfernetzwerk in ganz Deutschland aufzubauen.

1941. Ein neuer Erlass. Juden dürfen sich nur noch in der Öffentlichkeit bewegen, wenn sie einen gelben Stern tragen. Eine weitere Schikane, ein Mittel der Einschüchterung und der heimtückische Versuch, jüdische Menschen endgültig zu separieren, sie aus der sogenannten Volksgemeinschaft auszuschließen. Wehe, wer in der Gesellschaft eines Sternträgers gesehen wird!

Ein Spaziergang. Mitten durch Freiburg. In angeregtes Gespräch vertieft, betont gut gelaunt, betont selbstverständlich. Bürger, die einen gelben Stern am Mantel tragen, in Begleitung einer jungen Frau. Gemeinsam macht man Einkäufe, geht man die Ufer der Dreisam entlang, setzt man sich zu einem Kaffee nieder. In aller Öffentlichkeit. Gertrud Luckner will ein Zeichen setzen. Was kann der Stern schon ausrichten, wenn ihn jeder ignoriert?

Sommer 1942. Ein Hilferuf aus Düsseldorf. Ein jüdischer Vater wurde ins KZ deportiert, seine verzweifelte Frau hat sich umgebracht. Wer kümmert sich um ihr kleines Kind? Eine Pflegefamilie muss gefunden werden, eine christliche Familie, die sich traut, ein jüdisches Kind bei sich aufzunehmen. Gertrud Luckner reist sofort los, nach Düsseldorf, und kümmert sich um das Kind. Was sie nicht weiß: Man hat sie denunziert. Ein Mitarbeiter aus dem eigenen Haus, der Freiburger Caritas, hat sie bei der Gestapo angeschwärzt. Nach dieser Hilfsaktion wird sie noch schärfer überwacht.

24. März 1943. Tausend Reichsmark. Diese Summe soll sie nach Berlin bringen, zu Leo Baeck, dem Präsidenten der Reichsvertretung deutscher Juden. Dringend brauchen die Berliner Freunde Geld, um zu retten, was zu retten ist. Die Endlösung ist beschlossen, alle noch lebenden Juden sollen vernichtet werden. Mit dem Zug fährt Gertrud Luckner von Freiburg los, während der Fahrt noch schlagen die Nazis zu, verhaften die Kurierin und führen sie ab zur Karlsruher Gestapo. Man bringt sie nach Wuppertal, verhört sie jede Nacht bis zum Morgengrauen, drei Wochen lang. Dann steckt man sie für einige Monate ins Düsseldorfer Polizeigefängnis, bis man sie nach Berlin transportiert, ins Polizeigefängnis am Alexanderplatz. Am 5. November 1943 wird Gertrud Luckner im berüchtigten KZ Ravensbrück interniert.

Häftlingskleidung. Und eine Nummer: 24648. Dazu ein roter Winkel, die Farbe für die politischen Häftlinge. Eine graue Baracke, Block 6. Mit 600 anderen Frauen muss sie jeden Tag schwere Arbeit verrichten. Ihre Kräfte lassen nach, Fieber befällt sie, man steckt sie in die Krankenbaracke. Nimmer-Wiedersehen-Baracke wird sie auch genannt. Nur wenige kommen dort lebendig wieder heraus. Gertrud Luckner aber gibt nicht auf, sie hat Freundinnen, die ihr helfen, hat ihren Glauben auch.

27. April 1945. Aufregung in Ravensbrück. Die Russen nähern sich von Osten, sind nicht mehr aufzuhalten. Hektisch beschließt die Lagerleitung, die Insassen auf den Marsch nach Westen zu schicken. Ausgezehrt, krank und unterernährt, werden die Frauen die Straßen entlanggetrieben. Gertrud Luckner hat nichts mehr an den Füßen. Wie soll sie den Marsch durchstehen? Da sieht sie am Wegesrand ein paar alte Schuhe stehen. Schnell schlüpft sie hinein und stolpert weiter. Sechs Tage später, am 3. Mai 1945 hören sie dröhnenden Motorlärm. Die Panzer der Roten Armee, die Befreiung.

Zurück in Freiburg, eine neue Aufgabe. Wieder für die Caritas. Gertrud Luckner baut die Verfolgtenfürsorge auf, so viele Menschen gibt es, die dringend Unterstützung brauchen, Opfer des Nazi-Regimes. Selbst zum Opfer geworden, wendet sie alle Energie auf, für die anderen da zu sein. Rachegefühle? Hass auf die Verbrecher, auf den Kollegen, der sie denunziert hat? Scheint sie nicht zu kennen. Nur wissen will sie, wer sie verraten hat. Das schon. Dem Mann hat die Zusammenarbeit mit der Gestapo nicht geschadet, er bringt es in der neuen badischen Regierung bis zum Ministerialdirektor.

Gertrud Luckner setzt sich ein für den Geist der Versöhnung, wird Schriftleiterin des *Freiburger Rundbriefs zur Förderung der Freundschaft zwischen dem alten und dem neuen Gottesvolk*, zwischen Juden und Christen. Die Juden haben sie nicht vergessen. 1966 verleiht ihr der Staat Israel den Titel »Gerechte unter den Völkern«, die höchste Auszeichnung. Am 31. August 1995 stirbt sie im Alter von 94 Jahren in Freiburg.

Alfred Delp

Ist er nun evangelisch oder katholisch? Ein schlimmer Streit ist darum entbrannt, der Riss geht durch die ganze Familie. Der evangelische Vater hat bei der Hochzeit versprechen müssen, die Kinder katholisch zu erziehen, die Eltern des Vaters aber, bei denen sie dann wohnen, setzen allen Ehrgeiz daran, ihrem Enkelsohn Luthers Lehren beizubringen, die Großmutter vor allem. So wird er konfirmiert, nach einem erneuten Streit aber empfängt er die Erstkommunion und lässt sich firmen. »Wenn die Kirchen der Menschheit noch einmal das Bild einer zankenden Christenheit zumuten, sind sie abgeschrieben«, wird er später schreiben. Im Gefängnis.

Geboren ist er im Quadrat C7 – Mannheim, die ganze Planstadt, ist in Quadrate eingeteilt. An der Goetheschule Dieburg bei Darmstadt macht Alfred Delp sein Abitur, dann geht er zu den »Schlauen Jungs«, tritt in den Jesuitenorden ein. Manchem Ordensmann ist er suspekt, zu freundlich spricht er über die Protestanten. Nach dem Theologiestudium wird der junge Mönch als Lehrer und Erzieher im Schwarzwald tätig, unterrichtet am Kolleg St. Blasien. 1937 wird er zum Priester geweiht.

Stimmen der Zeit. Eine katholische Zeitschrift mit Redaktion in München. Sie schreibt gegen den Ungeist des Nationalsozialismus an, auch nach 1933, nach der Machtergreifung. Erst recht nach der Machtergreifung. Ein junger Redakteur tut sich dabei besonders hervor, schreibt klug und deutlich zugleich. »Wo Konflikt ist, muss gefochten werden, ohne Kompromiss und Feigheit.« Das ist seine Einstellung. Die Nazis reagieren mit Haussuchungen, verwüsten die Redaktionsräume. Alfred Delp schreibt unverdrossen weiter, bis 1941 die *Stimmen der Zeit* zum Schweigen gebracht werden.

1939 ist er nach München gegangen. Zum Studium der Philosophie haben ihn die Nazis nicht zugelassen, so arbeitet er als Kirchenrektor in St. Georg in Bogenhausen. Seine regimekritischen Predigten richtet er vor allem an die jungen Leute. Besonders beschäftigt ihn die Utopie einer sozial gerechten Gesellschaft. Andere Regimekritiker werden auf ihn aufmerksam gemacht, ein Kontakt nach Berlin wird hergestellt. Dort trifft Alfred Delp Helmuth Graf von Moltke, dessen Schloss in Kreisau steht. Der Name wird zum Programm – und Alfred Delp ein Mitglied des Kreisauer Kreises. Nicht nur damit, wie man die Nazis am besten bekämpft, beschäftigt man sich, man entwirft auch eine Nachkriegsordnung. Deutschland soll nicht nur wieder demokratisch, es soll auch europäisch werden. Nur in der Überwindung des nationalen Denkens kann Europa überleben. Brandaktuelle Gedanken, gefährliche Gedanken in einer Zeit, in der der nationalchauvinistische Hass regiert.

20. Juli 1944. Sprengsätze explodieren in der Wolfsschanze. Hitler entgeht dem Attentat nur knapp. Claus Schenk Graf von Stauffenberg wird festgenommen und hingerichtet. In seinem Notizbuch finden sich Namen von Freunden. Einer lautet: Pater Alfred Delp

München. Bogenhausen, 28. Juli 1944. Der Morgengottesdienst ist zu Ende, als man Alfred Delp festnimmt und ins Gefängnis steckt. Man bietet an, ihn freizulassen, wenn er aus dem Orden austritt. Alfred Delp lehnt ab. Mit gefesselten Händen legt er stattdessen die Professgelübde ab.

Haftanstalt Tegel. Täglich die knallenden Stiefel der SS-Männer, Misshandlungen, Folterungen. Aus Alfred Delp ist nichts herauszuprügeln. Und doch leidet er Unglaubliches. Mit gebundenen Händen kritzelt er auf ein Stück Papier: »Der Herrgott holt uns von allen Postamenten herunter.«

Berlin, 9. Januar 1945. Vor dem Volksgerichtshof beginnt der Prozess. Roland Freisler führt ihn mit schneidend-scharfer Stimme, wirft Alfred Delp Hoch- und Landesverrat vor. Obwohl man keine Beweise hat, wird bereits nach zwei Tagen das Urteil gefällt.

Plötzensee, 2. Februar 1945. Alfred Delp wird zum Galgen geführt. Seinen Humor hat er nicht verloren. Zum Gefängnisgeistlichen sagt er: »In wenigen Momenten weiß ich mehr als Sie.« Dann wird das Urteil vollstreckt. Seine Leiche wird verbrannt, die Asche über Berliner Rieselfeldern verstreut.

Das Städtchen am Tajo

»Alle tot?« – Die Stimme von Napoleons General Leval zittert vor Wut, als ihm die Meldung überbracht wird. Der ganze Zug westfälischer Cheveauxlegers, heimtückisch niedergemacht. In einem Städtchen am Tajo haben ihnen die heimtückischen Spanier fleißig Wein eingeschenkt, in der Nacht sind dann die Partisanen gekommen und haben die braven Westfalen niedergemetzelt. General Leval kennt nur einen Gedanke: Rache! Sofort ruft er Hauptmann von Holzing herbei, den tapferen Badener, befiehlt ihm, das Städtchen am Tajo dem Erdboden gleichzumachen und alle Spanier zu töten. Mehrmals hatte sich Hauptmann von Holzing in den Gefechten ausgezeichnet, ein mutiger, entschlossener Soldat, ein Krieger durch und durch. Der Richtige für diese Aufgabe?

Nein, gerade wegen seiner Tapferkeit erfüllt ihn der Befehl mit Grausen. Unschuldige Menschen umbringen? Frauen, Greise und Kinder? Ist er darum Soldat geworden, hat er sich darum den verbündeten Franzosen in Dienst gestellt, ist mit seiner badischen Kompanie nach Spanien gezogen?

Je näher der Hauptmann mit seiner Kompanie dem Städtchen kommt, desto widerlicher wird ihm der Auftrag. Vor den Toren des Städtchens lässt er absteigen und seine Männer ruhen. Er selbst begibt sich zu einem nahen Kloster, hält mit dem Prior Rat. Der Prior schickt zwei Boten los, bald darauf setzt sich ein Zug von Menschen aus dem Städtchen in Bewegung, bepackt mit wenigen Habseligkeiten, in den Klostermauern finden alle Schutz. Nun befiehlt der Hauptmann seinen Männern, Äste und Zweige zusammenzutragen, ein großes Feuer soll es geben. Auf dem Marktplatz des Städtchens wird ein riesiger Scheiterhaufen errichtet, auch außerhalb der Mauern wachsen die Reisighaufen. Dann gibt der Hauptmann Befehl, die Feuer lodern zu lassen. Bald schon erhellen riesige Flammen die Nacht. Auf den Dächern der Häuser aber haben sich seine Männer postiert, löschen jeden Funken, den der Wind herübertreibt. So lodern nur die Scheiterhaufen, nicht jedoch das Städtchen.

Als General Leval aus der Ferne Rauch und Feuerschein erblickt, gibt es ihm einen Stich. Plötzlich schmerzt und reut ihn der Anblick. Sein Zorn ist verraucht, und schon verflucht er die Rachetat, die er vorschnell gefordert hat. Umso glücklicher ist er, als er wenig später erfährt, dass kein Bürger des Städtchens Schaden genommen hat, ja das Städtchen selbst unversehrt geblieben ist. Zwar hat ihm der badische Hauptmann den Befehl verweigert, zugleich aber Großherzigkeit und Mut bewiesen. Dafür umarmt ihn sein General.

Ernst Elsenhans

»Im Einverständnis mit dem Kriegsminister-Stellvertreter Enno Sander sowohl, als auch mit dem Festungs-Gouverneur Oberst Tiedemann übernehme ich von heute an die Leitung dieser Zeitung.«

Mit diesen selbstbewussten Worten beginnt der *Festungsbote* seine erste Ausgabe. Es ist der 7. Juli 1849. Die Festung Rastatt wird von den Preußen belagert, die das letzte Nest der aufständischen Badener ausheben wollen. Die badische Revolution will nichts anderes als die Herrschaft des Volkes, erbittert versucht die Monarchie, ihre längst überholte Macht wiederherzustellen, mit allen Mitteln, mit militärischer Gewalt. *Der Festungsbote* ist die Stimme der eingeschlossenen Revolutionäre, die letzte freie Zeitung, die ihnen geblieben ist. *Der Festungsbote*, das ist Ernst Elsenhans.

Ein Ein-Mann-Unternehmen. Ernst Elsenhans ist der einzige Redakteur des *Festungsboten*. Journalistische Erfahrung gesammelt hat der gebürtige Feuerbacher, den man auch den »schwäbischen Feuerkopf« nennt, bei der *Mannheimer Abendzeitung*, ab dem Jahr 1847 in Heidelberg als Redakteur der *Roten Republik*. Schon früh hat er sich für die Ideen der Französischen Revolution begeistert, eine soziale Umverteilung im Lande gefordert, mehr Rechte für die Arbeiter und Bauern. Auch an die Soldaten hat sich Elsenhans gewandt. Sollte es zur bürgerlichen Revolution kommen, hat er prophetisch geschrieben, seien sie nicht mehr an ihren Treueid dem Großherzog gegenüber gebunden, sondern dürften, ja müssten den Gehorsam verweigern und für die Rechte der Republik streiten, Seite an Seite mit den Bürgern.

Diese Provokation ließ sich die Monarchie nicht gefallen. Hart und grausam schlug sie zurück. Elsenhans wurde zu acht Monaten Haft verurteilt. In der Feste Kislau herrschten schlimme Haftbedingungen. Dann brach die Revolution aus, und Ernst Elsenhans wurde von seinen Freunden befreit. Sofort stellte sich der 33-Jährige in den Dienst der neuen Sache, wurde zweiter Sekretär im Kriegsministerium der Revolutionsregierung. Und zum Macher des *Festungsboten*.

Die 14. Ausgabe ist gerade erschienen, da müssen sich die badischen Revolutionäre der Übermacht der Preußen ergeben. Diese gehen sogleich mit aller Härte gegen die Rädelsführer vor. Auch Ernst Elsenhans wird der Prozess gemacht, eine kurze Sache vor dem eilig zusammengestellten Militärgericht. Ein Zivilprozess? Ein Rechtsbeistand, ein Anwalt? Wozu? Die Sache soll schnell beendet werden.

Man verwendet die Artikel des *Festungsboten* gegen den Redakteur. Der Vorwurf: Hochverrat und Aufreizung zu fortgesetztem Widerstand gegen die Obrigkeit. Das Urteil: Tod durch Erschießen.

Doch Ernst Elsenhans ist zäh. Eine Kugel, eine zweite, eine dritte ... Blutend liegt der mutige Journalist am Boden, doch noch lebt er, auch nach acht Schüssen geht sein Atem noch. Seine letzten Worte klingen resignierend: »Es ist doch recht schlimm, so früh schon für seine Überzeugungen sterben zu müssen.« Erst als einer der Soldaten sein Bajonett ansetzt und ihm durchs Herz sticht, stirbt Ernst Elsenhans.

Im *Festungsboten* hatte Ernst Elsenhans über die Gegner der Republik geschrieben: »Ihr Gesichtskreis war zu klein, um zu begreifen, dass der Geist, der am ersten Schöpfungstag über dem Chaos schwebte, noch bis auf die heutige Stunde die Welt durchdringt, der Geist des Lichtes, der Wahrheit und der Freiheit.« In Rastatt erinnert ein Denkmal an den mutigen Freiheitskämpfer, den Streiter mit der Feder für ein freies, demokratisches Baden.

Der Heckeraufstand

Friedrich Hecker wurde 1811 im Eichtersheimer Rentamt geboren. Er studierte in Heidelberg Rechtswissenschaften und wurde als Abgeordneter in die Zweite Badische Kammer in Karlsruhe gewählt. Der brillante Redner avancierte schnell zum Wortführer des linken Flügels. Hecker hatte klare Vorstellungen von der Zukunft Badens: Abschaffung der Monarchie, Förderung der Arbeitervereine, Einführung einer parlamentarischen Republik. Es war eine Zeit der Armut und der Hungersnöte, der Adel aber lebte weiter in Saus und Braus. Als in Frankreich die Februarrevolution ausbrach, sah Hecker die Zeit gekommen. Von Konstanz aus wollte er die Revolution anführen, von hier aus, dem liberalen Zentrum des Landes, wollte er nach Karlsruhe ziehen und unterwegs weitere wackere Kämpfer finden.

Der Heckeraufstand hatte begonnen. Der Maler Hans Thoma wurde als kleiner Junge Zeuge der Geschehnisse:

»Das Revolutionsjahr 1848 ist mir noch gut in Erinnerung. Mein Vater hoffte, wie alle armen Leute, viel Gutes von der Revolution. Der Name Hecker war in aller Munde. An Fastnacht wurde im Herrschaftswald eine hohe Tanne geholt und mit Musik wurde auf dem Platz im Oberlehn die Freiheitsfahne aufgerichtet; sie wurde später von den Württemberger Soldaten umgehauen.

Hecker mit seiner Schar zog durch Bernau vom Bodensee herunter. Wir Buben spielten Freischärler und Soldaten und zogen im Tal herum, schmarotzten wohl auch an den Wirtshäusern, wo besonders der Adlerwirt uns Wein spendete. Die erwachsene Mannschaft schmiedete in der Schmiede ihre Sensen gerade an die Stiele. Einer der gutmütigsten Menschen, der Sägerkarle, machte die grausigste Waffe, er machte an einem langen Schaft die Sense aufgerichtet und dahinter links und rechts zwei scharfe Sicheln, dabei erklärte er uns Buben, wie er zuerst in die Feinde hineinstechen und dann mit den beiden Sicheln noch andere Feinde links und rechts mitten durchschneiden wolle. Wir bewunderten den Held. Mein Vetter Alisi hämmerte ein wenig an seiner Mistgabel herum, machte einen langen Stiel daran und meinte, das sei auch genug, die Feinde abzuhalten und ihnen Schaden zu tun. Was der Karle übriglasse, das wolle er besorgen. Auf dem Platz fanden Exerzierübungen statt; einmal rückte auch ein ganzer Zug Sensenmänner von Bernau unter Trauern und Weinen der Frauen ab nach Todtnau – dort erfuhren sie, dass es in Kandern misslich gegangen sei. Da kamen in der Nacht alle wieder einzeln und still nach Hause.« (Hans Thoma: *Im Winter des Lebens*, Dietrichs, Jena 1919, S. 11)

Nach der Niederlage von Kandern floh Friedrich Hecker nach Basel und emigrierte mit seiner Familie in die USA. Auch dort engagierte er sich politisch, kämpfte gegen die Sklaverei und für Abraham Lincoln. Als Freiwilliger nahm er am Krieg gegen die Südstaaten teil, wurde schwer verwundet. Er starb 1881 auf seiner Farm in Illinois und erhielt einen ehrenvollen Grabstein der US-Army. Tausend Menschen nahmen an seinem Begräbnis teil. Zahlreich sind die Erinnerungen in seiner badischen Heimat, Schulen und Straßen sind nach dem Freiheitshelden benannt. Der SPD-Kreisverband verleiht jährlich den Heckerhut an verdiente Sozialdemokraten.

Der Kommandant und die badischen Jäger

Menschlichkeit in Zeiten des Krieges, hiervon legt ein badischer Kommandant ein schönes Zeugnis ab. Johann Peter Hebel ist es zu verdanken, dass die Geschichte festgehalten wurde.

Es war das Jahr 1807, Napoleon zog durch Polen und Russland, als im besetzten hessischen Hersfeld ein französischer Offizier hinterrücks ermordet wurde. Erbost befahl Napoleon, ganz Hersfeld in Schutt und Asche legen zu lassen. Die Kontrolle über die Stadt hatte er einem verbündeten badischen Jägerregiment überlassen, dessen Kommandant sollte die Strafe ausführen. Der badische Kommandant aber hatte ein gutes Herz, und es gelang ihm, die Strafe abzumildern, Hersfeld sollte nicht angezündet, sondern nur geplündert werden. Doch auch diese Ankündigung sorgte für Angst und Schrecken unter den Menschen. Johann Peter Hebel: »Die fürchterliche Stunde schlug; die Trommel wirbelte ins Klagegeschrei der Unglücklichen. Durch das Getümmel der Flüchtenden und Fliehenden und Verzweifelten eilten die Soldaten auf ihren Sammelplatz. Da trat der brave Kommandant von Hersfeld vor die Reihen seiner badischen Jäger, stellte ihnen zuerst das Schicksal der Einwohner lebhaft vor Augen und sagte hierauf: ›Soldaten! Die Erlaubnis zu plündern fängt jetzt an. Wer dazu Lust hat, der trete heraus aus dem Glied!‹ So sprach der Kommandant; und wer jetzt ein Glas voll Wein hat neben sich stehen, der trinke es aus zu Ehren der badischen Jäger. Kein Mann trat aus dem Glied. Nicht einer!«

Hersfeld blieb verschont. Die dankbaren Bürger wollten den Kommandanten reich beschenken. Dieser aber erbat sich lediglich eine Silbermünze mit der Stadtansicht von Hersfeld, als Geschenk für seine Frau.

Reinhold Schneider

Wie das ist. Seine eigene Todesanzeige lesen zu müssen. Auch von vielen Kanzeln wird zum Entsetzen der Gläubigen der Tod von Reinhold Schneider verkündet. So viel Hoffnung, so viel Mut hat er ihnen zugesprochen, hat das Licht der Zukunft und des Glaubens nicht ausgehen lassen in diesen dunklen Zeiten. Doch die Meldungen sind falsch, zum Glück. Reinhold Schneider hat das fürchterliche Bombardement von Freiburg vom 27. November 1944 knapp überlebt.

Schon früh hatte der gebürtige Baden-Badener vor Hitler gewarnt, schon vor dessen Machtergreifung. Hellsichtig hatte Reinhold Schneider erkannt, dass Hitler Krieg bedeutete, hatte vom Gebrüll der Finsternis geschrieben, von der Katastrophe, in welche die nationalsozialistische Bewegung führen würde. Wenn er Hitlers aufpeitschende Stimme im Radio hörte, wurde ihm schlecht: »Ich habe nie verstanden, dass Menschen sich der unsäglichen Qual, sie anzuhören, freiwillig aussetzten, dass sie fähig waren, mit ihr allein in einem Zimmer zu sein.«

Doch was konnte man tun? Was konnte man dem Dritten Reich entgegensetzen? Bereits 1934 erfährt Reinhold Schneider von der Existenz der Konzentrationslager, von dem Leiden der Verfolgten, der Juden, Berichte, die ihm nicht mehr von der Seele gehen sollten. Die Reichspogromnacht am 9. November 1938 erlebte er in Freiburg.

»Am Tage des Synagogensturms hätte die Kirche schwesterlich neben der Synagoge erscheinen müssen. Es *ist* entscheidend, dass das nicht geschah. Aber was tat ich selbst? Als ich von den Bränden, Plünderungen, Greueln hörte, verschloss ich mich in meinem

Arbeitszimmer, zu feige, um mich den Geschehnissen zu stellen und etwas zu sagen.«

Auch von der eigenen Kirche, der katholischen, ist er enttäuscht. Im Konkordat, den Verträgen der Nazis mit dem Vatikan, sieht er einen Kniefall vor Hitler. Schluss mit der Feigheit! Reinhold Schneider fängt an zu sprechen und zu kämpfen. Auf seine Weise. Mit der Feder. Als der Krieg ausbricht, wendet sich der überzeugte Christ an die Soldaten an der Front, verfasst Meditationen, Trostschriften, versucht, etwas Menschlichkeit in eine unmenschliche Zeit zu tragen.

Ein Zeitzeuge erinnert sich: »Auf kleinen Zetteln gingen die Deutungen und Aussagen Schneiders von Hand zu Hand: In den Brandnächten, in den Konzentrationslagern, in den Verliesen der Verlorenen. Sie lagen auf der Brust derer, die über Kasernenhöfen zur Exekution schritten, steckten in den Jacken der Frontsoldaten. Und allen brachten sie Hoffnung, Vertrauen und Mut.«

Für die Nazis ist das Wehrkraftzersetzung, ist das der Versuch, den deutschen Herrenmenschen vom Sockel zu holen, die Energie der Soldaten zu lähmen. »Denn heute gehört uns Deutschland und morgen die ganze Welt!« So lautet die Devise, danach hat jeder zu handeln. Und nun kommt dieser badische Schreiberling daher und verweichlicht die Männer an der Front!

Man erteilt ihm Schreibverbot. Darauf lässt er unter großer Gefahr im benachbarten Elsass drucken, Abschriften seiner Werke werden insgeheim hektografiert oder mit der Hand abgeschrieben und weitergereicht. In Freiburg bildet sich um Reinhold Schneider eine Gruppe Gleichgesinnter, eine moralische Opposition, die im Kontakt zu anderen Widerstandsgruppen steht. Die Gestapo beginnt, gegen ihn zu ermitteln, sammelt alles an belastbarem Material, was sie kriegen kann. Im April 1945 dann durch Reichsleiter Bormann persönlich: die Anklage wegen Hochverrats, das Todesurteil.

In einem evangelischen Stift kann er sich verstecken, dann ist der Krieg zu Ende, die Amerikaner rücken ein, seine Rettung. Als einer der wenigen Aufrechten hat er überlebt. Auch nach dem Ende des Naziregimes zieht er sich nicht ins Private zurück, sondern erhebt seine Stimme, wenn es ihm notwendig erscheint, gegen die Wiederaufrüstung Deutschlands etwa, auch wenn er sich dadurch bei vielen unbeliebt macht. Am Ostersonntag 1958 stirbt er in Freiburg, wo er auch begraben liegt, ein aufrechter Mensch, Reinhold Schneider.

Elisabeth von Thadden

Hitlerbilder? In den Räumen ihrer Schule? Kommt ja gar nicht infrage! Hat sie das Internat gegründet, um kleine Nazis heranzuziehen? Genau das Gegenteil ist der Fall. Sie will ihren Schülerinnen helfen, sich zu frei denkenden, mutigen Menschen zu entwickeln.

Elisabeth von Thadden wäre gerne Lehrerin geworden, besaß jedoch die notwendigen Zeugnisse nicht. So beschloss sie, ihr eigenes Internat zu gründen, eine Schule, die nicht nur Wissen vermittelt, sondern auch zur Charakterbildung beiträgt. Mit den Ideen der Reformpädagogik und der Organisation eines Internates machte sie sich in Schloss Salem vertraut, hospitierte dort für anderthalb Jahre.

Die passenden Räumlichkeiten für das eigene Internat fand die gebürtige Ostpreußin in der Nähe von Heidelberg. Das Wieblinger Schloss stand leer und erschien mit seinen großzügigen Räumen ideal. Elisabeth von Thadden pachtete das Schloss und gründete den Verein »Evangelisches Landerziehungsheim Wieblingen«. Ostern 1927 zogen die ersten Mädchen ein. Das evangelische Internat stand bewusst Schülerinnen aller Konfessionen offen. Auch viele Mädchen jüdischen Glaubens kamen nach Wieblingen, eine muntere Gemeinschaft vielseitig interessierter Schülerinnen wuchs heran.

1933 aber begannen schwere Zeiten. Die Nazis wollten auch die Schulen unter ihre Kontrolle bringen, machten den Schulträgern immer mehr Auflagen. Besonders konfessionelle Schulen sträubten sich dagegen, die Kreuze zu entfernen und stattdessen Fotos des Führers an die Klassenwände zu hängen. Zudem wurde die Lage für die Juden immer bedrohlicher. Elisabeth von Thadden bemühte sich darum, ihren jüdischen Schülerinnen und deren Familien bei der Flucht zu helfen. Gemeinsam mit Hermann Maas, dem Pfarrer der evangelischen Heiliggeistkirche, einem lebhaften Verfechter des jüdisch-christlichen Dialogs, der die Hilfsstelle für rassisch Verfolgte leitete, einem lebenslangen Freund Martin Bubers, schleuste sie eine große Zahl von Juden aus Nazideutschland heraus.

Mit dem Kriegsausbruch verlegte Elisabeth von Thadden zum Schutz vor Zerstörungen einen großen Teil ihres Internats nach Bayern an den Starnberger See. Plötzlich stand die Gestapo vor der Tür und verhörte die Schulleiterin. – »Stimmt es, dass Sie jüdische Schülerinnen bei sich verstecken, ihnen zur illegalen Ausreise verhelfen?« – Das Schlimmste für Elisabeth von Thadden aber war, dass eine ihrer eigenen Schülerinnen sie denunziert hatte. Kurz darauf das Ende. 1941 wurden alle konfessionellen Privatschulen verstaatlicht, Elisabeth von Thaddens Lebenstraum war zerstört.

Sie ging nach Berlin, arbeitete für das Rote-Kreuz und fand dort Anschluss an andere Widerstandskreise. Untergetauchte versorgte sie heimlich mit Lebensmittelkarten, engagierte sich weiter bei der Fluchthilfe und hielt Kontakt zu Exilanten. Irgendwann würde der Spuk doch vorübergehen. Auch darüber machte sich die mutige Frau Gedanken, plante mit Freunden für die Zeit nach Hitler.

Wieder wird sie verraten. Ein Spitzel der Gestapo denunziert sie. Elisabeth von Thadden, die so vielen Menschen bei der Flucht geholfen hat, muss nun selbst die Verhaftung fürchten. So meldet sie sich freiwillig zur Bewirtschaftung eines Soldatenheims in Frankreich, geht nach Meaux. Doch die Gestapo ermittelt weiter. Man lässt sie in Frankreich verhaften, bringt sie zurück nach Berlin, ins KZ Ravensbrück, stellt sie vor den Volksgerichtshof. Im Juli 1944 wird sie von dessen Präsidenten Roland Freisler zum Tode verurteilt und in Plötzensee enthauptet.

Was weiter besteht: ihr Lebenstraum, ihr Internat. Nach dem Krieg wird es wieder geöffnet. Heute unterrichten in Heidelberg-Wieblingen rund achtzig Lehrer etwa 950 Schüler. An der Elisabeth-von-Thadden-Schule.

Steven P.

Helden werden oft in düsteren Zeiten geboren. Dass es aber auch in der friedlichen Gegenwart mutige Badener gibt, dafür mag exemplarisch die folgende Geschichte stehen.

Am 22. Juli 2014 ging eine junge Frau mit ihrem Hund bei Heidelberg zum Ufer des Neckars hinunter, um mit ihm das Apportieren von Stöckchen aus dem Wasser zu üben. Der Hund hatte viel Freude an dem lustigen Spiel; als der Stock jedoch versehentlich zu weit flog, kam er nicht mehr gegen die Strömung an. Vergeblich kämpfte er gegen die Fluten, immer weiter riss ihn der Neckar mit sich. Was tun? In ihrer Verzweiflung wusste sich die junge Frau nicht anders zu helfen, als ihrem Hund hinterherzuspringen. Nun trieb auch sie im Wasser und wurde schnell mitgerissen. In Todesangst gelang es ihr gerade noch, das Abwasserrohr eines Pontons zu erwischen und sich mühsam daran festzukrallen.

Ihre Hilferufe hörte das Ehepaar P., das auf dem Neckarvorland spazieren ging. Steven P. erkannte die Gefahr. Lange würden die Kräfte der jungen Frau nicht mehr reichen, bald würde sie untergehen. Ohne zu zögern, sprang er ins Wasser und versuchte, die Ertrinkende zu retten. Die heftige Strömung aber machte es ihm unmöglich, der jungen Frau von der Pontonkante aus die rettende Hand zu reichen. Zu Hilfe gerufene Vereinsfreunde des Ruderclubs eilten herbei und warfen Steven P. einen Schwimmkörper mit einem Rettungsseil zu. Damit gelang es dem selbstlosen Helden in letzter Sekunde, die völlig erschöpfte Frau zu erreichen, sie zu sichern und an Land zu ziehen. Steven P. hat sein eigenes Leben aufs Spiel gesetzt, um ein fremdes zu retten. Ein Glück, dass es auch heute noch mutige Badener gibt!

Wanderwege in Baden – drei Vorschläge

»Das Wandern ist des Badeners Lust« – Wandervögel kommen im ganzen »Ländle« auf ihre Kosten, in diesem Kapitel sollen exemplarisch drei Wege vorgestellt werden, wobei sich der Schwierigkeitsgrad steigert.

Für die ganze Familie: der Philosophenweg in Heidelberg

»Trau keinem Gedanken, der im Sitzen kommt«, warnte schon Friedrich Nietzsche. Deshalb sei allen Menschen, die Freude am Denken haben, der Heidelberger Philosophenweg empfohlen. Bezüglich der Ausbeute jedoch sollte man keine zu große Erwartung hegen, denn der Philosophenweg ist nur zwei Kilometer lang. Selbst wenn man auf ihm zurückwandelt, wird man allerhöchstens eine Handvoll neuer und meist sehr kurzer Gedanken nach Hause tragen. Das macht aber nichts, denn in der Kürze liegt die Würze, und auch in Nietzsches Werk sind die Aphorismen das Beste.

Zwei Kilometer, das ist selbst fußfaulen Kindern zumutbar. Kinder haben oft die originellsten Gedanken, auch deshalb ist der Philosophenweg wie für sie geschaffen. Die natürliche Freude am Suchen und Entdecken wird schon zu Beginn des Weges in Neuenheim auf das Schönste befriedigt: Den Eingang zum Philosophenweg zu finden ist eine Herausforderung (über die Theodor-Heuss-Brücke zur Ufer- und zur Bergstraße, dann rechts). Steil geht es nun den Heiligen Berg hinauf, an der ersten Kehre bleiben Sie bitte stehen und zeigen Ihren Kleinen die Hausnummer 12.

In diesem Haus befindet sich das Physikalische Institut. Dessen Wissenschaftler beschäftigen sich intensiv mit der Entstehung von Materie kurz nach dem Urknall. Der Urknall fasziniert jedes Kind. Halten Sie sich die Ohren zu und ermuntern Sie die

Jungwissenschaftler, den Urknall experimentell zu wiederholen. Nachdem der Lärm verklungen ist, fordern Sie Ihre Knallfrösche auf, den Weg nach Materie abzusuchen. Jeder darf sich ein Steinchen in die Tasche stecken.

Was der Urknall mit Philosophie zu tun hat? Mehr als man denken mag. Ist es nicht für jedes Kind, insbesondere für rechte Krachmacher, eine tröstliche Vorstellung, dass alles Sein, alles Leben seine Existenz einem riesigen Knall zu verdanken hat? Der Lärm als Vater aller Dinge, das versteht ein Kind sofort. Schließen Sie deshalb gleich ein weiteres Experiment an. Das Physikalische Institut errichtete man hier am Philosophenweg, weil es an diesem Ort in besonderer Weise vor Erschütterungen geschützt ist. Um diese geologische Eigenart zu überprüfen, fordern Sie Ihre Kinder nun auf, so fest wie möglich aufzustampfen, um die Scheiben zum Klirren zu bringen. Gelingt das nicht, brauchen die Physiker nicht über einen Umzug nachzudenken.

Ein paar Häuser weiter, in der Hausnummer 16, wohnte einst ein bekannter Zoologe. Auch von ihm sollten Sie Ihrem Nachwuchs erzählen, stehen doch Zoologen ganz oben auf der kindlichen Berufswunschliste. Hugo Merton (1879–1940) habilitierte 1913 in Heidelberg und wurde vom Badischen Kultusminister zum Professor ernannt. Bedeutend war seine Reise zu den Molukken, sein Bericht darüber ist heute noch lesenswert. Nicht nur Tiere und Pflanzen sammelte er, Land und Leute wurden ebenfalls genau studiert. Als die Einwohner mitbekamen, dass sich Merton auch für Reptilien interessierte und hübsche Glasperlen dafür eintauschte, stand plötzlich eine Reihe von Männern vor seiner Hütte, ein jeder mit einem langen Bambusrohr in der Hand. Öffnete man den Stöpsel, kroch eine Schlange heraus.

Wissenschaftlich bedeutsam sind auch Mertons Untersuchungen an Spermien unterschiedlicher Spezies. Er wurde zum Spezialisten für deren Antriebssysteme: »Bei den monaxon gebauten Spermien von *Eledone* wird die rotierende Vorwärtsbewegung durch ein schraubenförmiges Kopfstück erleichtert.« Hätten Sie's gewusst? Die Kraken vermehren sich geschickter, als wir glauben. Was Sie den Kindern gegenüber allerdings besser verschweigen: Hugo Merton bekam 1936 Berufsverbot, wurde verhaftet und ins KZ Dachau gesteckt, krank und geschwächt starb er wenig später im Exil. Der Grund für die Folter? Hugo Merton war Jude.

Fragen Ihre Kinder Sie beim Hinaufhüpfen, warum dieser Weg Philosophenweg heißt, so erklären Sie ihnen, dass hier die Studenten gerne entlanggelaufen sind. Weil Generationen früherer Studenten für ihr Fachstudium zunächst Philosophie studieren mussten, tauften die Heidelberger diesen Weg Philosophenweg. Beim Vorstudium standen die Sieben Freien Künste auf dem Lehrplan, vorweg die »trivialen« Fächer Grammatik, Rhetorik und Dialektik, sodann das schwierige Quadrivium Arithmetik, Geometrie, Musik und Astronomie.

Die Flucht der jungen Studenten aus den Stadtmauern hinaus in die freie Natur darf nicht verurteilt werden. Sie werden hier ungleich wertvollere Dinge gelernt haben als in den staubigen Studierzimmern. Wie sagte schon Goethe? »Grau, teurer Freund, ist alle Theorie, und grün des Lebens goldner Baum.« – Gut, Goethe legt diesen Satz Mephisto in den Mund, aber längst ist nicht alles falsch, nur weil es das schlaue Teufelchen gesagt hat.

Nachdem der Anstieg geschafft ist, geht es nun auf lichter Höhe angenehm dahin. Schön ist der Blick über Heidelberg und das Schloss, das auf einem Hügel des Königsstuhls liegt (nicht nur einen Kaiserstuhl findet man in Baden!). Erzählen Sie den Kindern vom Kurfürsten Ottheinrich, der ein wahrer Bücherwurm gewesen ist. Seine Schätze stellte er in hohe Regale auf die Empore der Heiliggeistkirche. Zu seinem großen Kummer aber wurde er mit den Jahren immer runder, bis er schließlich so dick war, dass er die Treppe zu seinen Büchern nicht mehr hinaufkam. Als seine Diener ihn weinend auf dem Thron fanden, bauten sie flugs ein Sänfte und trugen Ottheinrich, wann immer er wollte, zu seinen Büchern hinauf.

Auch die Rheinebene kann man erkennen, einfach nur den Blick an den Lauf des Neckars heften. Eine gute Gelegenheit, Ihren Kindern ein altes Volkslied vorzusingen: »Bald gras ich am Neckar, bald gras ich am Rhein, bald hab ich ein Schätzel, bald bin ich allein.« Es ist das schöne Lied von einem das hohe Gras sichelnden Bauernjungen, der aus Liebeskummer sein goldenes Ringlein in den Neckar wirft. Die Flut spült es in den Rhein und weiter bis ins Meer, ein Fischlein verschluckt es, das Fischlein landet beim König auf dem Teller, das Ringlein wird gefunden, das Schätzel, offensichtlich die Königstochter, erbleicht vor Schreck und vor Glück und läuft los, den Bauernjungen zu küssen.

Haben Ihre Kinder bereits das Lesen gelernt, werden sie vielleicht über eine angebrachte Metalltafel ins Grübeln kommen. »Heidelbären der Erkenntnis«, steht da geschrieben, »Die Wahrheit liegt im Auge des Betrachters.« Über diese Art höheren Blödsinn kann man natürlich den Kopf schütteln, man kann jedoch auch ins Philosophieren geraten und darüber räsonieren, wie es sich mit der Wahrheit denn tatsächlich verhält. Ist sie abhängig von unserer subjektiven Wahrnehmung oder gibt es tatsächlich ewige Wahrheiten, die von der Funktion unseres Gehirns unabhängig sind?

Unbedingt verweilen sollten Sie in dem hübschen Garten am Philosophenweg. Dort kann man auch eine Büste von Eichendorff finden, eine gute Gelegenheit, Ihre Familie mit einem Gedicht zu erfreuen. Machen Sie Ihren Spaziergang in der dunklen Jahreszeit, wärmt *Weihnachten* alle Herzen:

Markt und Straßen stehn verlassen,
Still erleuchtet jedes Haus,
Sinnend geh ich durch die Gassen,
Alles sieht so festlich aus.

Die übrigen Strophen bitten wir, Ihrem Smartphone zu entnehmen. Zu jeder anderen Jahreszeit empfiehlt sich Eichendorffs bekannter Vierzeiler *Wünschelrute*:

Schläft ein Lied in allen Dingen,
Die da träumen fort und fort,
Und die Welt hebt an zu singen,
Triffst du nur das Zauberwort.

Die jüngeren Kinder wissen genau, was gemeint ist. Für sie ist die Welt noch belebt, alles hat eine Seele, kann fühlen, leiden und sich freuen, genauso wie der Mensch. Jeder echte Dichter hat sich von der animistischen Weltsicht der Kleinen eine Ahnung bewahrt, mit seiner Wünschelfeder entlockt er der Welt ihre Gesänge. Eichendorff, der für ein paar Monate Jura in Heidelberg studiert hat, wird oft vor den staubigen Aktendeckeln zum Philosophenweg geflohen sein.

Wenn Sie Ihre Wanderung fortsetzen, erreichen Sie im Osten die Hölderlin-Anlage mit dem Hölderlin-Stein, der an die berühmte Heidelberg-Ode des Dichters erinnert. Auch diese kann man Kindern durchaus vortragen; selbst wenn sie kaum etwas von dem Text verstehen, werden sie sich doch vom Klang der Sprache verzaubern lassen. Hölderlin hat das Besondere der kindlichen Seele erfasst wie kaum ein zweiter Dichter:

Ja! Ein göttlich Wesen ist das Kind, solang es nicht in die Chamäleonsfarbe der Menschen getaucht ist.

Es ist ganz, was es ist, und darum ist es so schön.

Der Zwang des Gesetzes und des Schicksals betastet es nicht; im Kind ist Freiheit allein.

In ihm ist Frieden; es ist noch mit sich selber nicht zerfallen. Reichtum ist in ihm; es kennt sein Herz, die Dürftigkeit des Lebens nicht. Es ist unsterblich, denn es weiß vom Tode nichts.

Ja, wir Erwachsenen sind arme Chamäleons, aber wenn wir uns von unseren Kindern anstecken lassen, dürfen auch wir wieder für glückliche Momente in der uns eigenen Farbe strahlen. Zum Beispiel beim Wettlauf den Schlangenweg hinunter zur Alten Brücke. Es sei denn, Sie haben vom Wandern noch nicht genug. Dann können Sie dem Philosophenweg noch weiter durch den Wald folgen, um das Hirschgassental herum und an den südlichen Hängen des Heidenknörzels entlang.

Für Genießer: der SeeGang

Einer der südlichsten badischen Wanderwege ist der SeeGang. Den SeeGang kennen nur wenige, denn er ist erst 2014 angelegt worden. Der Premiumwanderweg schlägt einen Bogen um den Überlinger See. Von Überlingen führt er nach Konstanz, immer die Nähe zum Seeufer suchend, 53 zauberhafte Kilometer, die man dank guter Verkehrsanbindungen zu Land und zu Wasser auch in Etappen zurücklegen kann. Liebliche Landstriche wechseln sich ab mit urtümlichen, tiefen Schluchten und Tobeln, in denen sich die Natur urwaldartig entfaltet. Malerische Burgruinen grüßen von den Bergen, und manch hübsche Kapelle lädt zu einer kurzen Einkehr ein. Mal wandert man durch blühende Streuobstwiesen, mal tritt man ein in schattige Wälder. Immer wieder tun sich neue Blicke über den Bodensee auf, führen Wege zu den gemütlichen Orten am Ufer, spaziert man über mediterran anmutende Promenaden. Den SeeGang sollte man entschleunigt angehen, er ist etwas für Freunde der sinnlichen Genüsse. Auch Feinschmecker kommen voll auf ihre Kosten, am Bodensee pflegt man eine ausgezeichnete Küche. Und für alle, die das Marschgepäck scheuen oder nicht aus dem Rucksack leben wollen, gibt es einen bequemen Gepäckservice.

Für echte Sportler: der Westweg

Der Westweg ist ein Weg voller Rätsel. Er verläuft nämlich überhaupt nicht nach Westen, sondern streng nordsüdlich. Im Jahr 1900 wurde der Westweg als der erste aller deutschen Fernwanderwege angelegt, satte 285 Kilometer warten auf Ihre Wanderschuhe, da braucht es gute Kondition und am besten ein paar lustige Wandergesellen. Ob man den Westweg lieber von Süden nach Norden oder von Norden nach Süden bewandert, hängt von Ihrem Hauttyp ab. Sonnenempfindlichen Bleichgesichtern sei die Route nach Norden empfohlen.

Auf keine andere Weise kann man den Schwarzwald besser lieben (oder hassen) lernen als auf dem Westweg, denn er führt abseits größerer Ortschaften durch reine Natur. Wie viel Zeit man einplanen sollte? Je einen Tag für die beiden Städte am Ausgangs- und Zielpunkt, für Pforzheim und Basel, sodann zwei Wochen für die 13 Etappen, denn an einem Tag wird es entweder a) in Strömen regnen oder b) eine Blase fürchterlich schmerzen. Den ganzen Weg zu beschreiben, ersparen wir uns, dafür gibt es hervorragende Wanderbücher. Hier nur ein paar Appetitmacher, falls Sie noch unentschlossen sein sollten:

Sie werden an Mooren und kleinen Seen vorbeilaufen und natürlich durch die schönsten, gar nicht schwarzen Wälder.

Sie werden von der Hornisgrinde, dem höchsten Punkt des Nordschwarzwalds, eine wunderbare Aussicht genießen.

Sie werden den schönsten Schwarzwaldhöfen zuwinken, kleinen Weilern und Eindödbauern.

Sie werden im Titisee ein erfrischendes Bad nehmen.

Sie werden den höchsten Berg Badens, den Feldberg erklimmen.

Sie werden nirgends Hunger leiden, werden sich tagsüber mit den zünftigsten Brotzeiten stärken und abends zu badischem Wein oder Bier eine Schwarzwaldforelle oder ein badisches Schäufele schmecken lassen.

Sie werden durch Obstgärten und Weinberge ins weite Tal hinabsteigen und den Rhein begrüßen.

Viel Spaß auf der Mammutroute! Verlaufen kann man sich nicht, einfach nur der roten Raute folgen. In zwei Wochen sehen wir uns wieder.

Big Spender

Das schöne Land Baden gibt seinen Bewohnern viel — kein Wunder, dass es so manchen Badener drängt, seinem Land etwas zurückzugeben. Überall engagieren sich die Bürger, setzen sich für Natur, Kultur und Brauchtum ein, sorgen dafür, dass auch die nächsten Generationen ein lebens- und liebenswertes »Ländle« vorfinden. Jemanden hervorzuheben fällt schwer, und doch gibt es einen Badener, dessen außerordentliche Lebensleistung es verdient, besonders gewürdigt zu werden, Dietmar Hopp.

Der gebürtige Heidelberger, der im heute zu Sinsheim gehörenden Hoffenheim aufgewachsen ist und an der Technischen Hochschule Karlsruhe studiert hat, ist einer der Gründerväter von SAP, der einzigen Softwareschmiede Europas, die mit den US-amerikanischen Unternehmen Schritt halten konnte. SAP florierte rasch und machte seine Gründer zu reichen Männern. Was aber fängt man mit dem ganzen Reichtum an? Für Dietmar Hopp war klar. Der bodenständige Badener wollte etwas für seine Heimat und deren Menschen tun. So gründete er mit seinem Privatvermögen eine Stiftung, die seit über zwanzig Jahren ihr Füllhorn ausschüttet, über 500 Millionen Euro. Dabei denkt Dietmar Hopp beim Begriff Heimat nicht allein an den Kraichgau, wo er aufgewachsen ist, sondern hat die ganze Metropolregion Rhein-Neckar im Blick. Von der Vielzahl seiner Aktivitäten kann nur ein Ausschnitt vorgestellt werden.

Einer der Förderschwerpunkte ist die Verbesserung der medizinischen Versorgung. Um rechtzeitig schwere Stoffwechselerkrankungen zu erkennen, sponsert Dietmar Hopps Stiftung die Entwicklung eines speziellen Neugeborenenscreenings. Das Kinderherzzentrum in Heidelberg erfährt ebenso großzügige Unterstützung wie die Erbgutanalyse des Nationalen Centrums für Tumorerkrankungen, mit deren Hilfe eine individuelle Krebsbehandlung möglich werden soll. Und auch wenn keine Heilung mehr möglich erscheint, schaut

Dietmar Hopp nicht weg. So unterstützt er das Kinderhospiz Sterntaler, in dem – einzigartig in der Metropolregion – Kindern und ihren Angehörigen auf dem schwierigsten aller Wege geholfen wird.

Vorbildlich ist auch der Einsatz für unsere behinderten Mitmenschen. Die Bewohner des Kleinsägmühlerhofes der Lebenshilfe Bad Dürkheim bekommen Unterstützung bei ihren lobenswerten Bemühungen, die Ställe gemäß der EU-Bioverordnung umzubauen, FortSchritt in St. Leon-Rot erhält neue Therapieräume, um Kindern mit spastischen Lähmungen das Laufen beizubringen, für pflegebedürftige Mitbürger baute die Stiftung in Kooperation mit der Caritas ein freundliches Seniorenzentrum.

Dietmar Hopp hat erfahren, wie wichtig es ist, schon den Nachwuchs für Technik zu begeistern. Das »Haus der kleinen Forscher«, wo schon die Kindergartenkinder Experimente durchführen, die Sinsheimer Förderschule, in der sich benachteiligte Schüler beste Berufschancen erarbeiten, das Techniklabor des ExploHeidelberg – sie alle können sich über reiche Zuschüsse freuen.

Als begeisterter Sportler fördert Dietmar Hopp zudem zahlreiche Sportvereine. Besonders die Jugendarbeit liegt ihm am Herzen, so stiftete er 52 Busse, um Auswärtsspiele zu erleichtern. Ach ja, Dietmar Hopp (nicht seiner Stiftung) ist es zudem zu verdanken, dass ein kleiner badischer Fußballverein, der Verein seiner Jugend, Bundesligaluft schnuppern darf.

Dietmar Hopp sagt: »›Der Mensch ist das Maß aller Dinge‹ – dieser Satz des antiken griechischen Philosophen Protagoras leitet mich, auf die wahren Bedürfnisse der Menschen zu achten und sie zu unterstützen.« Von Protagoras stammt auch der Satz: »Von jeder Sache gibt es zwei einander widersprechende Auffassungen.« Diese Aussage kann mit Blick auf Dietmar Hopps segensreiche Stiftung als widerlegt angesehen werden.

Freizeittipp: Will man sich in der Metropolregion Rhein-Neckar fit halten, besuche man eine der zahlreichen »alla hopp!« – Anlagen. Der Eintritt ist selbstverständlich kostenlos.

So ein Theater!

Überall in Baden finden Theaterfreunde große und kleine Bühnen, um ihrer Leidenschaft nachgehen zu können. Nach wie vor besitzt Baden mit dem Karlsruher Theater auch ein Staatstheater, und die Stuttgarter Landesregierung ist so weise, selbst in Zeiten knapper Kulturetats nicht daran zu rütteln. Stadttheater, Musiktheater, freie Bühnen, Kinder- und Marionettentheater ... eine Beschreibung der bunten badischen Bühnenlandschaft würde den Rahmen dieses Buches sprengen. Wir müssen eine Auswahl treffen und beschränken uns darauf, die einzigartige Geschichte des Mannheimer Theaters zu erzählen.

Am 13. Januar 1782 konnte man an allen Straßenecken einen Theaterzettel lesen: *Die Räuber, Trauerspiel in sieben Handlungen. Für das Mannheimer Theater vom Verfasser, Herrn Schiller, neu bearbeitet.* Sein Ruf war dem neuen Stück vorausgeeilt, in einer Zeit ohne Fernseher oder Kino war das Theater die einzige Möglichkeit, gespielte Illusion zu erleben. Von überall kamen die Leute herbeigereist, zu Ross und zu Wagen, von Heidelberg, Frankfurt, Darmstadt, Worms oder Speyer. Die bedeutendsten Schauspieler Deutschlands würden auf der Bühne zu sehen sein, allen voran der junge Iffland. So viele Besucher kamen, dass man eine große Menge abweisen musste, das Haus war brechend voll.

Wer auch gekommen war, das war der Dichter selbst, der junge Friedrich Schiller. Heimlich hatte er sich auf den Weg gemacht, von Württemberg über die Grenze. Eine Erlaubnis hatte er nicht erbeten, sie wäre ihm wohl auch nicht erteilt worden. Schiller war als Arzt beim Militär tätig, hatte sich seinem Dienstherrn zu beugen. Doch sich zu beugen, diese Fähigkeit besaß der jugendliche Heißsporn nicht, zu sehr war er durchglüht von dem stolzen Gedanken der Freiheit.
Das Stück wurde zur Sensation. Besonders die jungen Leute verließen die Vorstellung aufgewühlt und voller Sympathie für den Autor.

Hatte dieser Schiller nicht in ihnen wachgerufen, was sie selbst schon so lange verspürt hatten? Wie ein Lauffeuer verbreitete sich die Botschaft, wurde das Räuberlied bald an allen deutschen Universitäten gepfiffen. Vor allem im südwestdeutschen Raum gründeten freiheitsbegeisterte junge Leute zahlreiche »Räuberbanden«, sehr zum Verdruss der Obrigkeit.

Nicht amüsiert zeigte sich auch Schillers Landesherr. Er verbot seinem jungen Militärarzt jede weitere nicht-medizinische Tätigkeit, drohte ihm gar mit Festungshaft. Schiller wusste, was Festungshaft bedeutete. Er hatte den armen Dichterkollegen Schubart auf dem Hohenasperg besucht, von ihm hatte er den Stoff für die *Räuber* erhalten. Also floh Schiller aus dem Lande, ins deutsche Ausland, reiste erneut nach Mannheim, um dort am Theater zu arbeiten, vielleicht sogar als Schauspieler. Doch am Mannheimer Theater dachte man anders: »Nicht als Schauspieler, sondern als Schauspieldichter werden Sie der Stolz deutscher Bühnen werden.«

Das Mannheimer Theater, das stolze Deutsche Nationaltheater, zum Zeitpunkt der Uraufführung der *Räuber* noch in Kurpfälzer Hand, eine der ersten Bühnen mit einem festen Ensemble, sollte sich gar bald auch als badische Bühne einen Namen machen. Sein früherer Intendant Wolfgang Heribert von Dalberg, der so mutig war, die *Räuber* auf die Bühne zu bringen, wurde mit dem Anschluss der Kurpfalz an Baden zum badischen Staatsminister ernannt, ein starkes Zeichen für die Fortführung des fortschrittlichen Geistes im neuen Kurfürstentum und Großherzogtum Baden. Dalbergs Schwiegersohn Friedrich Anton von Venningen allerdings, der neue Intendant, wurde 1816 zum Opfer aufflammender restaurativer Politik, weil er sich für die zugesagte badische Verfassung stark machte. 1839 war Schluss mit dem Hof- und Nationaltheater von Mannheim. Ein Finanzstreit führte dazu, dass das Theater von der Stadt übernommen werden musste, die erste städtische Bühne Deutschlands war geboren. Eine Blütezeit erlebte das Mannheimer Theater zu Beginn des 20. Jahrhunderts unter dem Intendanten Carl Hagemann und seinem Kapellmeister Wilhelm Furtwängler, an kaum einem zweiten Ort wurden Opern von solch einer Qualität aufgeführt. Und in der Spitzenriege spielt es weiter. 2013 erst vergaben Kritiker bei der Wahl zum »Opernhaus des Jahres« die Silbermedaille an Mannheim, 2015 sogar die goldene.

Heidegger – ein Streitgespräch

In Baden haben zahlreiche Philosophen studiert und gelehrt. Besonders an den Universitäten von Heidelberg und Freiburg wurde heftig darum gestritten, »was die Welt im Innersten zusammenhält«. Berühmte Namen sind damit verknüpft: Erasmus von Rotterdam, Edmund Husserl, Hans Jonas, Herbert Marcuse, Edith Stein, Hans-Georg Gadamer, Jürgen Habermas, Karl Jaspers ...

Kaum ein Philosoph aber war so intensiv mit Baden verbunden wie Martin Heidegger: 1889 im badischen Meßkirch geboren, Schüler am bischöflichen Seminar in Freiburg, Abitur und Studienjahre ebenfalls in Freiburg, Hochzeit im Freiburger Münster, nach einigen Jahren als Privatdozent in Marburg Professor in Freiburg, Aufstieg zum Rektor der Universität, Bau einer Hütte im Schwarzwald, in Todtnauberg, wohin er sich zurückzog, um fern der Welt in aller Abgeschiedenheit seine Gedankenwelten zu entwickeln, 1976 schließlich der Tod in Freiburg. Wie kaum ein zweiter deutscher Philosoph ist Martin Heidegger bis heute umstritten. Ein Streitgespräch.

»Der Schelling und der Hegel, das ist bei uns die Regel, der Schiller und der Hauff, das fällt bei uns nicht auf.« – Pah! Eitles Schwabengeschwätz. Unser badischer Sokrates, unser Heidegger, spielt mindestens in derselben Klasse. Ein Werk wie Sein und Zeit *wird die Jahrhunderte überdauern.*

Sicher. So wie das Tausendjährige Reich, das Heidegger ebenfalls propagiert hat.

Ach, ewig diese alten Kamellen. Zugegeben, Heidegger ist Hitler auf den Leim gegangen, wie so viele andere auch. Was jedoch immer vergessen wird: Die Nazis haben den streitbaren Philosophen bald kaltgestellt und als Rektor der Freiburger Universität abgesetzt.

Weil Heidegger noch radikalere Forderungen aufgestellt hatte. Er wollte alle Hochschullehrer in Berlin zentral auf die rechte Linie bringen lassen, das ging selbst den Nazis zu weit.

Unterscheide Mensch und Werk. Als Mensch mag er geirrt haben, als Philosoph hat er Großes geleistet. Warum wohl waren selbst jüdische Denker von ihm so angetan? Hannah Arendt hat ihn bis zum Schluss als wichtigen Vordenker verteidigt.

Weil sie seine Geliebte gewesen ist.

Weil sie seine Gedankenwelten begriffen hat.

Zum Beispiel?

Dass das Fragen die Frömmigkeit des Denkens ist. Oder Heideggers Erkenntnis, dass die Sprache das Haus des Seins darstellt.

Alles nur kluge Wortspielereien, hübsche Worthülsen und nebulöse Pseudowahrheiten, wie etwa auch der Satz: Das Nichts nichtet.

Cura prima finxit: Dieses Seiende hat den Ursprung seines Seins in der Sorge. Cura teneat, quamdiu vixerit. Das Seiende wird von diesem Ursprung nicht entlassen, sondern festgehalten.

Halten wir fest, Heidegger liebte es, sich verschwurbelt auszudrücken.

Philosophie ist nie einfach zu verstehen. Heidegger hatte den Mut, die gesamte abendländische Philosophiegeschichte zu hinterfragen, all die unbedachten Annahmen und Vorurteile. Insofern war er radikal in seinem Denken. Er war es, der entschieden jeder Einseitigkeit etablierter Gedankenwelten entgegentrat, die er als Merkmal aller Metaphysik ansah. Hellsichtig hat Heidegger gezeigt, dass diese Einseitigkeit zu einer übertriebenen Technikgläubigkeit führt, zu einer Ausbeutung von Mensch und Natur. Die schonungslose Ausbeutung der Ressourcen hat Heidegger vorausgesehen, als noch kein Grüner geboren war, auch hierin zeigte er sich als Prophet.

Weißt du, was der einzige Satz von Heidegger ist, den ich zugleich verstehe und für wahr halte?

Welcher?

Ich war linker Läufer beim FC Meßkirch.

Tipp: Wer Lust aufs Philosophieren bekommen hat, der kann mit dem Philosophen Zlatko Valentic bei einem Gang über den Freiburger Münstermarkt ins Gespräch kommen. Valentic liebt die sokratische Methode, das Entwickeln der Gedanken in der Diskussion. Viele der Gespräche wurden aufgezeichnet: www.philosophisches-experiment.com.

Zehn besondere Kunstwerke

Wo Wein gedeiht, da gedeiht auch die Kunst. Hat das nicht schon Ovid gesagt? Ein kleiner Querschnitt durch Malerei, Architektur und bildende Kunst soll Appetit darauf machen, auf Entdeckungsreise zu gehen. Zehn Kunstwerke werden vorgestellt, die den Reichtum des Kunstlandes Baden demonstrieren.

Das Mithrasrelief von Osterburken

Ein mächtiger Krieger im Kampf mit einem wilden Stier. Erfasst von der heftigen Bewegung wallt der Mantel des Kriegers auf, der Stier versucht vergebens, dem tödlichen Stoß zu entkommen. Eindrucksvoll hat der unbekannte Künstler die Szene als Relief in Sandstein geschlagen, eine Reihe kleinerer Figuren umrahmt das Bild. Dargestellt ist Mithras, der unbesiegte Sonnengott, von dem es heißt, er sei von seinem Vatergott ausgeschickt worden, die Welt zu retten. Nicht nur dieses Detail erinnert an einen Vorläufer Christi.

Mithras wurde schon in Indien und in Persien verehrt, bevor der Mysterienkult das Römische Reich erreichte. Er galt als Lichtgestalt oder Sonnengott, als Herrscher über die göttliche Ordnung, der die Gläubigen schützte und für die Gerechtigkeit kämpfte. Seine Keule schwang er, um den Geist des Bösen zu bekämpfen; ein großes Mithraisches Fest, die Sonnenwende, wurde am 25. Dezember gefeiert. In der Hochphase des römischen Mithraskultes bauten die Römer den Limes, kein Zufall also, dass sich auch im Kastell von Osterburken eine Mithrasdarstellung fand. Sie zählt zu den eindrucksvollsten Kunstwerken ihrer Art. In dem prämierten modernen Museumsbau wird er ins rechte Licht gerückt, der Kampf des Guten gegen das Böse.

(Anschließend kann man im Museumscafé *Mithras* von dem römischen Gott schwärmen. Zum Beispiel bei einem belegten Römerknochen mit Wurst.)

Das Markgräfliche Palais in Karlsruhe

Was tut man, wenn man als kleine markgräfliche Stadt zu einer groß-herzoglichen Residenz erhoben wird? Man macht sich daran, repräsen-tative Bauten zu erstellen. Schließlich soll jeder Besucher auf Anhieb erkennen, welche Bedeutung Baden nun erlangt hat. Erst recht die Besucher aus Schwaben! Für prächtige Gebäude aber braucht es einen begabten Baumeister, und den besaß man in Karlsruhe zum Glück.

Friedrich Weinbrenner (1766–1826) war nicht nur Badischer Bau-direktor, er leitete auch eine eigene Bauschule. Geprägt durch Rei-sen zu den Stätten der Antike, begeisterte er sich für die klassische Formensprache. Schon vor der Erhebung Badens zum Kurfürsten-tum und zum Großherzogtum hatte Weinbrenner visionäre Pläne für seine Heimatstadt Karlsruhe entworfen und die barocke Stadt-anlage erweitert, indem er an der Via Triumphalis mit dem groß-zügigen Markt einen der kühnsten klassizistischen Plätze Europas schuf. Nun entwarf er in rascher Folge ein bedeutendes Gebäude nach dem anderen: die Evangelische und die Katholische Stadtkirche, das Hoftheater, das Museum, das Stephanienbad, das Ettlinger Tor, die Pyramide ... Ein Highlight wurde das Markgräfliche Palais. Wie ein griechischer Tempel wirkt der Portikus, sechs hohe Säulen tragen einen eleganten dreieckigen Giebel, sie bilden eine Vorhalle, zu der beidseits Stufen hinaufführen. Auch das Bauwerk auf der Mitte des Platzes stammt von Weinbrenner: die Verfassungssäule. Sie versinn-bildlicht die Entwicklung Badens zu einem modernen Staat, denn erst wenn sich ein Fürst freiwillig einer Verfassung unterwirft, stellt er sich unter das Recht.

Leider ist von Weinbrenners Werken vieles dem Krieg und der Abrisswut zum Opfer gefallen. Die Fassade des Markgräflichen Palais am Rondellplatz aber wurde in wesentlichen Teilen wieder rekonstruiert und gibt eine Idee wieder von dem Glanz, den das klassizistische Karlsruhe Weinbrenners einst ausgestrahlt hat, eine Stadt von heller Eleganz.

Die Prinzhornsammlung

Ein nicht alltäglicher Auftrag eines Chefarztes an einen seiner Assistenten: »Betreuen Sie die Sammlung der Bilder unserer Fälle!« – Von Fällen zu sprechen war üblich, als im Jahr 1919 der junge Assistenzarzt Hans Prinzhorn an die Großherzoglich Badische Universitäts-Irrenklinik Heidelberg kam. Sein Chef, Karl Wilmanns, hatte wie schon sein Vorgänger Emil Kraepelin erkannt, welcher Wert den von den Patienten geschaffenen Bildern innewohnt. Kein materieller Wert, wohl aber ein großer Erkenntnisgewinn, offenbaren sich doch dem Kundigen in den Werken die Weltsicht und zugleich die Binnenschau von Menschen mit psychischen Ausnahmeerfahrungen. Ein Menschenkopf, in dem sich eine ganze Landschaft ausbreitet, die Weltachse bewacht von einem Hasen, eine Vielzahl an Mündern, aus denen verwirrende Stimmen herausquillen: Halluzinationen wahnhafter Patienten, die mit den Mitteln der Malerei versuchten, die quälend-faszinierenden, in ihren Köpfen tanzenden Bilder zu fassen und abzubilden und sie dadurch für eine Weile zu beherrschen oder doch zumindest heilsame Distanz zu den Fantastereien zu schaffen. Vieles mutet an wie Traumbilder. Märchenhaftes hängt neben Bedrohlich-Unheimlichem, düstere Weltuntergangsszenarien neben eng bekritzelten Blättern, kryptische Wortfragmente, die wirken wie frühe Vorbilder für Cy Twombly.

Hans Prinzhorn sammelte und archivierte die Werke, 6.000 Zeichnungen, Aquarelle, Gemälde, Skulpturen und Collagen. Nicht alles ist in der Heidelberger Klinik entstanden, Prinzhorn hatte Kollegen in ganz Deutschland angeschrieben, ihm Kunstwerke ihrer Patienten zuzuschicken. 1922 veröffentlichte Prinzhorn das reich illustrierte Buch *Bildnerei der Geisteskranken*, das viele Künstler zu neuen Werken inspirierte; für die Surrealisten wurden die Traumbilder zur Bibel. Seit 2001 wird die Sammlung Prinzhorn in Heidelberg in einem ehemaligen Hörsaal der Psychiatrischen Universitätsklinik präsentiert, ein würdiger Rahmen. Der Besuch lohnt sich: Große Kunstwerke sind darunter.

Das Freiburger Münster

Faszinierende Kirchen gibt es in Baden viele, die großartigste aber ist das Münster in Freiburg. Begonnen im Zeitalter der Romanik, wurde das Münster zu einem vollendeten Meisterwerk der Gotik. Um 1200 legte man den Grundstein, Berthold V. hatte sich eine angemessene Grabeskirche gewünscht und seinen Freiburgern eine größere Pfarrkirche. So wuchs das Wunderwerk immer höher in den badischen Himmel. 1513 gilt als das offizielle Jahr der Fertigstellung. Als man Anfang des 19. Jahrhunderts mit dem Großfürstentum Baden auch ein einheitlich badisches Bistum für die Katholiken schaffen wollte, war man in der komfortablen Situation, mit dem Freiburger Münster bereits eine Kirche zu besitzen, die problemlos als Dom durchging. Seitdem ist das Münster zugleich Bischofskirche.

Kunstverrückte können einen ganzen Tag damit verbringen, das Münster mit all seinen Schätzen zu bewundern. Die Entdeckungsreise lohnt: die Altäre von Hans Baldung Grien und von Hans Holbein dem Jüngeren, der Kapellenkranz um den Hochchor, die von den Freiburger Handwerkerzünften stolz und selbstbewusst gestifteten Fenster, um nur wenige Kunstwerke aufzuzählen. Allein der Figurenreichtum in der Portalvorhalle lässt einen erstaunt innehalten, eine Bibellandschaft, geschlagen in Stein.

Wie durch ein Wunder überstand der Dom die schreckliche Bombardierung Freiburgs, ohne großen Schaden zu nehmen. Auch der schlanke, filigrane Turm, der als schönster Turm der Christenheit bezeichnet wird. Das Originalzitat stammt von dem kenntnisreichen Kunsthistoriker Jacob Burckhardt: »Und Freiburg wird wohl der schönste Turm auf Erden bleiben.«

Der Balzer Herrgott

Ein seltsames, anrührendes Bild. Zwischen Wildgutach und Neukirch-Fallengrund erhebt sich eine mächtige Weidbuche, aus deren dickem Stamm uns, eine gute Manneslänge über dem Boden, ein leidender Christuskopf anblickt. Das schmerzverzerrte Gesicht, in dessen Zügen sich die ganze erlittene Qual mit realistischer Brutalität ausdrückt, wird von einem herzförmigen, wulstigen Stück Rinde so eng umfasst, als wolle es der Baum ganz bedecken. Was hat es mit diesem seltsamen Kunstwerk auf sich?

Viele Mythen und Geschichten ranken sich um den Balzer Herrgott. Wahrscheinlich stammt die Sandsteinplastik aus spätgotischer Zeit und wurde von einem Freiburger Bildhauer gefertigt. Im nahen Wagnerstal hat er — so heißt es — einer Bauernfamilie als Hofkreuz gedient, bis eines Tages eine fürchterliche Katastrophe geschah. Am 24. Februar 1844 löste sich vom Berg eine gewaltige Schneelawine, stürzte zu Tal, wälzte alles mit sich und zerstörte Hof und Hofkreuz. Arme und Beine der Christusfigur wurden gewaltsam abgerissen, den Torso mit dem Kopf trugen Burschen heimlich durch den Wald zu dem damals noch jungen Buchenstamm und legten ihn zu seinen Füßen nieder. Um 1875 sollen dann zwei Gütenbacher Uhrmachergesellen vorbeigekommen sein. Sie sahen die traurig am Boden liegende Christusfigur, erbarmten sich ihrer und befestigten sie in einiger Höhe an dem Baum, ihr damit eine neue Würde gebend. Die

Weidbuche aber wuchs und wuchs und begann mit ihrer Rinde, den Torso zu umschließen, langsam, aber unaufhaltsam. Zeitzeugnisse dokumentieren den Verlauf. 1927 waren die Lenden noch frei, 1955 waren sie bereits nicht mehr zu sehen, 1975 erreichte die Rinde die Brust, 1986 wurde auch diese überwallt. Hätte man nicht eingegriffen, der Herrgott wäre völlig im Baum verschwunden. Man legte Kopf und Brustansatz mehrfach wieder frei und behandelte die Rinde so, dass ihr Wachstum gestoppt wurde. So ist er auch heute noch zu sehen, der Balzer Herrgott. Auf einer nahen Tafel steht zu lesen:

Doch sieh, der Baum umfangen hält
das viel verachtet Bild aus Stein
und nimmt ihn ganz in sich hinein,
den Schmerzensmann, den Herrn der Welt.

Die Alte Brücke von Heidelberg

Viele Flüsse, viele Brücken. Als schönste Brücke Badens aber gilt die Alte Brücke von Heidelberg. Mit elegantem Schwung quert sie den Neckar, und das bereits seit 1788. Nachdem die achte Vorläuferbrücke von schweren Eisschollen zerstört worden war, spendierte Karl Theodor seinen Heidelbergern eine neue, noch großzügigere Brücke, die deshalb auch seinen Namen trägt. Offiziell zumindest, denn jeder kennt sie nur unter dem Namen Alte Brücke. Über ihre neun großzügigen Bögen aus rotem Sandstein gelangt man bequem nach Neuenheim hinüber, wo man vom Philosophenweg eine besonders schöne Stadtansicht genießen kann. Am freundlichen Brückentor mit seinen doppelten Türmen muss niemand mehr Brückenzoll entrichten; auch säumige Kreditzahler brauchen nicht mehr zu zittern: In den westlichen, den Schuldturm, wird niemand mehr geworfen.

Eine kurze Unterbrechung der stolzen Brückengeschichte gab es, als Unverbesserliche meinten, in der Endphase des Zweiten Weltkriegs die vorrückenden Alliierten durch die Sprengung der Brücke aufhalten zu müssen, zwei Jahre später stand sie wieder, die Heidelberger hatten reich gespendet. Die Alte Brücke könnte viele Geschichten erzählen, vom Kampf napoleonischer Truppen gegen die Österreicher, von der badischen Revolution, als Freischärler schon ein Sprengfässchen deponiert hatten, um die Preußen nicht in die Stadt zu lassen, vor allem aber von den verzückten Paaren, die zu allen Zeiten gerne über die Brücke spazieren gingen. Heidelberg, Stadt der Verliebten.

Auch ein unglücklich Liebender passierte hier einst den Neckar, der Dichter Gottfried Keller. Höchst ungerecht beklagte er sich bei der Brücke, weil sie sich seinem Kummer nicht zitternd füge. Lieber Herr Keller, wo kämen wir denn hin, wenn alle Brücken einen Durchhänger bekämen, sobald Menschen mit beladenen Herzen sie betreten?

Schöne Brücke, hast mich oft getragen,
Wenn mein Herz erwartungsvoll geschlagen
Und mit dir den Strom ich überschritt.
Und mich dünkte, deine stolzen Bogen
Sind in kühnerm Schwunge mitgezogen
Und sie fühlten meine Freude mit.

Weh der Täuschung, die ich jetzo sehe,
Wenn ich schweren Leids hinübergehe,
Dass der Last kein Joch sich fühlend biegt;
Soll ich einsam in die Berge gehen
Und nach einem schwachen Stege spähen,
Der sich meinem Kummer zitternd fügt?

Aber sie, mit anderm Weh und Leiden
Und im Herzen andre Seligkeiten:
Trage leicht die blühende Gestalt!
Schöne Brücke, magst du ewig stehen,
Ewig aber wird es nie geschehen,
Dass ein bessres Weib hinüberwallt!

Anmerkung: Verliebte aufgepasst! Liebesschlösser lässt die Stadt schnöde wegzwicken. Ersatzweise hat man einen Liebesstein am nördlichen Ufer aufgestellt.

Das Schwarzwaldhaus

Form follows function, lautet eine zentrale Forderung zeitgenössischer Architektur. Die Form eines Gebäudes soll sich an seinem Zweck orientieren, sodass beides – Form und Funktion – im besten Fall eine Einheit bildet. Dass schon die Menschen früherer Zeiten, vielleicht selbstverständlicher als heute, diese Erkenntnis verinnerlicht hatten, wird in schönster Weise an dem typischen Schwarzwaldhaus erkennbar.

Welche Funktion musste ein Bauernhaus im Hochschwarzwald haben? Schon beim Bauplatz galt es, die richtige Wahl zu treffen. Zu tief im Tal durfte der Hof nicht stehen, die Bäche konnten zur Schneeschmelze oft gewaltig anschwellen. Ein kleines Hangbächlein, das am Hof vorbei munter zu Tale sprudelte, aber war ein durchaus erwünschter Nachbar, konnte man mit einem kleinen Stauwerk doch eine Mühle betreiben und Forellen halten. Ideal war ein Bauplatz an einem Südhang, so brauchte man im Winter nicht zu lang im Dunkeln zu hocken. Die Winter waren oft lang und hart, Schnee fiel häufig in riesigen Mengen. So zog man den Häusern lange Dächer über die Ohren und wählte die Neigung nicht zu flach, eine Dachform, die sich auch bei heftigen Winden bewährte. Damit ein frecher Sturm nirgends einen Angriffspunkt fand, spendierte man zudem den Giebelseiten bedachte Flächen, wodurch sich das Dach hübsch walmte und gelegentlich auch zu krüppeln begann.

Die Baumaterialien fand man vor der Haustür, genügend Holz vor allem, das auch als Brennmaterial diente. Um es immer kuschlig warm zu haben und bei hohem Schnee nicht zu oft nach draußen zu müssen, wählte man einen kompakten Grundriss, der so großzügig bemessen war, dass alles Wichtige innerhalb der Mauern Platz fand: Eltern, Großeltern und Kinder, der Knecht und die Magd und auch die Tiere. Kühe, Ochsen und Schweine wohnten mit den Menschen Wand an Wand und spendeten mit ihrer Körpern Wärme. Warm blieb es auch dadurch, dass die Tenne, der Dachboden, mit Heu und Stroh gefüllt wurde, das man bequem über eine Rampe oder einen Steg von der Bergseite ins Haus bringen konnte. Oberhalb der meist aus Natursteinen gemauerten Kellerräume befanden sich die Wohn- und Arbeitsräume, von denen natürlich die Küche der wichtigste war. Hier roch es oft verführerisch nach Schinken und Würsten, die im Rauchfang hingen. Die größeren der ansonsten kleinen Sprossenfenster gingen zum Tal hinaus, hinter ihren Scheiben beschäftigte man sich im Winter mit den unterschiedlichsten Handwerksarbeiten. Die Schnefler (Schnitzer) zogen mit langen Messern schmale Holzbretter von den Stämmen. Hieraus ließen sich nicht nur Küchengeräte, sondern auch Holzschindeln für Dächer und Außenwände herstellen. Andere tüftelten an Uhren, fertigten Laufwerke oder bemalten Uhrschilder, Frauen flochten aus Stroh die kunstvollsten Gegenstände, gewärmt von einem mächtigen Kachelofen, der bei guter Befeuerung noch am nächsten Morgen strahlte. Auch zur Regulierung der Lichtverhältnisse bewährten sich die vorkragenden Dächer: Wenn die Sommersonne hoch am Himmel stand, spendeten sie Schatten, die tiefe Wintersonne aber ließen sie willig in die Stube hinein. Oft verbrachte man ein halbes Jahr mit stillen Tätigkeiten, bevor die Frühlingssonne den Kampf gegen den Winter endlich gewann und man die Kühe wieder auf die Weide lassen und den Garten bestellen konnte, auch den Blumen- und Heilkräutergarten vor dem Haus. Die niedrigen Schlafkammern lagen im ersten Stock, ein langer Balkon zur Südseite diente nicht nur den Geranien als Logenplatz, hier ließen sich auch die Betten gut lüften und von Läusen und Flöhen befreien.

Auf zauberhafte Weise passen sich die Schwarzwaldhöfe in die Landschaft ein, ein malerischer Anblick besonders dann, wenn man ihnen noch den Kranz von Bäumen gelassen hat und auch die Nebengebäude, die sich um ihn scharren: das Backhaus und das Brennhaus, die Hausmahlmühle und die Säge. Stellt man sich den Schwarzwaldhang als Dachfläche vor, so wirken die Höfe wie Gauben, die aus dem Hang herauswachsen. Manchen erinnern die Schwarzwaldhäuser mit ihren tief heruntergezogenen Dächern auch an pelzige Urzeittiere, die sich zum Sonnen niedergelassen haben.

Zum Glück sind noch viele der oft jahrhundertealten Höfe erhalten. Ein besonders schönes Haus ist der Vogtsbauernhof in Gutach. Er besitzt zudem den unschätzbaren Vorteil, dass man ihn besichtigen kann, denn um ihn herum hat man das Schwarzwälder Freilichtmuseum errichtet. Durch alle Räume kann man streifen und ein Gefühl dafür entwickeln, wie die Bauern des mittleren und südlichen Schwarzwalds einst gelebt haben.

Der Streichholzhändler

Verloren steht er da, der viel zu weite Mantel schlottert um seinen mageren Körper. Die Augen des Knaben blicken groß und elend aus dem blassen, kranken Gesicht, schauen den Betrachter nicht an, sondern gehen bekümmert ins Leere. Die Nase ist gerötet, der Knabe friert. Die viel zu großen Ohren stehen weit vom Kopfe ab. Das

dünne braune Haar ist zerzaust, der Knabe scheint es nicht wahrzu-
nehmen. Die schmalen Schultern hängen herab, lassen die dünnen
Arme noch länger erscheinen. In seiner rechten Hand hält er zögernd
eine Streichholzschachtel, hält sie ein wenig nach vorne, als wolle er
sagen: Seht, Leute, Streichhölzer, Leute, kauft doch Streichhölzer!
Doch seine Lippen sind stumm.

Den Streichholzjungen hat Otto Dix gemalt. Gustav Friedrich
Hartlaub, ab 1923 Direktor der Kunsthalle Mannheim, setzte sich
in besonderer Weise für die zeitgenössische Kunst ein, kaufte viele
Werke an und prägte den Begriff der Neuen Sachlichkeit. Die junge
Generation von Künstlern stand unter dem Schock der Fronterleb-
nisse des Ersten Weltkriegs. Auch die Verarmung weiter Teile der
Bevölkerung in den schweren Jahren der Weltwirtschaftskrise wurde
von ihr künstlerisch verarbeitet, Otto Dix zählt zu ihren bekanntesten Vertretern. Im Jahr 1933 setzten die Nationalsozialisten Gustav Friedrich Hartlaub ab, aus seiner Sammlung aber bedienten sie
sich kräftig, um daraus eine neue Ausstellung zu komponieren. Sie
sollte den Menschen die Augen dafür öffnen, was für einen Schund
moderne Museumsleute zusammenkauften. »Entartete Kunst« nannten die Nazis diese Femeausstellung. Mit dabei: *Der Streichholzhändler*
von Otto Dix.

Nicht nur der Mannheimer Museumsdirektor, auch Otto Dix
verlor seinen Brotberuf. Er gehörte zu den ersten Kunstprofesso-
ren, die von den Nazis aus ihrem Amt entfernt wurden. Von Dres-
den ging er an den Bodensee, wo er mit seiner Familie ein Haus in
Hemmenhofen bezog. Baden sollte ihm zur neuen Heimat werden.
Viele seiner Werke sind in dem Haus auf der Höri entstanden, in
dem er bis zu seinem Tode 1969 lebte. Im Jahr 2012 machte man
eine überraschende Entdeckung. Bei Renovierungsarbeiten kamen
im Keller Wandgemälde zum Vorschein, die Otto Dix für eine Party
gemalt hatte, darunter Gestalten aus der alemannischen Fasnacht. Sie
können heute wie das ganze Haus besichtigt werden.

Tipp: Das Museum Haus Dix ist im Sommerhalbjahr geöffnet. Unbedingt sehenswert ist natürlich auch die Kunsthalle Mannheim, die einer großzügigen Spende eines jüdischen Ehepaars zu verdanken ist. Das 1907 errichtete Jugendstilgebäude beherbergt zusammen mit seinem gelungenen Anbau eine der bedeutendsten Sammlungen der Moderne.

Der Zwölfbotenaltar

Eines der Hauptwerke des Kurpfälzischen Museums in Heidelberg ist ein Altar, der eine bewegte Geschichte hat. Erst nach dem Zweiten Weltkrieg, als man sich daran machte, ihn von Schäden zu heilen, die durch die kriegsbedingte Auslagerung entstanden waren, kam man seinem Geheimnis auf die Spur. Lange hatte man ihn für ein zweitklassiges Werk gehalten, für die Arbeit eines Mannes, der einen Altar Riemenschneiders imitieren wollte. Als man jedoch die ungeschickten Übermalungen entfernte und das reine Holz freilegte, wurde klar, was für einen Schatz man vor sich hatte. Das war kein Riemenschneiderimitat, das war ein echter Riemenschneider! Die so lebensnahe Zeichnung der Gesichter, der plastische Lockenwurf, die so feine Gestaltung der Hände; welcher andere Holzbildhauer brachte es darin zu solch einer Meisterschaft?

Was man noch freilegte: eindeutige Brandspuren und eine Kreidenotiz. So gelang es, den Altar zu identifizieren. Er stand ursprünglich in der Pfarrkirche St. Kilian in Windsheim, eine reiche Witwe hatte ihn 1509 von Tilman Riemenschneider anfertigen lassen. 1730 brach in der Kirche ein Feuer aus, der Altar konnte gerettet werden, bekam aber Brandspuren ab. Das Meisterwerk gelangte später nach Würzburg und wurde 1861 von Charles de Graimberg ersteigert, im Glauben, es stamme aus einer Heidelberger Kirche. De Graimberg war ein französischer Künstler, der im Heidelberger Schloss die schönste Ruine der Welt erblickt hatte und deshalb in der Neckarstadt geblieben war. Der Franzose schuf eine bedeutende Sammlung, die zum Grundstock des Kurpfälzischen Museums wurde.

Der Altar zeigt Jesus umgeben von seinen etwas kleiner dargestellten Freunden, den zwölf Aposteln. Es ist jedoch nicht die häufiger gewählte Abendmahlszene, dargestellt ist vielmehr der Moment, in dem Jesus seine Jünger in die Welt sendet, seine Frohe Botschaft zu verkünden: »Darum geht zu allen Völkern und macht alle Menschen zu meinen Jüngern; tauft sie auf den Namen des Vaters und des Sohnes und des Heiligen Geistes und lehrt sie alles zu befolgen, was ich euch geboten habe.« Weniger froh ging die Sache für die Apostel aus. Weil sich viele Menschen hartnäckig gegen den neuen Glauben sträubten, wurden die meisten von ihnen umgebracht. Viele der abgebildeten Insignien verraten ihre Todesarten. Die Ahnung künftigen Leids ist bei aller Freude aus manchem Gesicht abzulesen, eine meisterliche psychologische Studie aus Lindenholz geschnitzt.

Tipp: Wer mehr von Riemenschneider sehen möchte, dem sei eine Radtour die Tauber hinunter empfohlen, am besten gleich weiter den Main hinauf bis Würzburg. Überall wird man aufs Schönste fündig werden.

Das Bundesverfassungsgericht

Hell, klar, transparent. So präsentiert sich das Gebäude des Bundesverfassungsgerichts. Hell, klar, transparent, genauso soll es auch um das Recht in einem demokratischen Staat bestellt sein. Schon der erste Amtssitz des höchsten deutschen Gerichts befand sich in Karlsruhe, in einer historischen Stadtvilla in der Innenstadt. 1969 zog man dann in den Neubau ein, den Paul Baumgarten geschaffen hatte, ein Komplex aus fünf pavillonartigen, vertikal gestaffelten Baukörpern, dessen Stahlskelettbauweise großzügige Glasfronten ermöglichte. Justizpaläste sind gewöhnlich mächtig und respekteinflößend, sollen dem Bürger die Macht der Behörden eindrucksvoll vor Augen führen, ihn vielleicht sogar einschüchtern. Nichts von alledem in Karlsruhe. Es ist ein freundliches, einladendes Haus, welches deutlich macht, dass die Gleichheit vor dem Gesetz keine Floskel ist.

Auch ein freundliches, einladendes Haus aber kommt mal in die Jahre. Die dringend notwendige Grundsanierung wurde 2014 abgeschlossen. Auch diese Baumaßnahme verdient höchstes Lob, ist sie doch ganz im Sinne des Ursprungsgedankens ausgeführt worden: hell, klar, transparent. Zur Anerkennung durch die Jury des Deutschen Architekturpreises 2015 kann man nur gratulieren!

Anmerkung: Dass man Karlsruhe als Sitz des Verfassungsgericht wählte, ist natürlich kein Zufall. Der Name »Karlsruhe« hat bei allen Demokraten einen guten Klang, wurde im »Musterländle« doch eine der frühesten und fortschrittlichsten deutschen Verfassungen in Kraft gesetzt. Und auch die letzte Instanz aller Zivil- und Strafverfahren befindet sich in Karlsruhe: der Bundesgerichtshof.

Schlemmen in Baden

Was ist die Welthauptstadt der Gourmets? Fragt man den *Guide Michelin*, dann lautet die Antwort: Tokio. 2010 leuchteten 191 Michelin-Sterne über der japanischen Hauptstadt, fast doppelt so viele wie über Paris. Alles aber ist relativ, wie Einstein herausgefunden hat. Die alleinige Anzahl der Sterne sagt wenig, wichtiger ist doch, auf wie viele Einwohner sie sich verteilen. In Tokio knubbeln sich mehr als neun Millionen Menschen. Somit strahlt ein Stern auf etwa 47.000 Tokioten herab. Womit wir zur eigentlichen Gourmet-Siegermetropole kommen, zu Baiersbronn im Schwarzwald. Das beschauliche Städtchen im Landkreis Freudenstadt hat nur knapp 15.000 Einwohner, aber einen Sternehimmel ohnegleichen: Zwei Sterne schweben über dem *Schlossberg*, drei Sterne über dem *Bareiss* und drei Sterne über der *Schwarzwaldstube*. Macht acht Sterne! Das heißt, auf nicht einmal 2.000 Baiersbronner kommt ein Stern! Da können die Japaner noch so kunstvoll ihre Fische zu Sushis rollen, dieser Rekord wird nicht so leicht zu toppen sein.

Nicht nur über Baiersbronn, über vielen badischen Städten glänzen die Sterne, und auch in den vielen nicht-besternten Restaurants lässt es sich vorzüglich tafeln. Wie kommt es, dass ausgerechnet in Baden das Feinschmeckerzüngelchen nicht aus dem Schlecken herauskommt? Verschiedene günstige Bedingungen ergänzen sich in Baden auf einzigartige Weise. Da ist zum einen die Lage am Rhein zu nennen. Den Rhein hinauf und hinunter schipperten schon seit alters her viele Nationen, was den Austausch von Rezepten und Zutaten begünstigte. Frankreich, das Land der Haute cuisine, liegt nur einen Katzensprung entfernt, und auch die Schweiz kann mit mancher Spezialität den Küchenzettel bereichern, nicht nur mit den Löchern im Käse. Zudem ist Baden ein bekanntes Weinland, und wo ein guter Tropfen gedeiht, da gedeihen immer schon die besten Köche. Das mag auch daran liegen, weil mit dem Wein zugleich andere Obstsorten heranwachsen, Gemüse auch und die vielfältigsten Kräuter, nicht zu vergessen die Weinbergschnecken. Der Rhein sorgte lange für eine reiche Fischtafel und tut es bald wieder, in seinen Zuflüssen springen lustig die Forellen in den Käscher. Im Schwarzwald mit seinen Almen wird die beste Milch verbuttert oder zu aromatischem Käse verschimmelt, fröhlich springen dem Jäger Reh und Hirsch vor die Flinte und in den bäuerlichen Kaminen reifen Schinken und Würste. Ein wahres Schlaraffenland. Da muss man als Koch nur ein wenig Fantasie besitzen, und schon kreiert man die höchsten Genüsse. Ja und zugegeben, auch von den schwäbischen Nachbarn hat man sich was abgeschaut, zumindest was nudelartige Beilagen angeht.

Einen unter den vielen fantastischen Kochlöffelschwingern vom Herd zu holen, um ihn in den Küchenhimmel zu heben, fällt schwer. Dennoch soll, ja muss aufgrund seiner einzigartigen Lebensleistung ein Name besondere Erwähnung finden: Harald Wohlfahrt. Harald Wohlfahrts Auszeichnungen aufzuzählen, würde ein eigenes Kapitel füllen. Seit der Herbstsaison 1980 ist der gebürtige Loffenauer Küchenchef der *Schwarzwaldstube* im *Hotel Traube* im Baiersbronner Ortsteil Tonbach. Von 1993 bis 2017 wischten sich die geheimen Testesser des *Guide Michelin* jedes Mal mit Wonne ihre feinen Lippchen ab, sahen sich an, nickten und vergaben drei Sterne. 25 Mal hintereinander! Zum Sternekoch zu werden: harte Arbeit, großer Fleiß und eine Menge Talent. Einen zweiten, gar einen dritten Stern zu erkochen: höchste Kunst. Drei Sterne zu verteidigen: Stress und die größte Herausforderung. Harald Wohlfahrt hat sie nicht nur bravourös bestanden, er hat noch mehr geleistet, er hat sein Wissen ohne jedes Konkurrenzdenken weitergegeben, hat viele junge Köche inspiriert und ausgebildet. Restaurants, in denen seine Schüler arbeiten, schmücken sich heute mit insgesamt sechzig Sternen! Manche sind im Ländle geblieben, viele aber kochen überall rund um den Globus. Damit hat Harald Wohlfahrt der badischen Küche Weltruhm verschafft.

Der Tag der Badener

Andere haben ihn längst. Ihren speziellen Festtag. Die Franzosen feiern am 14. Juli, die USA am 4. Juli, die Deutschen am 3. Oktober. Die Franken feiern ihren Tag der Franken, jährlich gibt es einen Hessentag, ja selbst ein Schwabentag existiert. Höchste Zeit, auch einen Tag der Badener auszurufen.

Bloß, für welches Datum soll man sich entscheiden?

Es gibt Gründe, den 25. April zu nehmen. An diesem Tag wird des seligen Markgrafen Hermann I. gedacht, des Stammvaters der Linie der Markgrafen von Baden, der am 25. April 1074 im Kloster von Cluny gestorben ist. Da ihn die evangelischen Badener ebenfalls verehren, wäre das Datum eine gute Wahl. Auch der 12. Juli käme infrage, nahm doch an diesem Tag im Jahre 1806 Kurfürst Karl Friedrich den Titel des Großherzogs an. Schöner aber noch wäre, wenngleich jahreszeitlich ungünstiger, der 14. November. An diesem Tag proklamierte im Jahre 1919 die provisorische Regierung die Freie Volksrepublik Baden, wie viele überzeugte Republikaner hatten sehnlichst auf diesen Moment gewartet.

Man könnte natürlich noch warten und zum Tag der Badener den Spieltag wählen, an dem erstmals ein badischer Verein Meister der Deutschen Fußballbundesliga wird. So lange kann das doch nicht mehr dauern ...

Drei besondere Kliniken

Macht man eine Umfrage, welches Krankenhaus den Menschen spontan einfällt, wenn sie an Baden denken, so wird meist die *Schwarzwaldklinik* genannt. Die TV-Kult-Serie hat sich unauslöschlich ins kollektive Unbewusste einer ganzen Generation eingebrannt. Zugegeben, Professor Brinkmann und sein Team mögen Großes geleistet haben, erstens aber fanden sämtliche Operationen in einem Hamburger Studio statt und zweitens wurde nur an Schweinen operiert. Baden hat doch in Wirklichkeit ganz andere Kliniken zu bieten, auf vielen Bereichen war und ist die badische Medizin ihrer Zeit voraus. Am Beispiel von drei Krankenhäusern soll dies demonstriert werden. Den Anfang macht eine historische Klinik in Achern.

Die Illenau

Er war höchst unzufrieden. Ja mehr als das, er war entsetzt. Wie vielerorts mit psychisch Kranken umgegangen wurde, war mehr als empörend. Man sperrte sie in Verliese, band sie an Ketten, schlug sie sogar. In den Köpfen vieler Menschen und auch vieler Ärzte waren diese Patienten keine Kranken, sondern Besessene, denen man nicht mit den Mitteln der Heilkunst helfen konnte.

Der Vater von Christian Friedrich Wilhelm Roller hatte lange Jahre das Irrenhaus von Pforzheim geleitet. Von klein auf wuchs sein Sohn mit seelisch erkrankten Patienten auf, machte sich mit ihnen und ihren Eigenheiten vertraut. Wie der Vater, der früh an Typhus starb, studierte auch Christian Roller Medizin und ließ sich dann in seiner Heimatstadt Pforzheim, wo er 1802 das Licht der Welt erblickt hatte, in eigener Praxis nieder.

Die junge Großherzogliche Regierung von Baden wollte den Wind der Moderne in allen Bereichen des Lebens wehen lassen, auch in der Medizin. Der junge Roller wurde beauftragt, eine Reise durch Europa zu unternehmen und psychiatrische Kliniken zu besuchen, um Anregungen für eine Verbesserung der Krankenversorgung in Baden zu machen. Nach seiner Reise begann Roller als Assistenzarzt am Heidelberger Irrenhaus und stieg zu dessen Leiter auf. Trotz aller Versuche, die Behandlungen zu modernisieren, stieß er jedoch überall an seine Grenzen.

Die Irrenanstalt nach allen ihren Beziehungen lautete der Titel seiner Dissertation, ein Manifest der Aufklärung und Humanität. Roller entwarf ein neues Konzept der psychiatrischen Heilbehandlung. Anstelle der Heidelberger Klinik sollte ein Neubau auf dem Lande entstehen. Fernab von Stress und Hektik, die das Zeitalter der aufkommenden Industrialisierung und Verstädterung mit sich brachte, sollte ein Klinikneubau errichtet werden, der den Kranken ein Zuhause bot, um in Ruhe zu gesunden.

Nach längerer Suche wurde man fündig. Die Stadt Achern stellte ein weitläufiges Grundstück zur Verfügung. Baurat Hans Voß erarbeitete nach den Ideen von Roller einen wohlproportionierten Komplex aus symmetrisch angeordneten Gebäuden im klassizistischen Stil, mit Arkadengängen wie im alten Griechenland. Die ganze Anlage wirkte wie ein Schloss. Und das mit Absicht, sollten sich die Kranken doch wertgeschätzt und in ihrem neuen Zuhause möglichst wohl fühlen, denn nur dann war Heilung möglich, davon war Dr. Roller überzeugt. Gartenanlagen und von den Patienten selbst gepflegte Blumenrabatte sorgten für Bewegungsmöglichkeiten und sinnvolle Beschäftigung.

Dem ärztlichen Leiter ging es darum, eine möglichst familiäre Atmosphäre zu schaffen. Wichtig war ihm, Krankenschwestern und Pfleger gut auszubilden, ihnen einerseits die notwendigen Kenntnisse der Krankheitsbilder zu verschaffen und andererseits ihre charakterliche Eignung für den schweren Beruf zu unterstützen. Roller verlangte viel, Selbstdisziplin vor allem und einen respektvollen Umgang mit den Kranken, sorgte sich zugleich aber auch um das leibliche und finanzielle Wohl der Pfleger, zahlte überdurchschnittlich und ließ Wohnraum neben der Klinik entstehen. So wuchs mit der Zeit die »Illenauer Familie« zusammen, eine große Gemeinschaft aus Kranken und Heilenden. Das Behandlungskonzept war so erfolgreich, dass aus dem In- und Ausland bald zahlreiche Familien anreisten, um Hilfe für Angehörige zu suchen. Darunter waren auch viele Reiche und Adelige, die ihrerseits die Illenau dankbar unterstützten.

Die Klinik hatte 1842 im Beisein des Großherzogs ihre Pforten geöffnet, bald wurden über 300 Patienten in der Illenau betreut. Weil die Nachfrage schnell wuchs, wurden Erweiterungsbauten nötig.

Christian Rollers Verdienste gehen über die Arbeit in der Illenau hinaus. Er schuf in Baden ein System, das man heute als Sozialpsychiatrie bezeichnen würde. Ihm war es ein großes Anliegen, dass entlassene Patienten in ihrer Heimat wieder gut integriert wurden, um Rückfälle zu vermeiden. Hierfür war es notwendig, dem Physikus vor Ort Kenntnisse in der Psychiatrie zu vermitteln. Jeder badische Arzt, der ein dreimonatiges Praktikum in der Illenau absolvierte, wurde bei Stellenbesetzungen bevorzugt. Auch die Aufklärung der Seelsorger und Behörden war Roller wichtig, er schuf ein soziales Netzwerk, eine frühe Form der Gemeindepsychiatrie.

Roller leitete die Illenau bis zu seinem Tod im Jahr 1878. Sein Freund und Nachfolger Karl Hergt aus Tauberbischofsheim führte sein Lebenswerk fort. 1890 übernahm Heinrich Schüle die Leitung, ein hervorragender Wissenschaftler, der die neuesten Heilmethoden einführte. Traurig, ja tragisch war das Ende der Illenau. Die Nazis sprachen seelisch kranken Menschen das Lebensrecht ab und transportierten gegen den Willen des letzten Leiters der Illenau Hunderte von Patienten in die NS-Tötungsanstalt Grafeneck. Die Illenau wurde geschlossen und für Parteizwecke genutzt. Heute dienen die Gebäude verschiedenen Zwecken, 2015 wurde das Illenau Arkaden Museum eröffnet, ein Ort des Gedenkens, der auch über die segensreichen Jahre des Hauses informiert.

Christan Rollers Todesjahr 1878 markiert zugleich ein weiteres großes Kapitel badischer Psychiatriegeschichte. In Heidelberg wurde die Großherzoglich Badische Universitäts-Irrenklinik eröffnet, die sich zu einer der bedeutendsten Universitätspsychiatrien entwickeln sollte. Besonderen Anteil daran hatte Emil Kraepelin, der durch genaue Patientenbeobachtungen ähnliche Krankheitsbilder voneinander zu unterscheiden lehrte, die Dementia praecox von manisch-depressiven Psychosen, und so wichtige Grundlagen für spezifische Heilmethoden schuf. Aber auch Professoren wie Karl Jaspers, Karl Wilmanns, Kurt Schneider oder Ritter von Baeyer haben bis heute einen besonderen Klang in der Medizingeschichte.

Klinik Katharinenhöhe

Mitten auf der Wasserscheide, mehr als tausend Meter über dem Meeresspiegel. Herrlich geht der Blick nach Süden, wo sich Bergkette an Bergkette reiht. Dort oben, einen kurzen Fußweg von Schönwald entfernt, kaufte der Berliner Arzt Dr. Dahle ein Grundstück und ließ 1912 ein Erholungsheim für Kinder erbauen, die an Tuberkulose erkrankt waren. Das war der Anfang.

Heute steht auf der Katharinenhöhe ein freundlicher Häuserkomplex, moderne Gebäude, die viel Licht ins Innere lassen und sich doch an der Architektur klassischer Schwarzwaldhäuser orientieren. Auf dem Parkplatz sieht man Autos mit Kennzeichen aus der ganzen Bundesrepublik, ja sogar aus Frankreich und der Schweiz. Viele Autos sind mit Kindersitzen ausgestattet, und das hat seinen Grund.

Auf der Katharinenhöhe kümmert man sich um die jüngsten Patienten, um tapfere Kinder und Jugendliche, die eine schwere Krebserkrankung hinter sich haben, Operationen, Bestrahlungen, Chemotherapien, und die nun wieder Kraft schöpfen müssen, bevor sie in ihren Alltag zurückkehren. Auch Kinder mit schweren

Herzerkrankungen sind darunter. Allen ist gemein, dass sie um ihr Leben kämpfen mussten. Das hat Spuren hinterlassen, an Leib und Seele. Für beides gibt es Experten in der Reha-Klinik, Menschen, die den Patienten helfen, sich von den Folgen des Krebses und seiner Behandlung zu erholen. Und mit den Patienten sind ihre Eltern und Geschwister willkommen. Auch sie sind durch die Hölle gegangen, haben ihren kranken Lieblingen jede Hilfe und Unterstützung zukommen lassen, brauchen nun aber oft selbst Therapeuten, die ihnen helfen, wieder zu sich zu kommen und sich zu erholen.

Getragen wird die Rehaklinik Katharinenhöhe seit 1985 vom Bezirksverband Baden der Arbeiterwohlfahrt. Das Konzept der familienorientierten Rehabilitation bietet im Rahmen eines ganzheitlichen Behandlungskonzepts neben individuellen Maßnahmen auch die Chance auf eine Krankheitsbewältigung durch gegenseitige Unterstützung. Das Zusammenleben und die Gespräche mit anderen betroffenen Familien werden von vielen Gästen als große Hilfe empfunden, das Gefühl des Alleinseins wird ersetzt durch solidarische Anteilnahme. Zusammen schafft man so viel mehr. Hoch auf dem Kamm des Schwarzwaldes schöpfen krebskranke Kinder und ihre Familien Kraft und Mut, sich auf die Zukunft zu freuen.

Das Nationale Centrum für Tumorerkrankungen

Krebs ist nicht gleich Krebs. Nicht nur die Orte seiner Entstehung unterscheiden sich, jeder Tumor hat darüber hinaus seine eigene Besonderheit, abhängig vom Erbgut des Erkrankten. Gelingt es, die Gene der Tumorzellen individuell zu analysieren, eröffnen sich völlig neue Behandlungswege, kann man für jeden Patienten ein maßgeschneidertes Therapieschema entwickeln. Daran arbeitet man in Heidelberg.

Das Nationale Centrum für Tumorerkrankungen hat viele Väter und Mütter. Im NCT, wie sich das Centrum mit dem freundlichen

Neubau im Neuenheimer Feld abkürzt, arbeiten das Deutsche Krebsforschungszentrum, das Universitätsklinikum, die Medizinische
Fakultät und die Deutsche Krebshilfe eng zusammen, um den Patienten in einer eigenen Tagesklinik und Ambulanz zu helfen.

So viel Sachkompetenz zahlt sich aus. Für jeden Patienten tritt
eine eigene Expertenrunde zusammen, fachübergreifend werden
alle Befunde in der Tumorkonferenz diskutiert und eine Therapie-
empfehlung ausgesprochen. Dabei können die neuesten Forschungsergebnisse in die Behandlung mit einfließen, in enger Nachbarschaft
stehen darüber hinaus die modernsten, zielgenauesten Bestrahlungs-
geräte zur Verfügung.

Nirgendwo in Deutschland findet eine so enge Verzahnung von
Forschung und Heilbehandlung statt wie in Heidelberg. Bei aller
Wissenschaftlichkeit aber hat man großen Wert darauf gelegt, den
Patienten nicht nur medizinisch zu helfen, sondern sie in ihrer gesam-
ten schwierigen Lebenssituation zu unterstützen und zu begleiten,
Psychologen und soziale Dienste stehen bereit zu helfen, wenn dies
notwendig erscheint.

Noch ist es nicht möglich, jeden Patienten zu heilen. Das NCT
will keine falschen Hoffnungen wecken. Und doch sind die neuen
Ansätze vielversprechend, versuchen sie doch, den Gemeinheiten der
Tumorzellen auf die Schliche zu kommen und ihnen ihre Geheimnisse
zu entlocken. Nur einen Feind, den man kennt, kann man erfolgreich
bekämpfen. Dieses Wissen zu mehren, daran wird in Heidelberg
intensiv gearbeitet. Allein am Deutschen Krebsforschungszentrum
sind mehr als 3.000 Mitarbeiterinnen und Mitarbeiter tätig. Baden
darf stolz darauf sein, an der Spitze der Krebsforschung und der
individualisierten Krebstherapie zu stehen.

Diese wenigen Beispiele mögen genügen, die Qualität der badischen
Medizin zu würdigen. Selbst in der »Schwarzwaldklinik« im Glotter-
tal, lange nur eine schmucke Kulisse, sind wieder echte Ärzte tätig. In

der Thure-von-Uexküll-Klinik stehen 25 Behandlungsplätze für psy-
chosomatisch erkrankte Menschen zur Verfügung. Professor Brinkmann und seinem smarten Sohn Udo wird man hier nicht begegnen,
dafür aber auch keinem Drachen wie Oberschwester Hildegard.

Der Maler Hans Thoma

Baden ist ein malerisches Land. Kein Wunder, dass es viele Künstler animiert, die so vielfältigen Eindrücke auf die Leinwand zu bringen. Die vielleicht schönsten Landschaftsdarstellungen Badens haben wir einem echten Schwarzwälder zu verdanken, Hans Thoma.

Hans Thoma wurde am 2. Oktober 1839 in Oberlehen in Bernau geboren. »Mir gefällt Bernau besonders dadurch, dass es keines der geschlossenen engen Schwarzwaldtäler ist – sondern ein breites Wiesental.« Sein Vater, ein gelernter Müller, verdiente sein Geld wie so viele als Holzarbeiter, seine Mutter stammte aus einer Familie von Kunsthandwerkern. In die künstlerische Richtung gingen auch früh die Neigungen des jungen Hans. Im nahen Basel begann er eine Ausbildung zum Lithografen, auch als Anstreicher versuchte er sich. Dann hörte er, dass man in Furtwangen, dem Zentrum der Schwarzwälder Uhrenproduktion, eine Ausbildung zum Uhrenschildmaler machen konnte; die verwitwete Mutter war jedoch nicht in der Lage, das Lehrgeld aufzubringen.

So vergrub sich Hans Thoma in Malstudien, fertigte unzählige Skizzen an und verfeinerte sein Handwerk bis zur Perfektion. Man erkannte sein Talent und nahm den Zwanzigjährigen in der Großherzoglichen Kunstschule in Karlsruhe auf, die führende Akademie von Baden. Die Sehnsucht nach seinem Heimattal aber verließ ihn nie. An seine Schwester schrieb er: »Grüße mir den Wald, der sich jetzt mit jungem Grün schmückt, und sage, dass ich oft seiner gedenke. Grüße mir die dunklen Tannen, die ernst ins Tal hinuntersehen, und sage der Heide, wenn sie blühe, komme ich wieder.«

Nach Basel, Düsseldorf und Paris reiste er, um neue Eindrücke zu empfangen, ließ sich dann in der Kunsthauptstadt jener Zeit, in München, nieder, heiratete die Malerin Cella Berteneder und zog mit der Familie nach Frankfurt und in den Taunus. Der zwölf Jahre ältere Baseler Arnold Böcklin faszinierte ihn mit seinen mythologischen, symbolistischen Bildern, größer aber vielleicht noch war der Einfluss des Franzosen Gustave Courbet, der mit seinem Mut zum Realismus einfache, schlichte Motive zum Kunstwerk erhob.

Eine Ausstellung im Münchner Kunstverein bedeutete für Hans Thoma den Durchbruch. In der Porträtmalerei entwickelte er eine besondere Begabung, aus lebendigen Augen blickt einem die Seele des Porträtierten an. Hierin fand er zu Meisterschaft, und in der Wiedergabe von Naturszenarien. Hans Thomas Landschaftsdarstellungen entzückten das Publikum. In ihrer Lebendigkeit und flirrenden Bewegung erinnern manche an den frühen Impressionismus, in ihrer Anschaulichkeit und Detailtreue, die aber nicht idealisierend oder gar kitschig wirkt, erfüllen sie die Sehnsüchte des Betrachters nach Harmonie von Mensch und Natur: das Tal von Bernau, eine blumenpflückende Frau auf einer Waldwiese, ein tanzender Kinderreigen, ein wanderndes Bächlein, der Rhein bei Säckingen ...

1899 wurde Hans Thoma zum Professor an der Großherzoglichen Kunstschule in Karlsruhe ernannt, über zwanzig Jahre unterrichtete er dort junge Künstler. Sein Bernauer Hochtal, das Tal seiner Kindheit, aber hat der Weitgereiste nie vergessen. Wie ein goldenes Glück erschien es ihm; die Erinnerung an die friedlichen, sanft geschwungenen Hügellandschaften, die sonnendurchfluteten grünen Auen, die dunklen, ernsten Wälder behielt er wie einen Schatz in seinem Herzen. »Wie schön ist's am Bächlein im schattigen Tannenwald, am goldbraunen Bächlein von samtgrünem Moosufer umfasst. Wenn ich beim Gemurmel des Wassers so halb einschlummere, so ist mir, als ob Engel aus einer besseren Welt mich umschwebten.«

Tipp: Hans Thoma hatte Bernau nicht vergessen und Bernau nicht Hans Thoma. Im Hans-Thoma-Museum erhält man einen schönen Einblick in das Leben des großen Malers, sehenswert sind auch die beiden großen Seitenaltarbilder in der Kirche St. Johann, Maria als

Himmelskönigin und Johannes der Täufer, der auf den kommenden Christus verweist. Wer gerne wandert, dem sei der Hans-Thoma-Weg empfohlen, das Geburtshaus befindet sich in Privatbesitz und kann leider nicht besichtigt werden. Die umfangreichste Sammlung an Werken von Hans Thoma findet sich nahe seinen Hauptwirkungs-stätten: in der Kunsthalle Karlsruhe und im Frankfurter Städel.

August Macke

Sommer 1899. Ein Schüler dampft mit der Chanderli von Basel den Schwarzwald hinauf. Er stammt nicht von hier, kommt aus Bonn, wo er sein Abitur machen soll. Nur ungern besucht er die Schule, das Einzige, was ihn interessiert, ist Zeichnen und Malen. Er will einmal Künstler werden, das steht für ihn fest. Zum Glück sind die Sommerferien da, die schönste Zeit des Jahres, die Befreiung von allen Zwängen. Seine Schwester Auguste hat ihn eingeladen, sie wohnt in Kandern, hat den *Kronen*-Wirt geheiratet. Es werden herrliche Wochen. Der unternehmungslustige Schüler freundet sich mit zwei jungen Franzosen an, wandert mit ihnen über die Höhen. Daneben macht er sich in der *Krone* nützlich, holt die Gäste mit der Kutsche vom nahen Bahnhof ab und treibt seine Späße mit ihnen. Ein vornehmes Schweizer Ehepaar ist mit seiner hübschen Tochter angereist. August verliebt sich; als sie abreisen muss, verspricht er ihr zu schreiben. Das Mädchen erschrickt. Auf gar keinen Fall! Wenn die Mutter die Briefe liest! – Ach was, sie solle nur ganz unbesorgt sein. Harmlose Ansichtskarten würde er schreiben, mehr nicht. Doch wenn sie die Briefmarke ablöse, stünden darunter feinsäuberlich die eigentlichen Grüße.

Die meiste Zeit gehört der Kunst. August zeichnet alles, was ihm begegnet. Er porträtiert die Gäste in der Wirtsstube, geht hinaus auf die grünen Hügel, hinein in den Wald, in dunkle Schluchten, wo die fließenden Wasser murmeln. Oft lässt er sich auf einem gefällten Baumstamm nieder, zieht seinen Skizzenblock hervor und hält mit schnellen, sicheren Strichen fest, was er sieht. »Ich kenne keinen Ort, der derart klassische Motive aufzuweisen hätte wie dieses herrliche Kandern«, schreibt er nach Bonn.

Noch oft wird er nach Kandern kommen. Von hier aus startet er seine erste Reise nach Paris, wo er den Impressionisten begegnet und aus dem Staunen nicht mehr herauskommt. Hatte er zuvor Böcklin und Thoma bewundert, so wird die neue französische Kunst nun zu seinem Vorbild. Doch bei den Impressionisten bleibt er nicht stehen, sie sind nur eine Phase auf dem Weg zur Entwicklung eines eigenen künstlerischen Weges, seines ganz eigenen Stils. Auch das geliebte Kandern hält er in Bildern fest: eine Wäscheleine im Wind; den Freund Cito auf dem Dach des Anbaus der *Krone*; die Stadthäuser, wie sie die Hügel hinaufwachsen, wie sich eine Wand über der anderen erhebt. Zu einem Töpfer fährt er, entwirft Vorlagen für keramische Arbeiten, stattet zusammen mit Cito den neuen Festsaal der *Krone* mit Wandgemälden aus, springt selbst auf der Bühne ein, als sich bei einer wandernden Schauspieltruppe ein Mann verletzt.

Ein letztes Mal ist er im Frühjahr 1914 in Kandern, mit seiner hübschen jungen Frau Elisabeth und seinen beiden kleinen Jungen, die Mappe voller Skizzen und Aquarelle, die er aus Tunis mitgebracht hat. Was für einem Licht, was für Farben ist er dort begegnet, was für exotischen Welten! Das alles will er nun in Ruhe in Öl ausführen, Stoff für ein ganzes Jahr. Doch es kommt anders. Der Erste Weltkrieg bricht aus, wenige Monate später fällt August Macke in seinem geliebten Frankreich. Mit nur 27 Jahren. Viele glückliche Stunden hat er im Schwarzwald verbracht.

Tipp: Es lohnt sich, den August-Macke-Rundweg durch Kandern zu gehen. Wer es nicht ins schöne Kandern schafft, kann den Ort im Freiburger Museum für Neue Kunst bewundern, wo einige Werke von August Macke hängen.

Badener des Jahres

»Und der Gewinner ist ...« Einmal im Jahr hält ganz Baden die Luft an, immer dann, wenn die Fastnacht ihren Höhepunkt erreicht. Dann nämlich wird in Karlsruhe eine besondere Auszeichnung vergeben: die Wahl zum »Badener des Jahres«. Seit 1992 wird jährlich ein Preisträger gekürt, jemand, der sich besondere Verdienste um das Land Baden erworben hat. Der erste war ein Fußballer mit dem schönsten zweiten Vornamen der Welt, der KSC-Stürmer Sergei Wjatscheslawowitsch Kirjakow, dank dessen Schussgewalt der KSC den sechsten Platz der Bundesliga eroberte. Es folgten zahlreiche Künstler, engagierte Heimatfreunde, Unternehmer mit Herz für ihre Heimat, aber auch Überraschungen wie 2006 die Bürgerinnen und Bürger der Stadt Mosbach, die einzige Bürgerschaft, die sich bei der Hitparade des SWR für das Badnerlied eingesetzt hatte. Selbst ein gutes Bier kann eine Chance haben, als »Badener des Jahres« zu glänzen: 2011 ging die Urkunde an das »Tannenzäpfle«.

Wer kam bloß auf den Gedanken, den Badener des Jahres zu küren? Wie so viele witzige Ideen ist auch diese dem »Bund Freiheit statt Baden-Württemberg« zu verdanken. Wer dahinter eine revanchistische, ewig-gestrige Altherrenriege vermutet, der irrt. Der B.F.s.B.W., so die offizielle Abkürzung, wurde am 19. Dezember 1977 um 23:12 Uhr im *Hoepfner Burghof* in der Karlsruher Oststadt gegründet. Gemäß Selbstauskunft »aus einer Bierlaune« heraus. Heute gehören den badischen Freiheitskämpfern über 500 Mitglieder an, die sich unter anderem für die Abschaffung der Schilder »Baden verboten« einsetzen. Man erkennt die Vereinsmitglieder an ihrer Neigung zum Augenzwinkern. Elsass, Schweiz, Bayern und Pfalz werden als befreundetes Ausland angesehen, der Stuttgarter Zentralismus jedoch lustvoll bekämpft. In der Satzung steht: »Der Verein löst sich ferner auf, wenn das Land Baden-Württemberg nicht mehr besteht und das Land BADEN entweder selbstständig ist oder als Ganzes einem nicht württembergisch majorisierten Bundesland angehört.« Was für ein Bundesland das sein könnte, wird nicht gesagt. Da südlich nur die Schweiz, westlich allein Frankreich liegt, käme nur der Norden infrage. Rheinland-Pfalz? Hessen? Bayern gar? Andere Grenzen gibt es nicht. Man darf gespannt sein.

Wie jeder anständige Verein verfügt auch der »Bund Freiheit statt Baden-Württemberg« über Mitglieder, die besondere Ämter einnehmen. Ungewöhnlich aber – und auch hierin zeigt sich der Geist des Vereins – sind Positionen wie der »Referent für das Geburtstagswesen« oder die »Referentin für das Heimfahren besoffener Vereinsmitglieder«. So viel Fürsorge war selten. Mit Spannung wird die Wahl des nächsten »Badener des Jahres« erwartet. Topfavorit ist Jogi Löw, seine schärfste Konkurrentin aber ist – wer hätte es gedacht? – die Schwarzwaldforelle.

Tipp: Wer sich für die Arbeit des Bundes interessiert und gerne Mitglied werden will: einfach bei www.bfsbw.de vorbeischauen.

Wichtige Politikerinnen und Politiker

Bei diesem Kapitel fällt die Auswahl besonders schwer, will man sich auf zehn Persönlichkeiten beschränken. Wen soll man aus der reichen badischen Geschichte hervorheben? Neben der historischen Bedeutung der einzelnen Person erschien es uns wichtig, Vertreter der verschiedenen Epochen badischer Geschichte zu benennen.

Sigismund von Reitzenstein

Sigismund von Reitzenstein war einer der einflussreichsten und zugleich umstrittensten Politiker Badens. Der gebürtige Franke und studierte Jurist trat 1788 in den badischen Staatsdienst ein. Damals war die Markgrafschaft Baden noch ein beschauliches Ländchen, das sich auf seine zerstreuten südlichen Kerngebiete beschränkte. Ein Jahr nach Reitzensteins Amtsantritt – rasch stieg er zum Geheimen Hofrat und zum Kammerherrn auf – brach in Paris die Revolution aus. Wenige Jahre später geriet auch Baden in den Fokus kriegerischer Auseinandersetzungen. Napoleon begann, seine Herrschaft auf ganz Europa auszudehnen, im deutschen Südwesten stellten sich die Österreicher den französischen Revolutionstruppen entgegen. Als Landvogt der Herrschaft Rötteln in Lörrach verstand es Reitzenstein mit großem Geschick, Unglück von der oberen Markgrafschaft fernzuhalten.

Reitzenstein war das, was man heute einen Realpolitiker nennt. Früh erkannte er, dass Napoleon der Mann der Stunde war und dass es für Baden keine andere Alternative gab, als sich an Napoleons Seite zu stellen. Ein Verbleiben bei den Reichsverbänden hätte den sicheren Untergang bedeutet. Dem geschickten Diplomaten gelang es 1796, in Basel einen Separatfrieden mit Napoleon auszuhandeln. Von nun an stand die Markgrafschaft eng an der Seite der Franzosen.

Reitzenstein ging als Chefdiplomat nach Paris, der Dank Napoleons war ihm gewiss. Als die antifranzösische Koalition zum Friedensschluss gezwungen wurde, stieg die Markgrafschaft 1803 zum Kurfürstentum und 1806 zum Großherzogtum auf, reiche Landgewinne waren damit verbunden. Napoleon, der Frankreichs Grenzen bis zum Rhein verschoben hatte, gewann mit Baden auf der anderen Rheinseite einen befreundeten Staat als Puffer und Alliierten. Und noch intensiver sollte die Bindung werden. Reitzenstein versuchte sich erfolgreich als Heiratsvermittler. Stéphanie de Beauharnais, eine Adoptivtochter des großen Korsen, wurde zur Frau des badischen Thronfolgers Karl Ludwig Friedrich.

Das junge Großherzogtum wurde von Reitzenstein mit fester, manchmal harter Hand zu einem modernen Staat nach französischem Vorbild geformt. Dabei hatte er gegen viele etablierte Mächte zu kämpfen, gegen einen »bigotten, ohnwissenden, herrschsüchtigen und eigennützigen« Klerus, wie er sich auszudrücken pflegte, gegen »ohnkultivierten, den Mangel an Aufklärung durch Stolz ersetzenden« Adel sowie gegen den Aristokratismus in den Städten. Außerdem mussten die neu hinzugewonnenen Landesteile integriert werden. Große Aufgaben, bei deren Erledigung der badische Minister nicht zimperlich vorging. Um missliebige Stimmen zum Verstummen zu bringen, führte er die Zensur ein und verbot manche Zeitungen ganz.

Ein souveräner Staat war Baden noch lange nicht, letztlich blieb man Vasall der Franzosen. Deren Macht zeigte sich 1810, als sie den in Ungnade gefallenen Minister Reitzenstein absetzen ließen. Reitzensteins Stunde schlug erst wieder, als Napoleon sein Waterloo erlebte. Nun wendete sich das Blatt erneut, und Reitzenstein zögerte nicht, sich von dieser Stunde an gegen die Franzosen zu stellen. So blieb Baden erneut auf der Gewinnerseite.

Die Widersprüchlichkeit Reitzensteins zeigte sich darin, dass er einerseits für eine moderne und freiheitliche Verfassung sorgte, die 1818 in Kraft trat, als Staatsminister in den Jahren 1832 bis 1842 aber alle fortschrittlichen Bemühungen im Keim zu ersticken versuchte. Wie immer man auch zum Politiker Reitzenstein stehen mag, fest steht, dass er wie kaum ein zweiter Staatsmann die Geschichte Badens geprägt hat.

Louise von Baden

Napoleon war erfolgreich geschlagen, Karl Friedrich aber in großer Not. Der badische Großherzog wurde vor eine harte Alternative gestellt: Entweder trennte er sich von seiner Frau oder man würde das Land Baden nicht als Bündnispartner akzeptieren, eine unverhohlene Drohung, die das Ende des jungen Großherzogtums bedeuten konnte. Viele schielten schon begehrlich über die Grenze, Bayern vor allem, das den Verlust der Pfalz nicht akzeptieren wollte. Warum man Karl Friedrichs Frau nicht wollte? Weil sie die Adoptivtochter des verhassten Napoleons war. Niemals sollte Bonaparte mehr Einfluss nehmen können, auch nicht durch seine Verwandten. Karl Friedrich aber stand weiter zu seiner Frau. Sie dem politischen Ränkespiel zu opfern, kam für ihn nicht infrage. Wie aber sollte er zugleich sein Großherzogtum retten?

Da kam ihm seine Schwester zur Hilfe, die schöne Louise. Von ihrer Anmut war die russische Zarin Katharina die Große so begeistert gewesen, dass sie das 13-jährige Mädchen mit ihrem 15-jährigen Enkelsohn Alexander verlobte. Die Hochzeit fand 1793 statt, im Jahr 1801 bestieg Alexander nach der Ermordung seines Vaters den russischen Thron, Louise wurde zur russischen Kaiserin. Als solche nahm sie lebhaft Anteil an der Politik, reiste selbst zum Wiener Kongress, um bei der Regelung der Nachkriegsordnung dabei zu sein. Als sie hörte, wie man ihrem Bruder, dem badischen Großherzog, zusetzte, trat sie vehement für ihn ein und rettete auf diese Weise sowohl seine Ehe als auch den Fortbestand des Großherzogtums Baden.

Wer war Louise von Baden? Viele kleine Mädchen träumen davon, Prinzessin zu werden. Ob dieser Beruf wirklich erstrebenswert ist? Louise müssen wir uns als unglückliche Frau vorstellen. Das Leben als Zarin behagte ihr wenig, sie war nicht für den glänzenden Hof geschaffen. Zurückgezogen lebte sie im Kreis ihrer Freundinnen, schätzte Literatur und Kunst und sehnte sich nach einem Mann, den sie lieben konnte. Den Zaren fand sie zwar sympathisch, mehr aber auch nicht. So tröstete sie sich mit Liebhabern, bekam zwei Mädchen, über deren mögliche Väter viel gemunkelt wurde. Beide Töchter starben mit nur einem Jahr, Louise verfiel in eine tiefe Traurigkeit, ihre Einsamkeit verstärkte sich unerträglich. Ihre letzten Lebensjahre verbrachte die schöne Louise an der Seite ihres Mannes in einem kleinen Landhaus im südlichen Russland, eine Lungenerkrankung machte milderes Klima notwendig. Fern vom Hofe gewann sie ihre Seelenruhe zurück, das Zarenpaar näherte sich wieder an. Dann starb Alexander an Typhus, 1826, ein Jahr später, folgte ihm Louise, die Zarin aus dem Hause Baden.

Anmerkung: Lebensgroß und lebensnah begegnet uns Louise als Bronzeskulptur in Baden-Baden.

Friedrich I., Großherzog von Baden

51 Jahre. Niemand hat Baden länger regiert. Als Friedrich im Jahr 1856 den Thron bestieg, lag eine bleierne Schwere über dem Lande. Die Revolution von 1849 hatte sein Vater Leopold mithilfe der Berliner Verwandtschaft brutal niederschießen lassen, viele fortschrittliche Badener hatten darauf resigniert oder waren ins Ausland gegangen, nicht wenige nach Amerika. Durfte man sich von dem dreißigjährigen Friedrich mehr versprechen? Skepsis schien angebracht, immerhin

war Friedrich als Mitglied der Ersten Kammer der Badischen Stände-versammlung in den Revolutionsjahren mitverantwortlich für die Niederschlagung der republikanischen Aufstände gewesen.

Die Zweifel erwiesen sich als unbegründet. Friedrich entwickelte sich zu einem klugen und liberalen Herrscher, aufgeschlossen für die Errungenschaften der Moderne. Nach Kräften förderte er die aufkommende Industrie und den Städtebau. Besonders Mannheim wuchs aufgrund seiner bevorzugten Lage zu einer quirligen Arbeiterstadt heran. Den Wissenschaften und Künsten war Friedrich gleichfalls zugetan, sowohl die Technische Hochschule als auch die Kunsthochschule in Karlsruhe haben ihm viel zu verdanken. Klug ordnete Friedrich auch das Verhältnis zwischen Kirche und Staat. Gegen alle Widerstände führte er 1869 die zivile Ehe ein, unterstellte den Religionsunterricht der kirchlichen Aufsicht, den Unterricht in den übrigen Fächern aber dem Staat. Als Anhänger der konstitutionellen Monarchie führte Friedrich 1904 die geheime und direkte Wahl zur zweiten Kammer des badischen Parlaments ein.

Nicht zu unterschätzen ist Friedrichs Rolle bei der Schaffung des Deutschen Kaiserreichs. Früh trat er, der eine preußische Prinzessin geheiratet hatte, dem Norddeutschen Bund bei, der unter preußischer Führung stand, und war ein treuer Bündnisgenosse, als 1870 der Krieg gegen die Franzosen ausgerufen wurde. Am 18. Januar 1871, als man (unseligerweise) den Spiegelsaal von Versailles für die Proklamation Wilhelms zum deutschen Kaiser auserkoren hatte, war Friedrich von Baden der Erste, der das Hoch auf Kaiser Wilhelm ausbrachte, während zugleich Prinz Otto von Bayern wegen des Verlustes der Souveränität die Tränen kamen.

Friedrichs vielleicht größtes Versäumnis war, sich nicht für eine Versöhnung mit den Franzosen eingesetzt zu haben – als südwestdeutscher Fürst wäre ihm diese Rolle zugefallen. Man kann ihm den postumen Vorwurf nicht ersparen, als zu treuer Vasall seiner preußischen Verwandtschaft die Katastrophe des Ersten Weltkrieges mitverantwortet zu haben. Er musste den Krieg nicht miterleben, 1907 starb er, nach über fünfzigjähriger Regierungszeit.

Unter seinem marmornen Ebenbild liegt er in der Großherzoglichen Grabkapelle von Karlsruhe, die er hatte errichten lassen, um in Ruhe um seinen jung verstorbenen Sohn Ludwig trauern zu können. Neben Friedrich liegt seine Frau Luise. Ihre Lebensleistung rechtfertigt ein separates Kapitel.

Luise von Preußen

Luise von Preußen – die einzige Tochter Prinz Wilhelms von Preußen, des späteren Kaisers Wilhelm I. – wurde 1838 in Berlin geboren. Die meiste Zeit ihres Lebens aber verbrachte sie an der Seite ihres Mannes Friedrich in Baden. Am 20. September 1856, wenige Tage nach dessen Proklamation zum Großherzog, heirateten die beiden im Berliner Stadtschloss.

Luise versuchte mit großem Engagement, ihre Rolle als »First Lady« von Baden auszufüllen, so wie es ihr von klein auf beigebracht worden war. Traditionsgemäß fielen ihr als Fürstin die sozialen Aufgaben zu. Ihre vielleicht wichtigste Tat war die Gründung des ersten Badischen Frauenvereins, der sich 1859 zur Rot-Kreuz-Schwesternschaft entwickelte. Die Förderung der Frauen lag ihr besonders am Herzen. So übernahm sie gerne die Schirmherrschaft, als 1885 die Malerinnenschule eröffnet wurde. Talentierten Frauen war bislang die Ausbildung zur Künstlerin verwehrt geblieben.

Luise erlebte Glanz und Elend des Landes Baden. Die Niederlage des von ihrem nahen Verwandten Wilhelm II. regierten und kommandierten Deutschlands im Ersten Weltkrieg schmerzte sie tief, tiefer vielleicht noch dessen erzwungener Rücktritt und das Ende der Monarchie auch in Baden. Hohe Verluste waren während des Krieges bei ihren Landeskindern zu beklagen gewesen. Die auf

Luises Engagement zurückzuführende Rot-Kreuz-Schwesternschaft verrichtete bis zur völligen Überforderung in den Lazaretten ihren Dienst. Mit der Ausrufung der Republik in Baden im Jahr 1918 musste Luise flüchten. Zunächst fuhr sie nach Mainau, das ihr Mann zu seiner privaten Insel gemacht und exotisch bepflanzt hatte, ab dem Herbst 1919 hielt sich die ehemalige Landesfürstin meistens im Schloss Baden-Baden auf, wo sie 1923 mit 84 Jahren verstarb. An Luise erinnern in Baden viele Orte, der schönste ist zweifelsohne der Luisenpark in Mannheim, den ihr die Stadt 1896 zu ihrem 58. Geburtstag geschenkt hat, für viele eine der schönsten Parkanlagen der Welt.

Friedrich Ebert

»Ich will und werde als der Beauftragte des ganzen deutschen Volkes handeln, nicht als Vormann einer einzigen Partei. Ich bekenne aber auch, dass ich ein Sohn des Arbeiterstandes bin, aufgewachsen in der Gedankenwelt des Sozialismus, und dass ich weder meinen Ursprung noch meine Überzeugung jemals zu verleugnen gesonnen bin.«

Mit diesen Worten erklärte Friedrich Ebert, dass er die Wahl zum Reichspräsidenten annehmen werde. Am 11. Februar 1919 hatte ihn die in Weimar tagende Nationalversammlung das Vertrauen geschenkt. Die junge deutsche Demokratie stand vor großen Herausforderungen. Der Versailler Vertrag bedeutete eine hohe Belastung, die Wirtschaft lag darnieder, rechte und linke Extremisten kämpften gegen die Republik und auch gegen deren höchsten Repräsentanten, den aus einer einfachen Heidelberger Schneiderfamilie stammenden SPD-Politiker Friedrich Ebert. Manche Kreise entfachten eine regelrechte Schmutzkampagne gegen den ehrenwerten Präsidenten, veröffentlichten Bilder, die ihn in Badehose zeigten. »Heil dir am Badestrand, Herrscher im Vaterland«, verhöhnte ihn das Witzblatt

Kladderadatsch, und Hitler verspottete ihn in *Mein Kampf* als Kneipen-
wirt.

Über fünf Jahre war Friedrich Ebert der nominell erste Mann der
jungen Weimarer Republik, jedoch wollte er sich keineswegs auf reprä-
sentative Funktionen beschränken. Entschieden versuchte er weiterhin,
die Politik mitzugestalten, besonders, wenn es um die Interessen der
Arbeiterschaft ging. Solche Versuche aber wurden selbst von seinen
SPD-Freunden blockiert. So musste der von früher Jugend an engagierte Sozialdemokrat mitansehen, wie alle wichtigen Entscheidungen
ohne ihn getroffen wurden, oft sogar, ohne ihn überhaupt einzuweihen.

Traurig war sein Ende. Ein Redakteur der *Mitteldeutschen Presse* hatte
schwere Vorwürfe gegen Friedrich Ebert erhoben, hatte ihm vorgewor-
fen, die Niederlage Deutschlands im Ersten Weltkrieg mitverschuldet
zu haben, speziell durch seine Beteiligung am Januarstreik 1918, als
Millionen von Arbeitern neben verbesserten Arbeitsbedingungen ein
Ende des Krieges und eine demokratische Verfassung gefordert hatten. Landesverrat sei das gewesen, warf ihm der Zeitungsmann vor,
»Landesverrat« urteilte auch das Gericht, das über die von Friedrich
Ebert eingereichte Beleidigungsklage zu befinden hatte. Der Prozess
hatte den Reichspräsidenten so sehr in Anspruch genommen, dass er
die dringend notwendige Operation seines entzündeten Blinddarms
hinausschob. Der Appendix platzte, der erst 54-jährige Badener starb
qualvoll an einer Bauchfellentzündung. Unter großer Anteilnahme
der Bevölkerung wurde Friedrich Ebert auf dem Bergfriedhof seiner
Heimatstadt Heidelberg beigesetzt.

Constantin Fehrenbach

Oktober 1913, Zabern im Elsass. Ein junger deutscher Leutnant beleidigt die örtliche Bevölkerung unflätig, die setzt sich mit friedlichen
Protesten zur Wehr. Daraufhin rückt das Militär aus und nimmt

rechtswidrig mehrere Gefangene. Bürgerrechtler verlangen eine Bestrafung der verantwortlichen Offiziere, doch der Reichskanzler und Kaiser Wilhelm schauen weg, ja, Kronprinz Wilhelm erdreistet sich sogar, folgendes Telegramm ins Elsass zu schicken: »Immer feste druff!«

Auch im Reichstag wird die Zabern-Affäre diskutiert. Zu Wort meldet sich Constantin Fehrenbach, der Abgeordnete des Wahlkreises Ettenheim-Lahr. Mit klaren und deutlichen Worten wendet er sich gegen die stattgefundenen Übergriffe des Militärs und hält ein eindrucksvolles Plädoyer für den zivilen Verfassungsstaat. Es könne und dürfe nicht sein, dass das Militär einen Staat im Staate bilde. Es habe sich ebenfalls unter das Gesetz zu stellen.

Mit dieser mutigen Rede wurde Constantin Fehrenbach in ganz Deutschland berühmt. Die Karriere des Zentrum-Mannes aber war damit noch nicht zu Ende. Nach dem Ersten Weltkrieg wurde der 1852 in Wellendingen bei Bonndorf als Sohn des Dorfschullehrers geborene Fehrenbach in Weimar zum Reichstagspräsidenten gewählt, 1920 sogar zum Reichskanzler. Mit großem Einsatz versuchte er die strengen Bedingungen des Versailler Vertrags abzumildern, erreichte auch Teilerfolge, konnte jedoch nicht verhindern, dass die Siegermächte Reparationsleistungen erzwangen, über den Rhein setzten und bedrohliche Brückenköpfe errichteten. Nach nur einem Jahr musste Fehrenbach mit seinem Kabinett zurücktreten.

Politisch aber engagierte sich der Schwarzwälder weiter. Geschockt durch den antisemitisch motivierten Mord am deutschen Außenminister Walter Rathenau, beschloss Constantin Fehrenbach, ein Zeichen zu setzen, und übernahm den stellvertretenden Vorsitz des »Vereins zur Abwehr des Antisemitismus«. Auch wirkte Fehrenbach weiter als Fraktionsvorsitzender des Zentrums im Reichstag. Er starb 1926 mit 74 Jahren und wurde auf dem Freiburger Hauptfriedhof beigesetzt.

Fehrenbach folgte ein weiterer Badener im Amt des Reichskanzlers. Auch der Freiburger Joseph Wirth gehörte dem Zentrum an, mit nur 41 Jahren war er der jüngste aller deutschen Kanzler. Joseph Wirth gehörte zum linken Flügel des Zentrums, hatte sich als Sohn eines einfachen Freiburger Werkzeugmachers schon früh für die Rechte der Arbeiter eingesetzt. Zusammen mit Außenminister Rathenau gelang ihm mit dem Vertrag von Rapallo ein überraschender Erfolg, die Sowjetrepublik verzichtete auf Reparationszahlungen. Hierdurch hatte sich das Deutsche Reich ein Stück Souveränität zurückerworben. Schlimm traf Joseph Wirth die Ermordung Rathenaus, schlimm auch die Reaktionen der Deutschnationalen. Fast prophetisch war die Rede des Breisgauers vom 25. Juni 1922, die er mit großer Emotionalität im Reichstag hielt. Auf die deutschnationalen Hetzer zeigend, sprach er die berühmt gewordenen Worte: »Da steht der Feind, der sein Gift in die Wunden des Volkes träufelt. Da steht der Feind – und darüber ist kein Zweifel: dieser Feind steht rechts!«

Leider scheiterte Joseph Wirth bei dem Versuch, alle demokratischen Kräfte zu einer Koalition zusammenzubringen, im November 1922 trat er zurück. In weiteren Kabinetten aber war er weiter als Minister tätig, verstand es vor allem, seine Beliebtheit bei der SPD für notwendige Mehrheiten der demokratischen Parteien zu nutzen. Erst 1931 schied er aus dem Kabinett aus. Reichspräsident Hindenburg hatte darauf gedrängt, der Badener Zentrumspolitiker betrieb ihm eine zu linke Politik.

Eine letzte leidenschaftliche Rede hielt Joseph Wirth im März 1933. Mit aller Entschiedenheit lehnte er das Ermächtigungsgesetz ab, das Hitler die Alleinherrschaft sichern sollte und dem er dann doch aufgrund des strikten Fraktionszwanges zustimmen musste. Joseph Wirth war so klug, nicht zu warten, sondern die Emigration zu wählen. Noch aus dem Exil heraus versuchte er, sich einzumischen und das Schlimmste zu verhindern. Besonders zu Herzen ging ihm die Vernichtungspolitik gegen die Juden. Joseph Wirth bemühte sich darum, den Vatikan aufzurütteln und die katholische Kirche zu klaren Stellungnahmen zu bewegen, auch zu Widerstandsgruppen hielt er Kontakt.

Umso unverständlicher der Umgang der Bundesrepublik mit Joseph Wirth. Weil sich dieser – in der Tradition des Vertrags von Rapallo stehend – für den Dialog mit Russland aussprach und gegen eine reine Westbindung, welche die Teilung Deutschlands bedeutete, bezeichnete man ihn als Kommunistenfreund und verweigerte ihm die Zahlung einer Rente. So kam es zu der kuriosen und zugleich beschämenden Situation, dass die DDR einen Zentrumspolitiker mit etwas Geld über Wasser hielt. 1956 starb Joseph Wirth im heimatlichen Freiburg, sein Grab befindet sich ebenfalls auf dem Hauptfriedhof.

Marianne Weber

»Wir wollen unsere Töchter nicht ahnungslos [...] in die Arme des Mannes werfen. Wir wollen ihnen endlich die Bildung und Selbstständigkeit mitgeben, die sie befähigt, später auch ihren Söhnen nicht nur Pflegerinnen, sondern geistige Kameradinnen zu sein, in der festen Überzeugung, dass jede Steigerung der Achtung vor der Frau, nicht als Geschlechtswesen, sondern als Mensch, auch die sittliche Kultur des Mannes steigert.«

Marianne Weber (1870–1954) war eine frühe Kämpferin für die Rechte der Frauen. Eine geistige Kameradin war sie ihrem noch bekannteren Mann, dem fortschrittlichen Soziologen Max Weber. 1893 hatten die beiden geheiratet und zunächst in Freiburg, dann in Heidelberg eine neue Heimat gefunden. In einer schönen Villa unmittelbar am Neckarufer führten sie ein unkonventionelles Leben, versammelten viele Gäste um sich, um mit ihnen gesellschaftliche Fragen zu diskutieren. Wie ihr Mann, so war auch Marianne Weber wissenschaftlich tätig. Als ihr Hauptwerk gilt das 1907 veröffentlichte Buch *Ehefrau und Mutter in der Rechtsentwicklung*, eine ebenso gescheite wie kritische Analyse der bestehenden Verhältnisse.

Doch nicht nur durch aufklärerische Schriften wirkte die gebürtige Westfälin. Als nach dem Ersten Weltkrieg die Republik Baden ausgerufen wurde, zog sie für die Deutsche Demokratische Partei in den Wahlkampf und wurde in den Landtag gewählt. Eine Feststunde war der Tag, als der Landtag erstmals zusammentrat. Viele Reden wurden gehalten, auch Marianne Weber trat ans Rednerpult, als erste Frau überhaupt.

Als ihr Mann an einem Nervenleiden erkrankte, kümmerte sie sich aufopferungsvoll um ihn. Auch dass er ein Verhältnis zu einer anderen hatte, verzieh sie ihm und blieb mit der Konkurrentin noch nach dem Tod ihres Mannes freundschaftlich verbunden. Neben ihren Werken zur Frauenfrage ist die Biografie über ihren Mann von ganz besonderem Wert. Marianne Weber starb 1954 in Heidelberg. Sie liegt auf dem Bergfriedhof begraben.

Leo Wohleb

Die Engländer, Amerikaner und Russen hatten sich schon vor dem Ende des Zweiten Weltkriegs geeinigt, Deutschland in drei Besatzungszonen aufzuteilen. Wem das nicht passte, war General de Gaulle. Auch die Franzosen sollten nach dem Krieg mitreden, wie es mit Deutschland weiterging. Hierfür aber war es nötig, ein militärisches Signal zu geben. Entgegen aller Absprachen drangen die Franzosen über den Rhein, besetzten Karlsruhe und auch Stuttgart. Die Amerikaner reagierten verschnupft und drohten mit Sanktionen, die Franzosen mussten sich in das Gebiet südlich der Autobahn Karlsruhe–Ulm zurückziehen.

Diese Zusammenhänge muss man kennen, um zu verstehen, wie es mit dem Land Baden weiterging. Die Amerikaner vereinten Nordbaden mit Nordwürttemberg zum Land Württemberg-Baden, die Franzosen teilten ihr Gebiet in (Süd-)Württemberg-Hohenzollern und Baden mit Freiburg als Sitz der Militärregierung. Bereits in der unmittelbaren Nachkriegszeit ernannten die Franzosen einen unbelasteten Mann zum Referenten für das badische Hochschulwesen: Leo Wohleb.

Leo Wohleb war 1888 in Freiburg zur Welt gekommen. Seine Mutter stammte aus Gottenheim am Kaiserstuhl, sein Vater aus einer alteingesessenen Freiburger Familie. Der begabte Sohn wurde Gymnasiallehrer, interessierte sich aber zugleich lebhaft für die Politik. So kümmerte sich der sozial engagierte Pädagoge neben seiner Tätigkeit am Bruchsaler Gymnasium um die Organisation der kommunalen Milch- und Käseversorgung. Daneben setzte er seine begonnenen wissenschaftlichen Untersuchungen zur altchristlichen Literaturgeschichte fort. 1930 wurde Leo Wohleb zum Direktor des Donaueschinger Gymnasiums ernannt. Während der Nazizeit war der überzeugte Demokrat zahlreichen Repressionen ausgesetzt, wurde an ein kleines Gymnasium in Baden-Baden versetzt.

Nach dem Krieg sah Leo Wohleb keine Zukunft mehr für das Zentrum, die politische Heimat seiner Familie. Die Zeit konfessionsgebundener Parteien war vorbei, neue Volksparteien wurden notwendig. Am 20. Dezember 1945 gründete sich die Badische Christlich-Soziale-Volkspartei, ein Vorläufer der CDU, mit Leo Wohleb als Vorsitzendem. Die BCSV entwickelte sich zur dominierenden Kraft im Ländle. Nur anderthalb Jahre später wählte man Leo Wohleb zum ersten badischen Landesvater der Nachkriegszeit. Die Zeiten waren hart, die Städte und die Industrie zerstört. Essen und Wohnraum waren knapp, zudem musste eine große Anzahl von Flüchtlingen aus den Ostgebieten versorgt werden. Mit großem Einsatz kümmerte sich Leo Wohleb um die Menschen, in Baden ging es wieder aufwärts.

Doch ein großer Kummer blieb, die Trennung Badens in einen südlichen und einen nördlichen Teil. Alle Energie und Überzeugungskraft setzte Leo Wohleb daran, Baden wieder zu vereinigen und zu einem selbstständigen Bundesland zu machen. Vergebens. Sein Lebenstraum sollte sich nicht erfüllen, zu viele Widerstände stellten sich ihm in den Weg. Fünf Jahre war Leo Wohleb Staatspräsident des Landes Baden, 1952 verlor auch dieser südliche Teil seine Eigenständigkeit und ging im Land Baden-Württemberg auf.

Bundeskanzler Adenauer ernannte Leo Wohleb zum Ersten Gesandten der Bundesrepublik in Lissabon. 1955 starb der engagierte Badener in Frankfurt. Mit einem Staatsbegräbnis wurde er auf dem Freiburger Hauptfriedhof beigesetzt.

Wolfgang Schäuble

Sparen ist schwäbisch? Das kann man auch anders sehen. Der Badener Wolfgang Schäuble jedenfalls erwarb sich den Ruf des größten Sparschweins der Nation. Als schwarze Null bezeichneten ihn manche auch respektlos und ignorierten, worin die Leistung des gebürtigen Freiburgers besteht. Kaum ein Finanzminister hat bislang so konsequent darauf geachtet, den Haushalt zu sanieren und keine neuen Schulden mehr zuzulassen. Nicht um des Sparens willen, nicht als Selbstzweck, sondern weil der Breisgauer immer der festen Überzeugung war, dass nur ein nicht-überschuldeter Staat seine Handlungsfähigkeit behält. Jeder Euro, der für Tilgungen verwendet werden muss, steht nicht mehr für den Haushalt zur Verfügung. Eine vernünftige Sparpolitik ist zukunftsgerichtet, erhält die Chancen für die junge Generation. Wer würde es wagen, als Privatmensch seinen Kindern einen Berg von Verbindlichkeiten zu vererben?

Schon Wolfgang Schäubles Vater war Politiker, saß für die CDU im badischen Landtag. Als junger Jurist begann Wolfgang Schäuble bei der Steuerverwaltung des Landes Baden-Württemberg, brachte es bis zum Regierungsrat beim Finanzamt Freiburg. Mit Steuern hat er sich also schon früh beschäftigt. Im Jahr 1972 wurde er als CDU-Kandidat des Wahlkreises Offenburg erstmals in den Bundestag gewählt und brachte es über die Jahrzehnte zum dienstältesten Abgeordneten in der Geschichte der Bundesrepublik.

Auch sein größter Fehler soll nicht verschwiegen werden. Unter seiner Verantwortung wurde eine Großspende an die CDU nicht ordnungsgemäß deklariert. Immerhin besaß Schäuble die Größe, sich hierfür im Bundestag in aller Form den Bürgern gegenüber zu entschuldigen. Von Helmut Kohl schon als künftiger Kanzlerkandidat gehandelt, musste sich Schäuble auf Ministerposten beschränken. Im zweiten Kabinett Merkel löste er 2009 Peer Steinbrück als Finanzminister ab, mit seiner Arbeit war die Mehrheit der Bundesbürger so zufrieden, dass er stets höchste Zustimmungswerte erhielt. Hierin schwingt sicher auch der Respekt vor seiner Lebensleistung mit.

Ein geistig Verwirrter schoss 1990 den sportlich aktiven Politiker bei einer Wahlkampfveranstaltung nieder, eine Querschnittslähmung war die Folge. Trotz seiner schweren körperlichen Behinderung hat sich Wolfgang Schäuble nie geschont, hat selbst gröbste Beleidigungen, etwa durch erboste Griechen, wie ein Profiboxer eingesteckt. Wie beurteilte Wolfgang Schäuble selbst seine Arbeit? »Das Finanzministerium ist eine ehrenvolle Zumutung!«

Narri! Narro!

Vorsicht! Sie müssen auf Überraschungen gefasst sein! Zur Fastnacht im Schwarzwald unterwegs, mussten wir an einer Ampel stoppen. Da öffnete sich wie von Zauberhand die Heckklappe unseres Autos, und zum Entsetzen unserer Kinder kletterte ein Hexenmeister durch den Kofferraum nach vorne, uns alle mit piksendem Stroh bewerfend. Auch bei den Fastnachtsumzügen muss man mit manchem Schabernack rechnen. Ein bunter Vogel sprang auf uns zu und stopfte uns händeweise Papierschnipsel ins Hemd. Auch kann plötzlich eine Streckschere ausfahren und uns in die Nase oder ins Genick kneifen, oder ein Hexenbesen fährt uns durch die Frisur. So mögen es die alemannischen Narren: Lustig, schalkhaft und verschmitzt ist ihr Treiben.

Uralt sind die Bräuche der alemannischen Fastnacht. Manche Volkskundler meinen, die Tradition gehe weit in vorchristliche Zeiten zurück. Schon die Kelten hätten es Anfang Februar krachen lassen, hätten sich Tiermasken geschnitzt und Strohpuppen in Flammen aufgehen lassen, um mit Getöse den alten Winter zu vertreiben und hormongesteuert den Vorfrühling zu begrüßen. Andere Wissenschaftler sind der Meinung, erst mit dem Christentum und der Fastenzeit vor Ostern seien die Fastnachtsbräuche entstanden. Schließlich musste man vierzig Tage Verzicht üben, da wollte man sich zuvor noch einmal amüsieren. In der Zeit der Aufklärung geriet die Fastnacht als Symbol abergläubischen Treibens in Verruf, die Romantiker aber gruben sie wieder aus, und in der Moderne floriert sie wie nie zuvor. Allein in den 1990er-Jahren gründeten sich über tausend neue Fastnachtsgruppen, eine jede mit einem neuen, fantasievollen Kleid.

Ein echter Narrenhästräger – so der Fachbegriff – wechselt niemals sein Kostüm, sondern trägt es, bis er selbst davongetragen wird. Jeder Ort, jede Nachbarschaft hat ihre spezielle Verkleidung, je wilder, bunter oder unheimlicher, desto besser. Charakteristisch ist die Maske aus Holz, archaische Fratzen, Teufel, wilde Tiere oder Hexen, mancherorts auch glatte, freundliche Gesichter, Weißnarren, Blätzlebueben oder Hänsele. »Narri!«, rufen sie, und wehe dem, der dann nicht sofort mit einem lauten »Narro!« antwortet. Am Dreikönigstag geht's in der Regel los, dann werden die Larven vom Staub befreit, dann schnalzen in Überlingen die Narren mit ihren Karbatschen, dann werden in Villingen die Glocken der Häser mit lautem Getöse geschüttelt, dann segnen die Narren ihr Gewand: »Sei mir gegrüßt, du edles Kleid der Narren, tritt nun hervor aus deiner Jahresbleibe.«

Die eigentliche Fasnet aber beginnt mit dem Schmotzigen Dunschtig, wenn es überall nach Fettgebackenem duftet, denn »schmotzig« kommt von »schmalzig«. Küchle und Krapfen sind die notwendige Grundlage für anstrengende Trinktage, denn im Februar ist es kalt, da braucht es so manchen Magenwärmer. Schlimm trifft es die Konstanzer, schon um sechs Uhr in der Früh werden sie aus ihren Betten getrommelt. Bis zum Dienstag ist dann in vielen badischen Ortschaften die Durchfahrt verboten, denn dann zieht der Narrensprung die Hauptstraße entlang, zu dem natürlich auch die befreundeten Nachbarzünfte herbeigeeilt sind, dann klingen die Fanfaren, tröten die Lumpenkapellen, spielen die Guggenmusiken auf. Aber: »Au die Fasnet goht it ewig!«, wie die Schönwälder betrübt feststellen. Dann hängen sie ihre Fasnetpuppe ab und verbrennen die Arme feierlich. Am Aschermittwoch muss wieder Schluss mit dem närrischen Treiben sein.

Die badische Vielfalt will es, dass auch die Freunde des Karnevals rheinischer Prägung auf ihre Kosten kommen. Wer sich nicht verprügeln oder mit dem Hexenbesen ausputzen lassen will, der feiere in Karlsruhe, Mannheim oder Heidelberg. Große Straßenumzüge und Fastnachtssitzungen sorgen auch dort für Stimmung, ebenso kann man in Au am Rhein, Baden-Baden-Oos oder Rastatt und an zahlreichen anderen Orten seinen Regenschirm umgekehrt hinhalten und süße Sachen ernten, die mit Lust und Geschrei von den Festwagen geworfen werden. Freunde des mainfränkischen Faschings treffen sich bei der Wolfsschlucht Concordia in Wertheim, wo unter den Augen des Oberwolfs und eines echten Elferrats ein Männerballett seine strammen Waden schwingt: »In Wertheim an dem Main, da lasst uns fröhlich sein.«

Badische Erfolgstrainer

Fußball ist unser Leben! Auch wenn die badischen Vereine zurzeit nicht zur Weltspitze zählen, die badischen Fußballlehrer jedenfalls mischen international mit. Ein interessantes Phänomen. Kaum eine andere Region bringt so viele Erfolgstrainer hervor. Woran das liegt? Spekulation. Vielleicht ist der Grund darin zu sehen, dass der badische Charakter Disziplin und freudige Leichtigkeit miteinander zu verbinden versteht, wichtige Voraussetzungen, um erfolgreich Fußball zu spielen.

Aus Lörrach stammt Ottmar Hitzfeld. Eigentlich wollte der Mathematiker nach seiner Spielerkarriere als Lehrer arbeiten, das Staatliche Schulamt aber fand, sein Studium sei schon zu lange her. Zu einer Nachprüfung aber hatte Hitzfeld keine Lust, und so beschloss er, Trainer zu werden. Die Entscheidung war goldrichtig, zumindest aus Sicht der Vereine, für die er Titel holte. Als die Bayernverantwortlichen im eigenen Stadion erlebten, wie Hitzfeld mit dem BVB gegen Turin die Champions-League gewann, holten sie ihn prompt an die Isar. Hitzfeld dankte es den Bayern und holte auch mit ihnen den Königstitel.

Mit dem Fahrrad zum Training kommt Christian Streich. Der Sohn eines Metzgers wuchs im südbadischen Eimeldingen auf. Hatte er schon als Spieler in Freiburg gespielt (sowohl beim FC als auch beim SC), begann er 1995 als Jugendtrainer beim Sportclub und führte die A-Jugend 2008 zur Deutschen Meisterschaft. Jugendarbeit wird in Freiburg vorbildlich und so erfolgreich betrieben, dass sich viele Vereine um die badischen Spieler reißen, Freiburg gilt als Brutkasten der Bundesliga. Als der ersten Mannschaft 2011/12 der Abstieg drohte, übernahm Christian Streich das Ruder, rettete die Saison und schaffte es mit seiner Truppe im nächsten Jahr sogar auf Platz 5 der Bundesliga, womit man sich für internationale Aufgaben qualifiziert. Christian Streich verkörpert den emotionalen

Trainertyp, der mit seinem Temperament besonders die jungen Spieler mitreißen kann.

»I'm the normal one from the black-forest!« Mit diesem Satz hatte sich Jürgen Klopp 2015 bei seinem neuen Arbeitgeber, dem FC Liverpool, vorgestellt. – Jürgen »Kloppo« Klopp wird zwar von den Schwaben gerne für sich reklamiert, weil er in Stuttgart geboren ist, aufgewachsen aber ist er bei Freudenstadt, eben im Black-Forest. Gespielt hat er unter anderem beim 1. FC Pforzheim, in die höchste Spielklasse hat es Kloppo als Aktiver nicht geschafft, denn wie er selbstkritisch anmerkte: »Ich hatte das Talent für die Landesliga und den Kopf für die Bundesliga – herausgekommen ist die zweite Liga.« Mit den schwarz-gelben Meisterschaften der Dortmunder Borussia jagte er den Bayern einen gehörigen Schrecken ein und versetzte das Revier in einen Freudentaumel. Er hat nicht nur geniale Spielideen, er kann auch geniale Sprüche »kloppen«, nach Siegen (»Das war so großartig, die Leute freuen sich ein zweites Loch in den Allerwertesten«), aber auch nach Niederlagen (»Im Spiel denken die Spieler ab und zu selbstständig, man sieht ja, was dabei rauskommt«).

Baden kann auch Weltmeister! Joachim »Jogi« Löw wuchs in Schönau im Schwarzwald auf, wo sein Vater den Leuten einheizte, indem er ihnen neue Öfen setzte. Eingeheizt hat uns auch sein Sohn, der badische Bundes-Jogi. Er machte den deutschen Traum perfekt, als er sein Team 2014 zur Weltmeisterschaft führte. Und das ausgerechnet in Brasilien. Unvergessen der Auftritt der deutschen Mannschaft gegen den Gastgeber, als jeder, der sich nur schnell ein Bier holen war, bei der Rückkehr in tiefster Verwirrung den neuen Spielstand betrachtete. Die Tore fielen so rasch wie die Zapfen von den Schwarzwaldtannen, wenn es kräftig stürmt. Danke für dieses erneute Sommermärchen, Jogi!

Und noch eine Weltmeisterschaft haben wir einem Badener zu verdanken. »Das Wunder von Bern«, Deutschlands großer Erfolg in der Nachkriegszeit, war wesentlich die Arbeit von Josef »Sepp«

Herberger, der vom Waldhof bei Mannheim stammte. Sein Vater wuchs in einer kinderreichen Wiesentaler Bauernfamilie nördlich von Karlsruhe auf, 1887 zog er nach Mannheim, um dort in einer Spiegelfabrik zu arbeiten. Aus seinem Sohn Sepp wurde ein erfolgreicher Stürmer – und ein noch erfolgreicherer Trainer. Auch von Sepp Herberger haben wir etliche Fußballweisheiten gelernt, zum Beispiel, dass der Ball rund ist und das nächste Spiel immer das schwerste. Am liebsten aber erinnert sich jeder an die letzten Minuten im WM-Kampf 1954: »Aus dem Hintergrund müsste Rahn schießen – Rahn schießt – Toooor! Toooor! Toooor! Toooor!«

Der Rhein

Rheinland-Pfalz und Nordrhein-Westfalen: stolze Rheinländer ohne Zweifel. Mit noch größerem Recht aber dürfte Baden den Rhein im Namen führen. Kein anderes deutsches Land, ja kein zweites Land überhaupt, weder die Schweiz noch Frankreich oder die Niederlande, begleitet den mächtigen Strom mit solcher Treue. Von den 1.232 Rheinkilometern liegt über ein Drittel am badischen Ufer. Grund genug, sich mit dem Rhein näher zu beschäftigen.

In der Mitte der alten Konstanzer Rheinbrücke beginnt die offizielle Kilometrierung des Rheins. Aber natürlich hat der Rhein vorher schon eine hübsche Strecke zurückgelegt. Seine Quellen liegen versteckt in den Schweizer Alpen, ja mancher Zufluss kommt sogar von Italien, gletschergrün brausen Vorder- und Hinterrhein durch die Alpenschluchten, um sich bei Tamins zu vereinigen. Italien, die Schweiz, Österreich und Liechtenstein, der Rhein ist schon in seiner Jugend ein internationales Gewässer. Die Kraft des jungen Flusses ist gewaltig. Stürzt er sich in den Bodensee, schleppt er jede Menge Gepäck mit sich, das er nun im See ablädt, bis zu drei Millionen Kubikmeter im Jahr. Ein großes Delta hat der Rhein dadurch gebildet, und würde man nicht ständig die neu abgeworfene Last mit Schwimmbaggern aus der Tiefe holen, das Delta käme irgendwann in Baden zu liegen.

Wie wohl sich der Rhein in Baden fühlt, merkt man bereits bei seinem Eintritt ins Badenland. Sofort sucht er das nördliche Ufer des Bodensees auf, um liebkosend an ihm vorbeizustreifen, eine Sympathiebekundung, die auf Luftaufnahmen schön zu sehen ist. Das erste Geschenk, das der Rhein den Badenern macht, sind viele kleine Inseln, in bodenseealemannischer Mundart »Isle« genannt. Durch sein Geschiebe hat er den Seegrund an manchen Stellen über die Wasseroberfläche gehoben. Das zweite Geschenk ist ein besonders mildes Klima, das Obst und Wein überreich wachsen und sogar Palmen auf badischer Erde gedeihen lässt.

Die erste größere Stadt, die sich an das Ufer des Rheins traut, ist Konstanz. Hier beginnt der Seerhein, ein hübscher Hybrid aus fließendem und stehendem Gewässer, vier Kilometer lang, die Verbindung zwischen Ober- und Untersee. Schon Kelten und Römer siedelten an diesem malerischen, von Wassern umspülten Ort, der durch seine Lage an einem Alpenübergang zudem gut zu erreichen war. So wundert es auch nicht, dass hier ein frühes christliches Bistum entstand. Wütend allerdings wird es den Rhein gemacht haben, als man im Juli 1415 Asche in seine Fluten streute, die traurigen Überreste des Reformators Jan Hus, den man beim Konzil von Konstanz hatte verbrennen lassen, obwohl man ihm freies Geleit zugesichert hatte. Auch diese dunkle Geschichte soll nicht verschwiegen werden.

Heiter aber geht's weiter, mit einem Zitat des großen Malers Hans Thoma: »Wir Badener freuen uns alle, wenn wir im Auslande hören, das ist doch ein schönes Land, das badische Ländle. Als ich noch in Frankfurt war, besuchte mich ein österreichischer Graf – ein Kunstfreund, ein Weltreisender, der alle Herrlichkeiten der Erde gesehen hatte, er erzählte, wie schön es in Indien, in Japan und anderswo sei, aber die schönste Landschaft, die er je gesehen habe, sei halt doch die Gegend vom Bodensee am Hochrhein herunter.«

Das Urteil eines Fremden, es wiegt natürlich besonders schwer. Mit dem Eigenlob ist es ja immer so eine Sache ... Was für großzügige, tolerante Menschen die Badener sind und dass die Sache mit Jan Hus nur ein grober Ausrutscher gewesen ist (schuld war ja eigentlich auch nur das Konzil), zeigt sich daran, wie die Badener mit dem Rhein verfahren. Sie haben kein Problem damit, den Fluss mit anderen zu teilen. Gleich viermal leihen sie ihn an die Schweizer aus, das erste Mal bei Stein am Rhein, das zweite Mal bei Schaffhausen (vielleicht, weil R(h)einfälle nicht zu Baden passen), das dritte Mal bei Eglisau und das vierte Mal, um der Stadt Basel Platz zu machen, die sich, ihrer Bedeutung gewiss, natürlich über den Rhein schieben muss. Auch nun, wo der Hochrhein in den Oberrhein übergegangen ist, teilen die Badener den Rhein weiter brüderlich. Die deutsch-französische Grenze verläuft exakt in der Mitte des Stroms, rechts schwimmen die Fische, links die Poissons. Beide Nationen aber sind sich einig: Poissons sans boisson, c'est poison! Fische ohne Getränke sind Gift, wobei Getränke und Wein für Franzosen wie Badener natürlich ein und dasselbe ist. Schwenkt das Elsass ab, teilen die Badener den Rhein mit den Rheinland-Pfälzern. In einer spontanen Geste gönnt Baden bei Germersheim den Nachbarn den Rhein sogar für ein paar Kilometer in seiner ganzen Breite. Das ist sie, die badische Großzügigkeit.

Den Verlauf des badischen Rheins kann man gut visualisieren, indem man sich ein hübsches Damenbein vorstellt. Das Knie ist angewinkelt, die Kniescheibe ist die Stadt Basel, der Unterschenkel ist der Hochrhein, das Fußgelenk die Stadt Konstanz, der schlanke Fuß der Bodensee. Der Oberschenkel, das ist der Oberrhein, der schlank und elegant nach Norden verläuft, die Strapse werden an Mannheims Quadraten festgeklippt. Weiter hinauf kennen wir uns nicht aus, da muss man dann die Hessen fragen. Oder die Pfälzer, also die linksrheinischen.

Wo aber ist der badische Rhein am schönsten? Der Freund von Hans Thoma hatte sicher recht, die Gegend am Hochrhein besonders zu preisen. Im Süden die Alpen, im Norden der Schwarzwald, ein traumhaftes Panorama, erst recht in Zeiten, als der Rhein noch ungestört dahinströmen durfte. Als Mitte des 19. Jahrhunderts die Elektrizität entdeckt wurde und damit ihr Nutzen für die Menschheit, ging man daran, den Rhein zur großen Strommühle zu machen. Mächtige und immer mächtigere Kraftwerke entstanden. Um stets genügend Wasser in den Turbinen zu haben, baute man Stauwehre und versenkte auf diese Art schöne Uferpartien, zähmte den wilden Rhein, der nun träger und langsamer dahinfloss. Sogar schiffbar wollte man den Hochrhein machen, bis zum Bodensee sollten dicke Kähne fahren können. 1929 hatte die Republik Baden mit der

Schweiz einen entsprechenden Vertrag geschlossen, der zum Glück nicht umgesetzt wurde. Wer weiß, wie es sonst am Hochrhein aussehen würde.

Schade, dass man den Laufen bei Laufenburg zerstört hat: Ein mächtiger Felsen im Rhein hatte lebhafte Stromschnellen gebildet, der kleine Rheinfall muss ein malerisches Bild abgegeben haben, bis man 1908 das Kraftwerk Laufenburg baute und den Felsen sprengte. Einst wurden die Waren hier umgeladen, woran die Laufenburger gut verdienten, auch die mutigen Burschen, die manch schmalen Kahn durch die Schnellen steuerten. Dafür stärkten sich die Schiffer im Städtchen mit dem besten Lachs, mussten die mächtigen Fische doch vor der natürlichen Fischtreppe warten und wurden so leichte Beute für die Fischergalgen, die mit den großen Netzen gehoben wurden. Wie das gezappelt hat, wenn die gut einen Meter langen Lachse nach der badischen Luft zu schnappen begannen!

Nicht nur am Unterschenkel, also am Hochrhein, auch am Oberschenkel hat der Mensch viele Eingriffe vorgenommen. Man muss sich den ursprünglichen Oberrhein als ein Netz an Flussläufen vorstellen. Immer wieder verlegte der Rhein sein Bett, wodurch Altarme, Inseln, Tümpel und Weiher entstanden, ein malerischer Auenwald, der jedoch auch die perfekte Brutstätte für Mücken war. Und viele der Mücken trugen einen Erreger in sich, den man heute nur noch aus fernen Ländern kennt: Malaria. So war das Trockenlegen und Kanalisieren des Rheins und das Trockenlegen der Sümpfe sicher ein tiefer Eingriff in die Natur, aber doch durchaus zum Segen der ansässigen Menschen. Die Regulierung des Flusses ist eng mit einem Namen verbunden: Johann Gottfried Tulla.

Der badische Ingenieur, 1770 in Karlsruhe geboren, verengte den Flusslauf auf 200 bis 250 Meter Breite, begradigte dabei den mäandrierenden Lauf, ließ Dämme bauen und Feuchtgebiete trocken legen. So wurden nicht nur die Brutplätze der Malariamücke zerstört, es entstanden auch neue, fruchtbare landwirtschaftliche Flächen, und der Rhein wurde nun für größere Schiffe bis Basel passierbar, wodurch das Land Baden an wirtschaftlicher Bedeutung gewann. Später kam hier wie am Hochrhein eine Kette von Kraftwerken hinzu mit den dafür notwendigen Stauwerken, ein Seitenkanal durchs Elsass gab den Schiffen freie Fahrt.

Johann Gottfried Tullas Rheinbegradigung ist ein gigantisches Werk. Kein zweites hat das Aussehen Badens so verändert, wenn man von Carl Benz' Erfindung des Automobils und dem damit einhergehenden Straßenbau absieht. Der tüchtige Ingenieur, einer der Gründerväter der Karlsruher Hochschule, ließ die Rheinschleifen mit Durchstichen verbinden, wodurch sich der heftiger strömende Rhein selbstständig ein breiteres Bett grub. Tulla lebte zuletzt in Paris, wo er als junger Mann studiert hatte. Wäre er doch in Baden geblieben! In Paris war man wohl mit der Trockenlegung der Sümpfe noch nicht so weit, eine Mücke stach Tulla und impfte ihn mit Malariaerregern. So starb der badische Menschenfreund an dem Fieber, das er in seiner Heimat erfolgreich besiegt hatte. Wer will, kann ihm auf dem Friedhof von Montmartre die letzte Ehre erweisen.

Über achtzig Kilometer Rhein zwischen Basel und Mannheim sind durch Tullas Abkürzungen verschwunden. Auch die Dreisam hat Tulla begradigt. Heute bemüht man sich wieder darum, dem Rhein Teile seines alten Bettes zurückzugeben, lässt ihm gelegentlich wieder mehr Raum, sich auszubreiten und durch die Wiesen zu streifen, was auch als aktiver Hochwasserschutz verstanden wird. Nur die Malariamücke soll bitte bleiben, wo sie ist. Blutsauger mögen die Badener nicht, egal, ob sie surren oder schwäbeln!

Das Leben in Baden ist ein Leben an den Ufern des Rheins. Packt einen die Sehnsucht, kann man in kürzester Zeit seine Füße im Rheinwasser baden. Baden und der Rhein – der Rhein und Baden, eine unzertrennliche Freundschaft. Sollten die Schwaben die Badener tatsächlich einmal aus ihrer liebevollen Umarmung entlassen, Rheinland-Baden wäre auch kein schlechter Name!

... und andere Flüsse

Es wäre höchst ungerecht, in einem Buch über Baden nur dem Rhein zu huldigen und all die anderen zauberhaften Flüsse zu unterschlagen. Eine Eigentümlichkeit Badens ist ja, dass es mitten auf der Europäischen Wasserscheide liegt, dass es seine Wasser gleichmäßig zur Nordsee und damit zum Atlantik und Richtung Osten zum Schwarzen Meer entsendet, woran man einmal mehr den wahrhaft europäischen Charakter Badens erkennen kann.

Stolz dürfen die Badener zu Recht darüber sein, dass sie auch den Kreißsaal der Donau gebaut haben. Besser müsste man von zwei Kreißsälen sprechen, denn wie jedes Kind weiß: »Brigach und Breg bringen die Donau zuweg!« Was die wahre Donauquelle ist, darüber wird weiter lustig gestritten. Fährt man durch Furtwangen, weisen einen zahlreiche Schilder über den Katzensteig zur Donauquelle, einem wirklich magischen Ort. Direkt auf der Wasserscheide – die knapp danebenentspringende Elz fließt bereits dem Rheine zu – quillt aus einem Wiesenstück das Wasser zu einem klaren Rinnsal zusammen.

Natürlich muss hier eine Kapelle stehen, christliche Überformung uralter heidnischer Bräuche, die den Quellgottheiten huldigten. Bis zum Ende des letzten Jahrhunderts wurde die Martinskapelle von einem alten Weiblein betreut, das auf dem nahen Hof lebte: Hoch Maria. Sie hieß nicht nur Hoch, sie war auch eine hochoriginelle Frau. Selbstbestimmt führte die kleine, krummgebeugte Frau, die immer ein Kopftuch trug, den Hof ganz allein und verdiente sich ein hübsches Zubrot, den Menschen »das Leben von einscht« zu zeigen. Hierfür lud sie gegen einen kleinen Obolus in die historische Küche ihres typischen Schwarzwaldhofes ein und demonstrierte traditionelle Küchengeräte. Wohl weil ihre ewig gleichen, in schönstem Alemannisch vorgetragenen Erläuterungen sie mit der Zeit zu langweilen begannen, nahm sie ihren Vortrag auf Kassette auf und drückte nur mehr auf das Abspielgerät, um zum Klang der eigenen Stimme, mit einem abgenutzten Kochlöffel wie ein Dirigent, energisch auf die jeweils besprochenen Küchengeräte zu deuten, eine frühe Form des jetzt so beliebten Audioguides. Auch junge Stiere züchtete Hoch Maria und machte uns mit deren pubertätsbedingter Wildheit vertraut – und mit der Frage, wann man sie noch auf die Wiese schicken kann: »Das erste Jahr geht's, das zweite Jahr: Fragezeichen, das dritte Jahr geht's nimmer.«

Hoch Maria war aber nicht nur eine originelle Frau, sie war auch eine echte Philosophin und leidenschaftliche Kämpferin für ihre Quelle als die einzig wahre Donauquelle. So schrieb sie auf kleine Zettel hübsche Erklärungen zu häufig gestellten Fragen. Sie ärgerte sich – sehr zu Recht –, dass viele Besucher zweifelnd auf das kleine Rinnsal blickten und bemerkten, das könne doch unmöglich die stolze Donau sein. Diesen Skeptikern entgegnete sie weise, dass alles im Leben klein und unbedeutend beginne, auch der Mensch. Dem kann und soll nicht widersprochen werden.

Die zweite Donauquelle, unscheinbarer und kulinarisch nicht so erschlossen wie ihre Schwester, entspringt nicht weit entfernt neben der Straße, die von Furtwangen nach St. Georgen führt. Dennoch kann die Brigach punkten, fand sich doch in ihrem Quellbereich ein schönes Zeugnis römischer Bildhauerkunst, womit anzunehmen ist, dass die Römer die Brigach als wahren Quellfluss angesehen haben. Der Quellstein der Brigach ist von großer Anmut. Er zeigte zwei Köpfe, die sich einem mittleren Kopf zuwenden. Dieser soll vermutlich Abnoba darstellen, die keltisch-römische Personifikation des Schwarzwalds. Auch Tierfreunde kommen auf ihre Kosten: Ein Hirsch, ein Hase und ein Vogel sind zu sehen. Der Vogel wird gewöhnlich als Taube interpretiert, wir aber wissen natürlich, es kann sich nur um einen Kuckuck handeln. (Kuckucksexperten können das Original im Lapidarium der nahen Stadt St. Georgen besichtigen.)

Offiziell, also amtlich, wird als Ursprung der Donau Donaueschingen angesehen, besonders von den Donaueschingern. Auf dem Hochplateau der Baar vereinigen sich Brigach und Breg, diesen Liebesakt kann man als eigentlichen Beginn der Donau ansehen. Da die Vereinigung aber außerhalb von Donaueschingen passiert, haben die Eschinger, clever wie sie sind, flugs eine kleine Karstquelle im Stadtgebiet zur wahren Donauquelle erklärt, eindrucksvoll einfassen lassen und – um jeden Spötter zum Schweigen zu bringen – sich zugleich von Eschingen in Donaueschingen umbenannt. Da kommt man nicht drumrum. Hätte Furtwangen sich halt auch für einen neuen Namen entschieden, Donaufurtwangen klingt doch ebenfalls recht hübsch. Kurz hinter Donaueschingen verschenken die Badener ihre Donau an die Schwaben – und was machen die Schwaben mit ihr? Sie versenken den hübschen Donaufluss für viele Kilometer im Boden! Schande, Schande!

Streiten kann man auch über die Neckarquelle. Der Neckar entspringt gar nicht weit von der Donau, etwas nördlich den Schwarzwald hinauf. Aber ist die Quelle nun schwäbisch oder badisch? Die ehemalige offizielle Landesgrenze lief scharf über das Quellgebiet im Schwenninger Moos. So ist der Neckar der große Völkerverbinder, der Mittler zwischen dem badischen und schwäbischen Brudervolk. Nachdem er gemächlich das Schwabenland durchströmt, Tübingen, Stuttgart und Heilbronn wässert, nehmen ihn die Badener gerne, wenngleich etwas verschmutzter, wieder zurück, um sich seiner in Heidelberg und Mannheim zu erfreuen.

Auch der Main ist ein badischer Fluss, zumindest für ein paar Kilometer, jeder echte Badener muss einmal im Leben Wertheim besucht haben. Am besten, man geht mit dem Rad auf Reisen, denn kein schönerer Radweg lässt sich denken als der Weg entlang der Tauber, die in Wertheim in den Main mündet. Machen Sie unbedingt in der *Holdermühle* Station. Sie können hier nicht nur gut und günstig übernachten, Sie erleben auch ein echtes Kuriosum. Mitten durch den

Gastraum verläuft die bayrisch-badische Grenze, weshalb die pfiffigen Wirtsleute nicht nur in unterschiedlichen Landesfarben eingedeckt, sondern überdies einen Stützpfeiler als Grenzpfahl dekoriert haben. (Kleiner Kritikpunkt: die Tischdecken dürften natürlich nicht gelb-schwarz und weiß-blau sein, richtig wäre gelb-rot für Baden und rot-weiß für Franken.) Die häufigste Frage, die an die Wirte gestellt wird: »Wo zahlt ihr eigentlich eure Steuern?«

Nicht nur die bekannten Flüsse aber prägen das Land Baden, auch die vielen kleineren Zuflüsse machen seinen Reiz aus. Zu besonderen Leistungen schwingt sich die Gutach auf, die bei Schönwald entspringt. Verstärkt durch Weißenbach und Schwarzenbach stürzt sie sich oberhalb von Triberg die Felsen hinunter – Deutschlands höchster Wasserfall, der unzählige Touristen anlockt. Besonders donnern die fallenden Wasser, wenn die Schneeschmelze einsetzt, zauberhaft ist es, die Wasserfälle in strengen Wintern zu besuchen, wenn alles zu Eis gefroren ist.

Ein besonders malerisches Tal hat sich die Wutach in den Schwarzwald gegraben, die Wutachschlucht lockt nicht nur die Wanderer, auch zahllose Tierarten fühlen sich hier wohl, selbst Eisvögeln, Wasseramseln, Gebirgsstelzen oder Gänsesägern kann man in dem Canyon begegnen. Aufmerksame Botaniker dürfen sich an Riesenschachtelhalmen, Hirschzungenfarn und vierzig Orchideenarten erfreuen. Von der Wiese, die bei Baden in den Rhein mündet, haben wir schon von Johann Peter Hebel erfahren; die Kinzig wiederum, ihre Ufer und Anwohner, hat keiner schöner beschrieben als Heinrich Hansjakob. Murg und Dreisam, Elz und Enz ... überall plätschert es lustig die Hügel hinab. Gehen Sie auf Entdeckungsreise.

Der größte Maulwurf Badens

Ende der 1990er-Jahre. Tagtäglicher Stau in Hamburg. Besonders zur Ferienzeit will alles unter der Elbe hindurch, die Tunnel haben keine Kapazität mehr, eine vierte Röhre muss her. Tief unter der Elbe gräbt sich das weltweit größte Mixschild durch die Erde, ein Tunnelbohrer der Extraklasse. 14,20 Meter Durchmesser hat er, ein gieriges Monstrum, das sich nimmersatt durch den Boden frisst. TRUDE heißt die Dame, Tief Runter Unter Die Elbe. TRUDE: Made in Baden.

15. Oktober 2010. Tief im Berg, tief im Gotthard-Massiv, steigt die Spannung. Noch endet die riesige Röhre vor einer Felswand, eine lange, runde Höhle von acht Metern Durchmesser endet hier. Von der anderen Seite aber arbeitet sich die Bohrmaschine vor, man hört das Vibrieren des Gesteins. Dann der Durchbruch, fast auf den Zentimeter genau. Die Oströhre des Gotthard-Basistunnels ist in ihrer ganzen Länge passierbar. – Ein Geniestreich! Entscheidende Arbeit haben die Tunnelbohrmaschinen geleistet, die gewaltigsten Bohrer, die man sich denken kann, mit unglaublicher Kraft und Präzision haben sie sich durch den harten Fels gefressen. Qualität Made in Baden.

22. August 2015, Istanbul. Tief unter dem Bosporus, der Meerenge, die Europa von Asien trennt, arbeitet sich eine weitere Bohrmaschine vor, die Bedingungen sind extrem, der Druck enorm. Elf Bar lasten auf dem zu bauenden Tunnel, eine gigantische Wassersäule, dennoch gelingt auch dieser Durchbruch absolut präzise. Der Eurasien-Tunnel, ein modernes Weltwunder. Die Tunnelbohrmaschine: Made in Baden.

1975, Lahr. Martin Herrenknecht, Sohn eines Polsterers aus Schwanau, hat den Mut, sich mit einem Ingenieurbüro in seiner Geburtsstadt selbstständig zu machen. Als Konstruktionsingenieur hat er Erfahrungen in vielen Ländern der Welt gesammelt, nun macht er sein eigenes Ding. 1977 gründet er die Herrenknecht GmbH, Tunnelvortriebstechnik, zwei Jahre später zieht er vor die Tore von Lahr in seine Heimatgemeinde Schwanau. Große Bohrmaschinen sind seine Spezialität, der Ruf seiner Firma spricht sich herum, immer größere und speziellere Tunnelbohrmaschinen muss er bauen. So wird er zum größten Arbeitgeber der Gegend, über 4.000 Menschen sind bei ihm beschäftigt. Sein Unternehmen wird mehrfach ausgezeichnet. Und seine Tunnel können sich sehen lassen. Der Gotthard-Basistunnel ist mit 57 Kilometern einer der längsten Eisenbahntunnel der Welt. Will ein Züricher seinen Espresso in Mailand trinken, in zwei Stunden und vierzig Minuten ist er dort. Wer TRUDE, die Elbtunneldame, besichtigen will, in Barmbek, im Museum für Arbeit, ist sie zu bewundern. In ihrer ganzen Größe.

Das schwierigste Projekt aber steht noch an. Nicht das technisch schwierigste, sondern das politisch komplizierteste. Der größte Maulwurf Badens wird die Röhre für den neuen Stuttgarter Bahnhof durch den Untergrund treiben. Und so wird es auch für den neuen Tunnel einst heißen: Stuttgart 21 – Made by Baden.

Anmerkung: Einige Tunnelgegner haben Martin Herrenknecht kritisiert, weil er sich für das Projekt Stuttgart 21 eingesetzt hat. Dem muss aus psychologischer Sicht dringend widersprochen werden. Jedem echten Badener bereitet es einen diebischen Spaß, das Schwabenland zu durchlöchern.

Badens Tierwelt

Nicht nur die Menschen fühlen sich in Baden pudelwohl, auch vielen Tieren geht das so. Die badische Tierwelt ist bunt und wird immer vielfältiger. Manch lange nicht gesehener Gast schaut sich bereits wieder in Baden um. Im September 2015 kreist hoch über dem Nationalparkgebiet des Schwarzwalds ein gewaltiger Vogel. Der Leiter des Nationalparks ist sich sicher: Das ist ein Steinadler, ein Jungvogel, der von den heimischen Alpen einen Erkundungsflug unternommen hat. Nicht unwahrscheinlich, dass der in Deutschland ausgerottete stolze Greifvogel bald wieder in Baden nisten wird.

Zurückgekehrt ist bereits der Biber. Von Bayern aus ist er dem Lauf der Donau gefolgt, hat sich auch vom kilometerlangen Verschwinden des Flusses nicht beirren lassen und ist bis hinauf zu den Quellflüssen Brigach und Breg, wo er kunstvoll die Bäume zerlegt und sich seine Burgen baut. Nicht jeder begrüßt ihn mit freundlichem Hallo, die Biber-Willkommenskultur ist besonders bei manchem Landwirt noch etwas zurückhaltend ausgeprägt, setzt der Biber doch gerne einmal Feld und Wiesen unter Wasser. Biberbeauftragte kümmern sich um Problembiber, entschädigen Bauern, die nasse Füße bekommen haben, legen schon mal einen Bypass oder passen auf, dass keinem Wanderer eine angenagte Tanne auf den Kopf fällt. Nur selten aber muss ein Biber für seine Taten büßen. In St. Georgen hat einer gewagt, den Bahndamm zu untergraben, das geht natürlich nicht! (Es gibt wunderbare Rezepte für den Biber. So ein saftiger Biberschwanz, sanft in Olivenöl geschmort ...)

Auch ein Wolf hat es nach 150 Jahren wieder nach Baden geschafft. Zumindest bis zur A5. Dort fand man ihn am Straßenrand. Besser geht es den Luchsen, den scheuen Großkatzen, von denen wieder einige durch die schönen badischen Wälder streifen. Ein Männchen, Friedl, sendet regelmäßig SMS-Nachrichten von seinen Aufenthaltsorten. Man hat ihm ein Mobilfunkgerät spendiert, so erfahren wir etwas von seinen Wandergewohnheiten. Und wandern kann er wie kein zweiter. Vom Mittleren Schwarzwald lief er in wenigen Wochen bis nach Ulm, machte dann brav wieder kehrt, um sich in der Nähe von Stuttgart umzusehen. Der Grund für die Wanderung könnte ein dringender Hochzeitswunsch gewesen sein. Da es noch keine stabile Luchspopulation in Baden gibt, ist die Auswahl an Bräuten nicht groß, verständlich, dass man in so einer Notsituation auf den Gedanken verfällt, sich mal in Schwaben umzuschauen. Auch bei den Menschen kommen solche Mischehen vor.

So viel zu den Spätaussiedlern, den Tieren, die es nach einer langen Zeit der Abstinenz wieder nach Baden zieht. Was aber ist mit den anderen, was ist das typische Baden-Tier? Manch einer würde sagen: »Natürlich die Forelle!« Die Schwarzwaldforelle besitzt tatsächlich einen legendären Ruf. Ernest Hemingway, der große amerikanische Schriftsteller, ist extra zum Forellenfang nach Baden gereist. Dafür nahm er das Abenteuer in Kauf, mit seinem Kleinflugzeug auf einer rumpeligen Rasenpiste im Rheintal zu landen. Dann eilte er den Schwarzwald hinauf, um die Angel auszuwerfen. So kompliziert aber hatte sich der ewig jagen müssende Amerikaner den Forellenfang nicht vorgestellt: Man war hier in Deutschland, ohne Lizenz kein Fisch! Also stand der große Abenteurer morgens brav an, um sich einen Angelschein zu besorgen. Schnell jedoch erschien ihm das zu unmännlich, und er angelte schwarz, im schönen Bewusstsein, dank genügend Dollarnoten jeden Aufseher schnell zum Schweigen zu bringen. In God we trust! Durch Hemingway errang Triberg internationalen literarischen Ruhm. In *Schnee auf dem Kilimandscharo* kommen seine Forellenbäche vor. Die Schwarzwaldforelle ist tatsächlich ein besonders schmackhafter Fisch, muss sie doch in den munteren Schwarzwaldbächen kräftig Muskelfleisch aufbauen, um voranzukommen. Und das schmeckt man.

Kritiker jedoch mögen einwenden, schöne Forellen gebe es auch anderswo, man könne die Forelle deswegen nicht zum Wappentier

Badens ausrufen. Man brauche etwas Exklusiveres, eine Tierart, die sich sonst nirgends findet. – Kein Problem! Auch damit kann Baden dienen! Das typischste Tier des Badenlandes, eines, das es nur in Baden gibt, ist der Lumbricus badensis, der Badische Riesenregenwurm. Dieses sympathische Ringeltierchen bewohnt ein relativ umgrenztes Areal im südlichen Schwarzwald, zwischen Feldberg, Belchen und dem Wiesental. 1906 wurde der Wurm erstmals aus der Dunkelheit ins Licht der Wissenschaft gezerrt und als eigene Art beschrieben. Lumbricus badensis mag es sauer und luftig zugleich. Auf dem Urgestein der Höhenlagen, inmitten dichter Fichtenwälder, fühlt er sich am wohlsten. Und wächst und wächst ... Er bringt es ausgestreckt auf sechzig Zentimeter und kann deshalb als Hutschnur dienen, kleinen Kindern auch als erstes Springseil. Mit einem Gewicht von saftigen dreißig Gramm könnte er zudem eines Tages für die badische Küche attraktiv werden. Drei Würmer, so wertvoll wie ein kleines Steak. Bis zu 2,5 Meter gräbt sich der Riesenwurm in den Fichtennadelboden, um sich vor dem Frost zu schützen. Vor Fressfeinden versteckt er sich erfolgreich, wodurch seine Lebenserwartung stolze zwanzig Jahre beträgt (ein Wurmjahr entspricht circa fünf Menschenjahren).

Lumbri, wie er liebevoll genannt wird, ist ein typischer Badener. Obwohl von stattlicher Größe, macht er nicht viel Aufhebens von sich, er ist flexibel und anpassungsfähig und zugleich sehr erdverbunden. Ja seine Heimat liebt er so sehr, dass er nirgendwo anders leben möchte, er verschwendet keinen Gedanken daran, nach Schwaben zu ziehen. Liebevoll kümmert sich Lumbri um seinen Nachwuchs und ernährt sich und die Seinen gerne von regionalen Produkten. Lumbri ist von Grund auf friedlicher Natur, leben und leben lassen ist seine Devise, auch darin ein echter Badener. Ob es Lumbri einmal zum offiziellen Wappentier Badens schaffen wird? Sein Vorteil: Man kann ihn in jede erdenkliche Form bringen, sodass er bequem in jedes Wappen passt.

Tipp: Besuchen Sie den Riesenregenwurm-Erlebnispfad am Belchen!

Tragen Sie einen typisch badischen Namen?

Sie wollen wissen, ob Ihr Name typisch badisch ist? Das herauszufinden ist nicht schwer, nicht im Zeitalter des Internets. Da gibt es zum Beispiel die Website »verwandt.de/karten«. Einfach den eigenen Familiennamen eingeben und auf »Start« klicken, schon leuchtet eine Deutschlandkarte auf. Die weißen Abschnitte bedeuten, hier liegen keine Treffer vor, dann steigern sich die Farben von grün über gelb, orange und dunkelorange bis zu einem tiefen Rot. Rot ist natürlich der Haupttreffer. Färbt es sich hauptsächlich in Baden, dann herzlichen Glückwunsch, Sie sind auch vom Namen her ein echter Badener.

Um herauszufinden, welcher Name wohl der typischste aller Badener Namen ist, hilft leider nur die Methode Trial-and-Error. Beginnen wir testweise mit dem Wort »Baden«. – Oh, oh ... Das sieht finster aus, also ziemlich weiß. Rot leuchtet es hingegen um Bremen und Hamburg. Unerklärlich! Alles Migranten? Lauter Badener in Soltau-Fallingbostel?

Hm, versuchen wir es mit einem Promi, mit »Schäuble«. Ping! Nicht schlecht. Der tiefste Süden von Baden zumindest errötet heftig, die meisten Anschlüsse hat Waldshut gemeldet. Dieser Erfolg motiviert uns, schnell hauen wir unseren Weltmeistertrainer in die Tasten: »Löw«. – Upps! Sieht nicht gut aus, nicht mal in Lörrach. Hessen hingegen leuchtet und München, klar, ist der Löwe doch das bayerische Wappentier. Welcher Promi kommt aus Baden, dessen Namen zugleich verdächtig badisch klingt? Uns kommt eine Idee: »Furtwängler«. Tatsächlich! Die verzweigte Künstlerfamilie, die den bedeutenden Dirigenten Wilhelm Furtwängler hervorgebracht hat, aber auch so manchen großen Wissenschaftler, ist in Baden intensiv vertreten.

Was geschieht, wenn man typische Charaktereigenschaften der Badener eingibt? Wir probieren es mit »Lustig«. Oje! Heilbronn und Ludwigsburg leuchten auf! Lustig ist schwäbisch, wer hätte das gedacht! Nervös geben wir »Fröhlich« ein. Gibt's nicht, wieder ist Ludwigsburg vorne dran, zum Glück aber auch Karlsruhe. Nehmen wir lieber »Wein«, ein Name, der in einem Weinland wie Baden doch dominieren muss. – Fehlanzeige! Allein Freudenstadt leuchtet im Südwesten auf, einer der wenigen badischen Kreise, von dem uns kein Weinanbau bekannt ist. Zumindest bleibt diesmal auch Schwaben blass. Wenn man es mit »Wein« versucht hat, dann muss auch der »Gesang« her. – Tiefrot leuchtet es in Fulda und Umgebung auf. Überraschend und schwer zu erklären, Baden hingegen bleibt stumm.

So geht das nicht, wir müssen gezielter vorgehen, müssen uns die Namen alteingesessener Geschäfte in Erinnerung rufen. Wanderschuhe kauften wir immer gerne beim »Duffner«. – Sehr gut! Vom Bodensee den Schwarzwald hinauf bis nach Karlsruhe und sogar noch darüber hinaus intensive Färbungen, während der Rest der Republik nur da und dort zart aufleuchtet. Weiter! Wie hieß noch gleich der Metzger, bei dem wir immer den fantastischen Schwarzwälder Schinken gekauft haben? »Winterhalter!« – Sehr schön! Emmendingen vor dem Schwarzwald-Baar-Kreis, vor Freiburg, dem Ortenaukreis und Waldshut. Absolut siegerverdächtig!

Was noch gehen müsste, sind Namen, welche die Vorliebe der Badener für die Verkleinerungsform widerspiegeln. Das Diminutiv lieben die Badener wie keine zweite grammatische Form, Zeichen ihrer angeborenen Bescheidenheit. Wir geben »Bächle« ein. – Nicht schlecht! Der Ortenaukreis liegt vorne. Wir versuchen es mit der kleinen Jacke. Ping! Die meisten Jäckles wohnen in Konstanz, dann aber folgen lauter schwäbische Jäckchen. Die vielen Schwarzwaldmühlen machen uns Mut, es mit dem »Wehrle« zu probieren. – Sehr gut! Tiefrot leuchtet ganz Südbaden und zieht eine hübsche Spur bis in den badischen Norden hinauf.

Ob wir es mal mit dem Kuckuck versuchen sollten? Warum nicht! – Uiii! In Hannover und Umgebung kuckuckt es wie wild drauf los, in Baden hingegen alles ausgeflogen. Schnell ein neues

Wort eingegeben. Ha, die Idee ist gut: »Schwarzwälder«. – Wumm-bumm! Das Badenland leuchtet aufs Schönste! Wer glauben Sie, ist der Spitzenreiter? Erraten! Der Schwarzwald-Baar-Kreis.

Das Einzige, was uns noch verbesserungswürdig erscheint, das sind die absoluten Zahlen. Bislang liegt bei den typisch badischen Namen das »Wehrle« mit geschätzt 4.170 Personen vorne, während es nur rund 1.500 Winterhalter oder Duffner mit lediglich etwa 1.176 »Schwarzwälder«. Lange grübeln wir hin und her. Vielleicht müsste man an typische Berufe denken. Müller gibt es natürlich in Baden viele, aber wohl auch im ganzen übrigen Deutschland. Welcher Beruf ist häufig und zugleich spezifisch für Baden? Uns durchzuckt ein Geistesblitz! Natürlich! Wer sorgt denn dafür, dass all die schönen Schwarzwaldtannen geerntet werden? Der Baumfäller! Wie aber heißt er in Baden? Faller! Ab hinein in die Tasten damit! – Juchuu, falleri-fallera! Da ist er, der Spitzenreiter! Dunkelroter geht es nicht und typischer wohl auch nicht! 5.346 Faller gibt es, die sich in Deutschland einen Festanschluss leisten, davon wohnt die dominierende Mehrheit in Baden! – Heißen auch Sie Faller? Dann dürfen wir herzlich gratulieren!

Fit für ein Baden-Quiz?

Zum Schluss wollen wir den größten Baden-Experten unter den Lesern ermitteln, denjenigen, der auch auf die kniffligsten Fangfragen nicht hereinfällt. Doch machen Sie sich bitte nichts daraus, wenn Sie manchmal ins Schwitzen geraten. Bislang ist es noch niemandem gelungen, alle zwanzig Fragen richtig zu beantworten.

Frage 1: Warum musste im März 2015 die Bundesstraße 14 bei Buchschwabach gesperrt werden?
    a) Bauarbeiter waren auf eine vermeintliche Handgranate gestoßen, die sich als das Gewicht einer Kuckucksuhr entpuppte.
    b) Der Bus des SC Freiburg hatte sich vor Freude quer gestellt, als die Niederlage des VfB Stuttgart in Hoffenheim durchgegeben wurde.
    c) Einem Biertransporter waren Dutzende von Kästen voll Tannenzäpfle-Flaschen auf die Straße gerutscht. Statt sie einzusammeln, hatten die Passanten ein lustiges Saufgelage veranstaltet.

Frage 2: Worum handelt es sich beim Schwarzwälder Schinkenlauf?
    a) Um einen Wettlauf von 33 Schweinen auf dem Sportplatz von Bonndorf. Das Siegerschwein darf weiterleben, alle anderen werden geschlachtet.
    b) Um einen Wettkampf des Schutzverbandes Schwarzwälder Schinkenhersteller über verschiedene Distanzen, ausschließlich jedoch für Zweibeiner.
    c) Um eine Disziplin bei der Wahl der Schwarzwälder Schinkenkönigin. Jede Kandidatin muss mit zwei geräucherten Schweinekeulen unter den Armen mit aufgesetztem Bollenhut

eine Runde um die Räucherkammer laufen und dabei zehn quergelegte Tannenstämme überspringen.

Frage 3: Warum bekommt jeder neue Bürgermeister von Graben einen Waldhut geschenkt?

a) Weil er zugleich das Amt des Grabener Oberförsters ausüben muss

b) Damit er nach dem Schwur seines Amtseides keine Kopfschmerzen bekommt, wenn die Frauen von Graben ihn mit ihren Ratschen »taufen«

c) Weil ein Amtsvorgänger sich entfernte, den Hut aber trickreich hängen ließ, als der Markgraf alle Bürgermeister unter den Tisch trank und ihnen dann ihre Wälder abluchste

Frage 4: Was versprach der Baden-Badener Schlagersänger Tony Marshall 1971 in seinem Lied *Schöne Maid* derselben?

a) Dass er nur für sie da ist

b) Dass er in ihrem Wald der Oberförster sein will

c) Dass er ihr den Sonnenschein fängt

Frage 5: Welches badische Produkt fördert als Füllmittel des Kopfkissens den gesunden Schlaf?

a) Kirschkerne von den Streuobstwiesen der Ortenau

b) Spelzen des Grünkerns aus Badisch Sibirien

c) Kerne der Bodenseeäpfel

Frage 6: Welchen Rekord stellte der Non-Stopp-Sepp aus Gundelfingen auf?

   a) Er schwamm den Rhein entlang, vom Bodensee bis zur Mündung.

   b) Er fuhr von Hammerfest bis nach Syrakus mit dem Rad.

   c) Er schaffte es, eine Magnum-Flasche Tuni-Berg-Sekt (2 Liter) in einem Zug zu leeren.

Frage 7: Was schaffte der badische Metzgermeister Berthold Disch?

   a) Er gewann den Wettbewerb um die beste Maultasche und schlug alle Schwaben.

   b) Er fabrizierte eine Wurst, die von Breisach bis Neu-Breisach gespannt werden konnte.

   c) Sein Schwarzwälder Schinken flog als erster mit ins All.

Frage 8: Was versteht man unter der Badischen Lochung?

   a) Ein in Baden entwickeltes Verfahren zur vereinfachten Anlegung von Bergtunneln

   b) Ein einst bei Württembergs Soldaten gefürchtetes Begrüßungsritual der Badischen Gewehrschützen

   c) Eine bei Ämtern beliebte Art, anschwellende Akten zu binden

Frage 9: Was brachte Sisi, die österreichische Kaiserin, im Jahr 1883 mit nach Baden-Baden, als sie dort zur Kur weilte?

   a) Eine Kuh, um immer frische Milch zu haben

   b) Zehn Nachtigallen, um sich an deren Gesang zu erfreuen

   c) Zwanzig Hennen, um genügend Eier für die Haarwäsche zu haben

Frage 10: Wo trinkt man seinen Schoppen, wenn man sich im badischen Geniewinkel aufhält?

a) Am Neckar nahe Heidelberg

b) Im Zwickel von Main und Tauber

c) In der Kleinstadt Meßkirch

Frage 11: An welchem badischen Ort wurden vier portugiesische Königstöchter geboren?

a) Im Kloster Bronnbach bei Wertheim im Taubertal

b) Auf der Bodenseeinsel Reichenau

c) Auf der Burg Rötteln bei Lörrach

Frage 12: Wo befindet sich das teuerste Hotel Deutschlands?

a) In Baiersbronn im Schwarzwald

b) In Baden-Baden

c) Auf der Insel Mainau

Frage 13: Was trägt das Rheinfeldener Wappentier, der Löwe, in seiner Hand?

a) Eine Rose

b) Eine erlegte Antilope

c) Einen Lachs

Frage 14: Welch beachtliche Leistung vollbrachten Mitglieder der Badischen Landjugend im Herbst 2015?

a) Sie bauten eine Reihe von Dominosteinen, die vom badischen Ufer über den Rhein bis zum Elsässer Kernkraftwerk Fessenheim reichte.

b) Sie legten ein Bild aus Körnern, das größer ist als der Rekord des US-Konzerns Monsanto.

c) Sie verteilten Ohropax an sämtliche Kommunalpolitiker entlang der badischen Rheintrasse.

Frage 15: Februar 1888. Unvorstellbar war die Trauer von Großherzog Friedrich I. und seiner Frau Luise, als die Nachricht eintraf, ihr jüngster Sohn Ludwig, der in Freiburg sein Studium begonnen hatte, sei plötzlich verstorben. Als offizieller Grund wurde eine Lungenentzündung angegeben, Zeitzeugen aber berichteten, der Prinz ...

a) sei weinselig in die Dreisam gestürzt.

b) sei bei einem Duell gestorben.

c) habe gewettet, er schaffe es, auf einer Kanonenkugel zu reiten.

Frage 16: Wo kann man in Baden Schneewittchen begegnen?

a) In der alten Bergwerkstadt Haslach

b) Im Bundesverfassungsgericht in Karlsruhe

c) An einem einsamen Westhang des badischen Odenwaldes

Frage 17: Baden – von der Sonne verwöhnt! Kein anderes deutsches Land mit so vielen Sonnenstunden. Dennoch, einen Ort gibt es, an dem selbst in Baden von Oktober bis Februar kein Sonnenstrahl das Dunkel erhellt.

a) Die Wüstung Unterferdinandsdorf in Badisch Sibirien

b) Die *Wirtschaft zum Schwarzen Bären* in Sinsheim

c) Die Hexenlochmühle bei Furtwangen

Frage 18: Kaspar Hauser soll, so ein hartnäckiges Gerücht, der legitime badische Thronfolger gewesen sein. Wer wäre dann sein Großvater gewesen?

    a) Zar Alexander

    b) Napoleon Bonaparte

    c) Kaiser Maximilian

Frage 19: Wie viele Bollen hat ein Bollenhut?

    a) 10

    b) 12

    c) 14

Frage 20: Der Europapark in Rust ist der meist besuchte Freizeitpark in Deutschland. An einem einzigen Tag kann man durch die unterschiedlichsten Länder Europas reisen. Welches Land war das erste, das in Rust nachgebaut worden ist?

    a) Italien

    b) Frankreich

    c) Schwaben

Auflösung

Frage 1: a) Tatsächlich ging bei der Einsatzzentrale des zuständigen Polizeipräsidiums die Meldung ein, man sei beim Baggern auf eine Granate gestoßen. Nachdem Sprengstoffexperten das Metallteil als Zapfen einer Kuckucksuhr identifiziert hatten, konnte die Sperrung der Bundesstraße wieder aufgehoben werden.

Frage 2: b) Der Schutzverband Schwarzwälder Schinkenhersteller richtet den Lauf seit 2014 aus.

Frage 3: c) Der Bürgermeister von Graben hatte als Einziger geahnt, warum der Markgraf so freigiebig mit dem Wein war. Alle anderen unterschrieben weinselig ein Stück Papier und waren ihre Wälder los, so erzählt es zumindest die Legende.

Frage 4: a) Tony Marshall singt mit seiner schönen Maid tralala, tanzt mit ihr Hopsasa und bittet sie inständig: »Sag bitte ja, dann bin ich nur für dich da.« Für die Aufnahme hat sich der ambitionierte badische Künstler, der bravourös sein Staatsexamen als Opernsänger in Karlsruhe bestanden hatte, angeblich derart mit Chianti betrunken, um von seinem Komponisten Jack White aus dem Studio geworfen zu werden. Es hat nichts genützt. Die *Schöne Maid* wurde über drei Millionen Mal verkauft.

Frage 5: b) Gerne füllte man die Spelzen des unreifen Dinkels, des Grünkerns, in kleine Kissen. Darauf schläft man selig lächelnd wie ein satter Säugling.

Frage 6: b) Josef Scherzinger war ein echter Langstreckenradler. 1982 bewältigte er die 5.582 lange Strecke von der Nord- bis zur Südspitze Europas in nur zwanzig Tagen.

Frage 7: a) Berthold Disch aus dem Freiburger Stadtteil Lehen schlug in Stuttgart 62 Konkurrenten beim Kampf um die besten Maultaschen.

Frage 8: c) Bei der Badischen Lochung, auch Badischen Aktenheftung genannt, werden die Seiten mit einem speziellen Locher links oben zweifach perforiert und dann mittels einer Aktenschnur und dem berühmten Badischen Aktenknoten gebunden. Bereits im Jahr 1801 wurde auf diese Weise in Baden archiviert, möglicherweise auch schon früher. Noch heute in Karlsruhe sehr beliebt.

Frage 9: a) Neben einem Gefolge von 36 Personen musste auch eine Kuh mit auf Reisen gehen.

Frage 10: c) In Meßkirch und Umgebung wurden auffallend viele Dichter und Denker geboren. Von Martin Heidegger haben wir bereits gehört, auch der berühmte Theologe Abraham a Santa Clara (1644–1709), sprachgewaltiger Poet der Barockzeit, kommt aus Meßkirch, ebenso der Heilige Heimerad (um 970–1019), Berater von hohen Würdenträgern, auch Katharina von Zimmern (1478–1547), letzte Fürstäbtissin des Fraumünsterklosters in Zürich, die sich als Bauherrin und Kunstmäzenin hervortat, und viele weitere Prominente.

Frage 11: a) 1855 fand der vertriebene portugiesische König Dom Miguel II. de Braganza bei seinen deutschen Schwiegereltern Zuflucht, in deren Besitz das 1803 säkularisierte Kloster übergegangen war. Vier Infantinnen wurden dort geboren.

Frage 12 b) Als teuerstes Hotel Deutschlands gilt *Brenners Park-Hotel* in Baden-Baden. Für den Preis einer Übernachtung können Sie locker eine schöne Woche lang im badischen Taubertal urlauben.

Frage 13: a) Der Ortsadel liebte es blumig. Fast zärtlich hält der Löwe die rote Rose in seiner linken Vorderpranke.

Frage 14: b) Um ein Zeichen gegen die Gentechnik-Riesen zu setzen, legten Mitglieder der badischen Landjugend auf der Baden-Messe in Freiburg ihr traditionsreiches Stadt-und-Land-Logo aus Saatgut von Raps und Gerste. 750 Kilogramm Körner, natürlich aus regionalem Anbau, ergaben ein 272 Quadratmeter großes Bild: Weltrekord.

Frage 15: b) »Ich bin ehrenwörtlich verpflichtet, den Namen seines Gegners nicht zu nennen. Aber ohnedem weiß ja heute alle Welt, wer dem lebenslustigen und lebensfrohen Prinzen mit der Waffe in der Hand gegenübertrat, um von ihm Rechenschaft zu fordern für die Ehre, die er seiner Schwester geraubt«, schrieb Wolf Graf von Baudissin in seinen Erinnerungen.

Frage 16: b) Ein Senat in Karlsruhe besteht aus acht Personen. Wenn eine Richterin von sieben männlichen Kollegen begleitet wird, spricht man von einem Schneewittchen-Senat.

Frage 17: c) Die Hexenlochmühle ist etwas für lichtscheue Gesellen. In den tief eingeschnittenen Talgrund bei Furtwangen fällt von Oktober bis Februar kein Sonnenstrahl.

Frage 18: b) Napoleon war der Adoptivvater von Stéphanie de Beauharnais, die den badischen Erbprinzen Karl heiratete. Heimlich habe man ihr das Baby weggenommen und ein totes Kind in die Wiege gelegt. Klare Beweise für diesen Verdacht fehlen jedoch bis heute.

Frage 19: c) Der Bollenhut, der in den Schwarzwaldgemeinden Gutach, Kirnbach und Hornberg-Reichenbach getragen wird, besteht aus 14 Bollen. Sichtbar sind allerdings nur elf, die drei Basisbollen in der Mitte werden von den anderen überdeckt. Ortsunkundige aufgepasst! Niemals einer Dame nachlaufen, die schwarze Bollen trägt! Auch badische Männer können bisweilen recht eifersüchtig sein. (Was uns Facebook und Co. mit ihrer Kategorie »Beziehungsstatus« als neu verkaufen wollen, hat der Badener schon vor Jahrhunderten erfunden.)

Frage 20: a) Die Sehnsucht nach Italien muss auch Anfang der 1980er-Jahre stark gewesen sein. Die Schweiz und Holland folgten 1984, Frankreich erst 1990. Auf Schwaben wartet man bis heute vergeblich. Zumindest die Schwäbsche Eisenbahne gäbe doch ein hübsches Motiv ab. Mit oder ohne Ziegenbock.

Ihr Ergebnis

20 Richtige: Gratulation! Sie sind der größte Baden-Experte aller Zeiten! Wahrscheinlich schlafen Sie in rot-gelber Bettwäsche und singen unter der Dusche das Badnerlied. Sie haben das Zeug zum »Badener des Jahres«. Lassen Sie sich vorschlagen!

17–19 Richtige: Wir ziehen den Hut: Sie kennen das badische Ländle wie Ihre Westentasche. Wahrscheinlich sind Sie in Salem zur Schule gegangen und kennen jede Schwarzwaldtanne beim Vornamen.

14–16 Richtige: Eine reife Leistung! So schnell macht Ihnen niemand etwas vor. Wir wetten, Sie können die Karte Badens mit verbundenen Augen zeichnen.

10–13 Richtige: Nicht schlecht! Sie können einen Gutedel von einem Weißburgunder unterscheiden und würden in einer badischen Bäckerei niemals ein Brötchen bestellen.

7–9 Richtige: Üben, üben, üben! Sofort eine badische Zeitung abonnieren, um sich stetig fortzubilden.

4–6 Richtige: Sind Sie Schwabe? Dann laden wir Sie ein, häufiger zu Besuch zu kommen. Es gibt wirklich günstige Tickets für den Regionalverkehr.

1–3 Richtige: Nicht traurig sein. Einen Schoppen badischen Wein leeren und das Quiz noch einmal machen.

Keine einzige Richtige: Wie ist das möglich? Zur Strafe dieses Buch gleich noch mal von vorne lesen.

Textnachweis zu S. 125:
Hermann Hesse, »Im Nebel« in: *Sämtliche Gedichte in einem Band*, hrsg.
und mit einem Nachwort versehen von Volker Michels © Suhrkamp
Verlag, Frankfurt am Main 1992 (12. Auflage)